普通高等教育“十三五”应用型规划教材——经济管理类

会计基础及专业发展认知教程

郭宇红　编著

北京理工大学出版社
BEIJING INSTITUTE OF TECHNOLOGY PRESS

内容简介

本书以会计专业知识学习认知规律为主线，采用去粗取精、提炼精华的方式，将会计基础知识分为理论基础知识（第一章至第三章，主要包括会计的含义与目标、两个基本职能、四个外延职能、四个假设、两个基础、八个信息质量特征、五种计量属性、六大要素、三个等式等）、实操基础知识（第四章至第六章，主要包括会计科目与账户、借贷记账法、会计凭证与账簿等）、综合应用知识（第七章至第十章，主要包括企业经济业务的会计处理、财产清查、报表编制、核算程序的选择）三部分。同时，为降低理论知识学习的枯燥度，提升对会计专业的认知，在每章后面增加了专业发展认知教程专栏，详细介绍与会计职业发展的相关知识，包括对会计职业发展前景的分析，对我国注册会计师、税务师、资产评估师、管理会计师行业发展概况及职业前景展望，对我国会计职称体制及财会专业学生就业现状、会计专业进修院校情况简介，同时对国际注册会计师、美国注册会计师及世界四大会计师事务所进行了介绍，拓宽读者的职业视域，为读者打开了了解会计职业未来发展的大门。

图书在版编目（CIP）数据

会计基础及专业发展认知教程/郭宇红编著. —北京：北京理工大学出版社，2019.12（2020.1 重印）

ISBN 978 - 7 - 5682 - 8045 - 7

Ⅰ. ①会…　Ⅱ. ①郭…　Ⅲ. ①会计学 - 教材　Ⅳ. ①F230

中国版本图书馆 CIP 数据核字（2019）第 300391 号

出版发行 / 北京理工大学出版社有限责任公司
社　　址 / 北京市海淀区中关村南大街 5 号
邮　　编 / 100081
电　　话 / （010）68914775（总编室）
　　　　　（010）82562903（教材售后服务热线）
　　　　　（010）68948351（其他图书服务热线）
网　　址 / http：//www. bitpress. com. cn
经　　销 / 全国各地新华书店
印　　刷 / 三河市天利华印刷装订有限公司
开　　本 / 787 毫米 ×1092 毫米　1/16
印　　张 / 15
字　　数 / 353 千字
版　　次 / 2019 年 12 月第 1 版　2020 年 1 月第 2 次印刷
定　　价 / 45.00 元

责任编辑 / 王俊洁
文案编辑 / 王俊洁
责任校对 / 刘亚男
责任印制 / 李志强

前言

现阶段，我国经济已由高速增长转向高质量发展，企业的经济活动呈现出中高级化、多样性、复杂化的趋势，对财务会计人员的需求已从“小会计”核算思维变为“大会计”管理思维，这就需要会计及相关专业学生在大学学习时期，认清自身所学专业的发展形势，了解相关职业要求，尽早进行职业规划和学业规划设计，以提高自身未来的综合竞争力和就业能力，更好地适应社会发展需求。

但是，本书作者在与会计专业学生的沟通调研中发现，多数学生对会计专业发展走向不清楚、对专业认识较为狭隘，难以对自身职业规划和学业规划进行有效设计，目标和方向的缺失导致学生学习兴趣不足，缺乏主动学习的动力。作为会计及相关专业入门课程的《会计基础》课程，起着激发学生学习专业的兴趣、了解未来职业的需求、培养后续专业课程自主学习能力的作用，在专业教学中占有重要地位。为此，本书在以往《会计基础》专业教材单纯进行会计核算方法理论讲解的基础上，增加了专业发展认知教程专栏，将对与会计专业学生未来就业相关的职业和行业进行介绍，帮助学生了解自身所学专业未来发展走向，从而实现在进行专业基础课程学习的同时，激发学生的内在潜力，调动学生学习的积极性、主动性的目标。

本书是编者结合自身在企业多年的实践工作经验及教学经验，与多家会计师事务所、税务师事务所、资产评估师事务所的注册会计师、税务师、资产评估师共同编写的，以够用为度、实用为目标，在结构及内容方面进行了精心设计，聘请高级国际财务管理师（SIFM）、美国注册管理会计师（CMA）、会计师、税务师、注册会计师培训讲师蒋浩然先生进行微课讲解，既让学生从实践的角度进行理论知识的学习，也在课堂内开阔了学生的职业视域。

为帮助学生高效完成理论课程的学习，本书将思维导图学习方法理念引入本门课程的学习中来，给学生以新的学习方法启示。同时，在爱习课 APP 中配有相应的学习资源，学生下载安装爱习课 APP 后，可在手机中随时进行每章内容的测试，改善学生学习方式。

受编写时间和编者学识水平限制，本书在内容安排和语言表述上可能存在缺陷或不当之处，恳请读者和同行批评指正。

编　者

2019 年 8 月

目录

第一章

会计总论

会计是适应人类生产活动发展的需要而产生发展的。经济越发展，会计越重要。正如马克思所说："过程越是按照社会的规模进行……作为对过程进行控制和观念总结的簿记就越是必要。"

第一节 会计的产生与发展

一、会计是人类生产活动发展到一定阶段的产物

生产活动是人类赖以生存和发展的基础，也是人类最基本的实践活动，它决定着人类所进行的其他一切活动。在生产活动中，人们既能够创造出物质财富，取得一定的劳动成果；同时，也必然会发生劳动耗费，如果劳动成果少于劳动耗费，则生产就会萎缩，社会就会倒退；如果劳动成果等于劳动耗费，则只能进行简单再生产，社会就会停滞不前；如果劳动成果多于劳动耗费，则可以进行扩大再生产，社会就能取得进步。而生产发展、社会进步是一切社会形态中人们所追求的共同目标，因此，无论在何种社会形态中，人们都必然会关心劳动成果和劳动耗费，并对它们进行比较，以便科学、合理地管理生产活动，提高经济效益。在对劳动成果和劳动耗费进行比较的过程中，产生了原始的计量、计算、记录行为。这种原始的计量、计算、记录行为中蕴含着会计思想、会计行为的萌芽。会计在其产生初期还只是"生产职能的附带部分"。也就是说，会计在它产生初期是生产职能的一个组成部分，是人们在生产活动以外，附带地把劳动成果和劳动耗费以及发生的日期进行计量和记录。当时，会计还不是一项独立的工作。随着社会生产的发展、生产规模的日益扩大和复杂，对劳动成果和劳动耗费的比较，仅仅靠人们在劳动过程中附带地进行计量、计算和记录，显然满足不了生产发展规模日益扩大、复杂的形势。为了满足生产发展的需要，适应对劳动成果和劳动耗费进行管理的要求，会计逐渐从生产职能中分离出来，成为特殊的、专门委托有关当事人从事且具有独立职能的一项活动。可见，会计是适应生产活动发展的需要而产生的，对生产

活动进行科学、合理的管理是它产生的根本动因。

生产活动的发生是会计产生的前提条件。如果没有生产活动的发生，便不会有会计思想、会计行为的产生。但是，这并不意味着生产活动一发生，就产生了会计思想、会计行为。会计史学者的研究结果表明，只有当人类的生产活动发展到一定阶段，以至生产所得能够大体上保障人类生存和繁衍的需要时，人们才会关心劳动成果与劳动耗费的比较，特别是劳动成果有了剩余时，原始的计量、记录行为才具备了产生的条件，会计才进入了萌芽阶段。可见，会计并不是在生产活动发生伊始就产生的，它是生产发展到一定程度，劳动成果有了剩余以后，人们开始关心劳动成果和劳动耗费的比较，更关心对剩余劳动成果的管理和分配，才需要对它们进行计量、计算和记录，才产生了会计思想，有了会计萌芽。可见，会计是生产活动发展到一定阶段的产物，它伴随着生产活动的产生、发展而产生，也将随着生产活动的发展而发展和完善。

二、会计的发展经历了一个漫长历程

从严格意义上讲，自旧石器时代中、晚期开始到奴隶社会繁盛时期为止，在这一漫长历史时期中产生的最原始的计量、记录行为并不是纯粹的、真正意义上的会计行为和会计方法。那时，所谓的会计还不是一项独立的工作，而只是生产职能的附带部分，是在生产过程的同时，附带地把劳动成果、劳动耗费等事项记载下来。在会计的发展史上，这一时期被称为会计的萌芽阶段，或者被称为原始计量与记录时代。

严格的、独立意义上的会计特征是到奴隶社会的繁盛时期才表现出来的。那时，随着社会发展，劳动生产力不断提高，生产活动结果除了能够补偿劳动耗费之外，还有了剩余产品。剩余产品与私有制的结合，造成了私人财富的积累，进而导致了受托责任会计的产生，会计逐渐从生产职能中分离出来，成为特殊的、专门委托有关当事人从事的一项独立活动。这时的会计，不仅应保护奴隶主物质财产的安全，还应反映那些受托管理这些财产的人是否认真地履行了他们的职责。所有这些都要求采用较先进、科学的计量与记录方法，从而促使原始计量、记录行为向单式簿记体系演变。从奴隶社会的繁盛时期到 15 世纪末，单式簿记应运而生并且得到了发展。这一时期的会计一般被称为古代会计。

1494 年，意大利数学家卢卡·帕乔利的著作《算术、几何、比及比例概要》问世，标志着近代会计的开端。在随后漫长的历史时期内，人们在古代单式簿记基础上，创建了复式簿记，复式簿记在意大利迅速得到普及并不断发展和完善。随着美洲大陆的发现和东西方贸易的进行，加之各国建立了统一货币制度、阿拉伯数字取代了罗马数字、纸张的普遍使用等，复式簿记传遍整个欧洲，后又传遍世界各国。现在，我们仍然采用复式簿记的方法，并最终完成了复式簿记的方法体系乃至理论体系的建设。与此同时，会计从特殊的、专门委托有关当事人的独立活动发展成为一种职业。在会计发展史上，一般将卢卡·帕乔利复式簿记著作的出版和会计职业的出现视为近代会计史中的两个里程碑。

严格来说，古代会计、近代会计的提法是不严谨的，较为准确的提法应该是古代簿记、近代簿记。由簿记时代向会计时代的转变发生在 19 世纪 30 年代末期。那时，簿记（bookeeping）开始向会计（accounting）演变，簿记工作开始向会计工作演变，簿记学开始向会计学演变。这些都标志着会计发展史上的簿记时代已经结束，人类已经进入现代会计发展时期。在这一时期，随着社会生产力的进步和科学技术的迅猛发展，作为一门适应性学科的会计也发生了相应变化，主要表现在以下几点：

（1）会计学基础理论创立；

（2）会计理论和方法逐渐分化成两个领域，即财务会计和管理会计；

（3）审计基本理论创立；

（4）会计电算化产生并应用。

随着社会发展和科学技术进步，会计也必然会取得更大的发展和进步。

第二节　会计的含义与目标

会计是什么？虽然会计从产生到现在已有几千年的历史，但是关于会计的含义至今没有一个统一明确的说法，原因在于人们对会计本质的认识存在着不同看法，而不同的会计本质观对应着不同的会计含义。同样，关于会计的目标也有不同的观点认识。

一、会计的含义

现代会计理论研究中争论最大的是关于会计本质问题的研究，至今没有统一定论。针对这个问题，目前形成了两种主流学术观点：会计信息系统论和会计管理活动论。

（一）会计信息系统论

会计信息系统论，就是把会计本质理解为一个经济信息系统，认为会计信息系统是在企业或组织范围内，为反映和控制企业或组织的各种经济活动，由若干个具有内在联系的程序、方法和技术组成，会计人员进行管理，以处理经济数据、提供财务信息和其他有关经济信息的有机整体。

会计信息系统论的思想最早起源于美国会计学家A·C·利特尔顿。他在1953年出版的《会计理论结构》一书中指出："会计是一种特殊门类的信息服务。""会计的显著目的在于对一个企业的经济活动提供某种有意义的信息。"

20世纪60年代后期，随着信息论、系统论和控制论的发展，美国的会计学界和会计职业界开始倾向于将会计的本质定义为会计信息系统。如1966年美国会计学会在其发表的《会计基本理论说明书》中明确指出："实质地说，会计是一个信息系统。"从此，这个概念便开始广为流传。

20世纪70年代以来，将会计定义为一个经济信息系统的观点，在许多会计著作中流行。如S·戴维森在其主编的《现代会计手册》一书的序言中写道："会计是一个信息系统，它旨在向利害攸关的各个方面传输一家企业或其他个体的富有意义的经济信息。"此外，在斐莱和穆勒氏的《会计原理——导论》、凯索和威基恩特合著的《中级会计学》等一些著作中也都有类似的论述。

我国较早接受会计是一个信息系统的会计学家是余绪缨教授。他于1980年在《要从发展的观点看会计学的科学属性》一文中首先提出了这一观点。

我国会计界对信息系统论具有代表性的提法是由葛家澍教授、唐予华教授于1983年提出的。他们认为："会计是为提高企业和各单位经济效益，加强经济管理而建立的一个以提供财务信息为主的经济信息系统。”

（二）会计管理活动论

会计管理活动论认为会计本质是一种经济管理活动。它继承了会计管理工具论的合理内核，吸收了最新的管理科学思想，从而成为在当前国内外会计学界具有重要影响的观点。

将会计作为一种管理活动并使用“会计管理”这一概念在西方管理理论学派中早已存在。古典管理理论学派代表人物法约尔把会计活动列为经营的六种职能活动之一；美国人卢瑟·古利克则把会计管理列为管理功能之一；20 世纪 60 年代后出现的管理经济会计学派则认为进行经济分析和建立管理会计制度就是管理。

我国最早提出会计管理活动论的是杨纪琬教授和阎达五教授。1980 年，在中国会计学会成立大会上，他们做了题为《开展我国会计理论研究的几点意见——兼论会计学的科学属性》报告。在报告中，他们指出：“无论从理论上还是从实践上看，会计不仅仅是管理经济的工具，它本身就具有管理职能，是人们从事管理的一种活动。”

在此之后，杨纪琬教授、阎达五教授对会计本质又进行了深入探讨，逐渐形成了较为系统的会计管理活动论。杨纪琬教授指出，“会计管理”的概念是建立在“会计是一种管理活动，是一项经济管理工作”这一认识基础上的，通常讲的“会计”就是“会计工作”。他还指出，“会计”和“会计管理”是同一概念，“会计管理”是“会计”这一概念的深化，反映了会计工作的本质属性。阎达五教授认为，会计作为经济管理的组成部分，它的核算和监督内容以及应达到的目的受不同社会制度的制约，“会计管理这个概念绝不是少数人杜撰出来的，它有充分的理论和实践依据，是会计工作发展的必然产物。”

自从会计学界提出会计信息系统论和会计管理活动论之后，这两种学术观点就展开了尖锐交锋。仔细思考可以看出，会计信息系统论将会计视为一种方法予以论证，会计管理活动论将会计视为一种工作，从而当作一种管理活动来加以论证。两者的出发点不同，怎么可能得出一致结论？

讨论会计本质，首先应明确“会计”指的是什么。它指的是“会计学”，还是“会计工作”或是“会计方法”。在本书中，我们将“会计”界定为“会计工作”。基于这一前提，我们认为会计管理活动论观点代表了我国会计改革的思路与方向，是对会计本质问题的科学论断。在会计管理活动论下，可以认为会计是经济管理的重要组成部分，是以提供经济信息、提高经济效益为目的的一种管理活动，对社会再生产过程中的资金运动进行反映和监督。

综上所述，会计是以货币为主要计量单位，采用一系列专门程序和方法，连续、系统、全面地反映和监督一个单位经济活动的一种经济管理工作。

二、会计对象

会计既然是一项经济管理工作，就必须有管理的对象，也就是会计要反映和监督的内容。

任何一个单位要想从事经营活动，必须拥有一定的物质基础，如工业企业若想生产制造产品，必须拥有厂房、机器设备、材料物资，将这些劳动资料和劳动者相结合后，才能生产出劳动产品。可见，这些物质基础是进行生产经营活动的前提。而在市场经济条件下，这些物资又都属于商品，有商品，就要有衡量商品价值的尺度，即商品价值一般等价物——货币。当各项财产物资用货币来计量其价值时，就有了一个会计概念——资金。资金是社会再生产过程中各项财产物资的货币表现以及货币本身，就是说，进行生产经营活动的前提是必须有资金。

单位所拥有的资金不是闲置不动的，而是随着物资流动的变化而不断地运动变化的。例如，工业企业进行生产经营活动，首先要用货币资金去购买材料物资，为生产过程做准备；生产产品时，再到仓库领取材料物资；生产出产品后，还要对外出售，售后还应收回已售产品的收入。这样，工业企业的资金就陆续经过供应过程、生产过程和销售过程。资金的形态也在发生变化：用货币购买材料物资的时候，货币资金转化为储备资金（材料物资等所占用的资金）；车间生产产品领用材料物资时，储备资金又转化为生产资金（生产过程中各种在产品所占用的资金）；将从车间加工完毕的产品验收到产成品入库后，此时，生产资金又转化为成品资金（待售产成品或自制半成品占用的资金）；将产成品出售又收回货币资金时，成品资金又转化为货币资金。资金从货币形态开始，经过储备资金、生产资金、成品资金最后又回到货币资金这一运动过程叫作资金循环，周而复始的资金循环叫作资金周转，这是资金在单位内部的循环周转，就整个资金运动而言，还应包括资金投入和资金退出。

资金投入包括所有者的资金投入和债权人的资金投入。前者构成了企业的所有者权益，后者形成了企业的债权人权益，即企业的负债。投入企业的资金一部分形成流动资产，另一部分形成企业的固定资产等非流动资产。资金退出包括按法定程序返回投资者的投资、偿还各项债务及向所有者分配利润等内容，这使一部分资金离开企业，退出企业的资金循环。

综上所述，工业企业因资金投入、循环周转和资金退出等经济活动而引起各项资金增减变化，各项成本费用形成和支出，各项收入取得以及损益发生、实现和分配，共同构成了会计对象的内容。工业企业的资金是不断循环周转的，具体情况如图 1－1 所示。

会计反映和监督的对象是资金及其运动过程，因此，可以把会计对象概括为社会再生产过程中的资金运动。

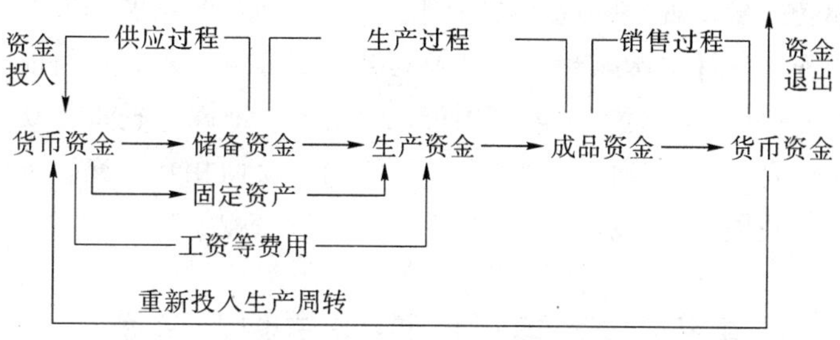

图 1－1　资金循环示意图

三、会计的目标

会计的目标是要借助会计对经济活动进行反映和监督，为经营管理提供财务信息，并考核评价经营责任，从而取得最大的经济效益。那么，会计能提供什么信息？怎么提供信息？这就要明确会计的目标是什么。会计的目标就是设置会计的目的与要求，是对会计所提供经济信息的内容、种类、时间、方式及质量等方面的要求。也就是说，会计的目标是要明确会计工作何时以何种方式提供符合何种质量要求的何种信息。会计提供信息是通过财务报告进行的，会计的目标其实质也就是会计财务报告的目标。

关于会计的目标问题，目前，也有两种学术观点：决策有用观和受托责任观。

（一）决策有用观

持这种观点的学者认为，财务会计的目标就是向信息使用者提供对其进行决策有用的信息，主要包括两方面内容：一是关于企业现金流量的信息；二是关于经济业绩及资源变动的信息。决策有用观适用的经济环境是所有权与经营权分离，并且资源的分配是通过资本市场进行的，也就是说，委托方与受托方的关系不是直接建立起来的，而是通过资本市场建立的，这导致了委托方与受托方二者关系的模糊。

（二）受托责任观

受托责任的含义可以从三个方面来理解：

(1) 资源的受托方接受委托，管理委托方所交付的资源，受托方承担有效地管理与应用受托资源，并使其保值增值的责任；

(2) 资源的受托方承担如实地向委托方报告受托责任履行过程及其结果的义务；

(3) 资源受托方的管理当局负有重要的社会责任，如保持企业所处社区的良好环境、培养人力资源等。

由此可见，受托责任产生的原因在于所有权与经营权的分离，而且必须有明确的委托受托关系存在。委托方与受托方中任何一方的模糊或缺位，都将影响受托责任的履行，因此，要求委托方和受托方处在直接接触的位置上。

受托责任观要求两权分离是直接进行的，所有者与经营者都十分明确，二者直接建立委托受托关系，没有模糊和缺位的现象；而决策有用观要求两权分离必须通过资本市场进行，二者不能直接交流，委托者在资本市场上以一个群体出现，从而使二者的委托关系变得模糊。

决策有用观和受托责任观两种观点各有侧重，往往与企业发展和外部环境变化相关。从国际财务报告准则和世界许多国家会计准则及其会计实务发展来看，目前国际会计准则理事会和各国在确定财务报告目标时，决策有用观地位上升，兼顾受托责任观。受托责任观和决策有用观尽管关注点有所不同，但二者之间并不矛盾，反而相互补充，可以更好地满足信息使用者的信息需要。我国对财务报告目标的界定，二者兼顾。

第三节　会计的职能与职业道德

一、会计的职能

会计的职能是指会计在经济管理中所具有的功能，具体来讲，就是会计是用来做什么的。现代会计的基本职能可以归纳为反映和监督，随着社会的发展、技术的进步、经济关系的复杂化和管理理论的提高，会计的基本职能得到了不断完善，会计的新职能不断出现，由此产生了会计的外延职能。

（一）会计的基本职能

核算和监督是会计的两大基本职能。

会计的核算职能又称为会计的反映职能，是指运用货币形式，通过对经济活动进行确认、计量、记录、报告，将经济活动的内容转换成会计信息的功能。管理经济，首先要掌握经济活动情况，要对经济活动内容，即会计的对象进行记账、算账和报账。记账是把一笔经济业务的收入或支出按一定的会计记账规则进行记载，算账是在记账的基础上依据国家有关财务会计法规，把经济活动状况通过编制会计报表反映出企业的财务状况、经营成果等，报账是把会计报表通报给单位负责人及有关单位或部门。核算职能是会计的最基本职能。

会计的监督职能也称为会计的控制职能，是指对各单位发生的经济活动的合理性、合法性和有效性实行审查，控制和规范单位经济活动的运行，使其达到预定目标的功能。会计监督主要是指企业内部的监督，任何一家单位在做好内部监督的同时，还要主动接受国家政府部门和社会中介组织对企业会计工作的监督。会计的监督职能伴随着会计的核算职能同步发生，对不合法的经济业务，会计有权提出意见，不予办理或事后提出报告。

会计的核算职能和监督职能是相辅相成的。核算职能是监督职能的基础，没有核算职能提供的信息，就不可能进行会计监督，因为如果没有会计核算提供可靠、完整的会计资料，会计监督就没有客观依据，也就无法进行；而监督职能又是核算职能的保证，没有监督职能进行控制，提供有力的保证，就不可能提供真实可靠的会计信息，也就不能发挥会计管理的能动作用，会计核算也就失去了存在的意义。因此，会计的核算职能和监督职能是紧密结合、密不可分的，同时又是辩证统一的。

（二）会计的外延职能

随着时代的发展，各个行业之间相互拓展与合并，会计工作对象也变得复杂多样，会计的职能也随着会计工作新形势的需求而产生了一定的变化。面对新的会计形势，会计职能不断拓展，除了核算和监督两个基本职能外，还发展出了四个新的外延职能。

目前，国内会计学界比较流行“会计六职能”学说，该学说认为，会计具有反映经济情况、监督经济活动、控制经济过程、分析经济效果、预测经济前景、参与经济决策六项职能，并认为这六项职能也是密切结合、相辅相成的。其中，两项基本职能是四项新职能的基础，而四项新职能又是两项基本职能的延伸和提高。在“会计六职能”学说中，会计管理活动论得到了进一步的体现。

（三）会计职能的具体化体现——会计任务

通过会计职能所应完成的工作是会计职能的具体化体现，也就是会计任务。我国会计任务是按照国家财经法规、会计准则和会计制度进行会计核算，提供以财务数据为主的经济信息，并利用取得的经济信息对会计主体经济业务进行监督、控制，以提高经济效益，服务于会计主体内、外部有关各方。具体来说，会计任务包括以下三个方面：

1. 反映和监督会计主体对财经法规、会计准则和会计制度的执行情况，维护财经纪律

贯彻执行国家的财经法规、会计准则和会计制度，是各会计主体进行经济活动的首要原则。因此，会计在反映经济活动、提供会计信息的同时，还应以有关的财经法规、会计准则和会计制度为依据，对经济活动的合法性、合规性实行必要的监督。对于违反财经法规、会计准则和会计制度的行为，应及时予以制止和揭露。

2. 反映和监督会计主体的经济活动和财务收支，提供会计信息，加强经营管理

会计主体为了管好自身的经济活动，加强经营管理，提高经济效益，必须了解和掌握各项经济活动的情况。会计的基本任务就是运用专门的程序和方法，对各项经济活动进行全面、系统、及时、准确地反映，从而为信息使用者提供与决策和管理有关的信息，并揭示经济管理中存在的问题及其产生的原因，进而促使管理当局改进经营管理，提高经济效益。

3. 充分利用会计信息及其他有关资料，预测经济前景，参与经营决策

随着社会生产实践的发展，会计基本职能的内涵和外延都得到了发展，会计的新职能不断出现。与之相应的是，作为会计职能具体化的会计任务也必须进行改革，要变事后监督为全程监督。也就是说，会计不仅要对经济活动和财务收支进行事后的反映和监督，而且要在掌握历史资料的基础上，根据经营管理的要求对经济前景作出预测，通过对备选方案的测算和比较，积极地参与经营决策。

（四）会计职能的效果——会计作用

会计的各项职能在特定的历史时期、特定的社会经济制度下实现和利用之后所产生的效果就是会计的作用。会计在我国社会主义市场经济条件下的作用，主要包括以下几个方面：

1. 提供对决策有用的信息，提高企业透明度，规范企业行为

企业会计通过其反映职能，提供有关企业的财务状况、经营成果和现金流量方面的信息，这是包括投资者和债权人在内的各方面进行决策的依据。作为企业所有者的投资人来说，他们为了选择投资对象，衡量投资风险，作出投资决策，不仅需要了解企业包括毛利率、总资产收益率、净资产收益率等指标在内的盈利能力和发展趋势方面的信息，也需要了解有关企业经营情况方面的信息及其所处行业的信息；对于作为债权人的银行来说，他们为了选择贷款对象、衡量贷款风险、作出贷款决策，不仅需要了解企业包括流动比率、速动比率、资产负债率等指标在内的短期偿债能力和长期偿债能力，也要了解企业所处行业的基本情况及其在同行业所处的地位；对于作为社会经济管理者的政府部门来说，他们为了制定经济政策、进行宏观调控、配置社会资源，需要从总体上掌握企业的资产负债结构、损益状况和现金流转情况，从宏观上把握经济运行状况和发展变化趋势。所有这一切，都需要会计提供有助于他们进行决策的信息。

2. 加强经营管理，提高经济效益，促进企业可持续发展

企业经营管理水平的高低直接影响着企业的经济效益、经营成果、竞争能力和发展潜力，在一定程度上决定着企业的前途和命运。为了满足企业内部经营管理对会计信息的需要，现代会计已经渗透到了企业内部经营管理的各个方面。比如企业会计通过分析和利用有关企业的财务状况、经营成果方面的信息，可以全面、系统、总括地了解企业的生产经营情况，并在此基础上预测和分析未来前景；可以通过发现过去经营活动中存在的问题，找出存在的差距及原因，并提出改进措施；可以通过预算的分解和落实，建立起内部经济责任制，从而做到目标明确、责任清晰、考核严格、赏罚分明。

总之，会计通过真实地反映企业的财务信息，参与经营决策，为处理企业与各方面的关系、考核企业管理人员的经营业绩、落实企业内部的管理责任奠定了基础。

3. 考核企业管理层经济责任的履行情况

企业接受了包括国家在内的所有投资者和债权人的投资，就有责任按照其预定的发展目标和要求，合理利用资源，加强经营管理，提高经济效益，接受考核和评价。会计信息有助于评价企业的业绩，有助于考核企业管理层经济责任的履行情况。比如，对于作为企业投资者的投资人，他们为了了解企业当年度经营活动成果和当年度资产保值增值情况，需要将利润表的净利润与上年度进行对比，以反映企业的盈利发展趋势；需要将其与同行业进行对比，以反映企业在与同行业竞争时所处的位置，从而考核企业管理层经济责任的履行情况。所有这一切都需要会计提供信息。

二、会计的职业道德

职业道德是指人们在职业生活中应遵循的基本道德，即一般社会道德在职业生活中的具体体现，是职业品德、职业纪律、专业胜任能力以及职业责任等的总称，属于自律范畴，它通过公约、守则等对职业生活中的某些方面加以规范。职业道德既是本行业人员在职业活动中的行为规范，又是行业对社会所负的道德责任和义务。

会计职业作为社会经济活动中的一种特殊职业，其职业道德与其他职业道德相比具有自身的特征：一是具有一定的强制性。如为了强化会计职业道德的调整职能，我国会计职业道德中的许多内容都直接纳入了会计法律制度之中。二是较多关注公众利益。会计职业的社会公众利益性，要求会计人员客观公正，在会计职业活动中，发生道德冲突时要坚持准则，把社会公众利益放在第一位。

社会生产力的不断发展，丰富了会计职业活动的内容，使会计职业关系日趋复杂，人们对会计职业行为的要求也不断更新，从而推动会计职业道德的不断发展和完善。国外一些经济发达国家和国际组织先后对会计职业道德提出了明确的要求，如 1980 年 7 月，国际会计师联合会职业道德委员会拟定并经国际会计师联合会理事会批准，公布了《国际会计职业道德准则》，规定了正直、客观、独立、保密、技术标准、业务能力、道德自律七个方面的职业道德内容。会计职业道德规范来源不同，其约束机制也必然有所差别。职业主义特色较浓的国家，职业道德准则的制定和颁布机构就是会计职业团体，其制约能力很大程度上也来源于职业团体，属于行业自律性。这样的制约机制在问题的处理过程中灵活、独立性强，很少受其他组织的影响，便于适应不同的情况，但是，在约束力、惩治力方面略显不足。而法律控制特色较浓的国家，职业道德起源于法律规定，其制约力也会在很大程度上依靠法律，属于政府管理型。这样的制约机构惩罚力度大，约束力比较强，只是不利于职业团体发挥其职能和作用。我国的《会计法》《会计基础工作规范》以及中国注册会计师协会颁布的《中国注册会计师职业道德基本准则》《中国注册会计师职业道德规范指导意见》等都对会计职业道德提出了若干明确要求。

我国会计人员职业道德的内容可以概括为爱岗敬业、诚实守信、廉洁自律、客观公正、坚持准则、提高技能、参与管理和强化服务八个方面。

（一）爱岗敬业

爱岗敬业是会计人员干好本职工作的基础和条件，是其应具备的基本道德素质。爱岗敬业需要有具体的行动来体现，即要有安心会计工作的责任、献身会计事业的工作热情、严肃认真的工作态度、勤学苦练的钻研精神、忠于职守的工作作风。爱岗敬业要求会计人员热爱会计工作，安心本职岗位，忠于职守，尽心尽力，尽职尽责。会计职业道德中的敬业，要求从事会计职业的人员充分认识到会计工作在国民经济中的地位和作用，以从事会计工作为荣，尊重会计工作，具有献身于会计工作的决心。

（二）诚实守信

诚实守信就是忠诚老实，信守诺言。市场经济越发达，职业越社会化，道德信誉就越重要。

诚实守信的基本要求如下：

1. 做老实人，说老实话，办老实事，不弄虚作假

做老实人，要求会计人员言行一致，表里如一，光明正大。说老实话，要求会计人员说话诚实，如实反映和披露单位经济业务事项。办老实事，要求会计人员工作踏踏实实，不弄虚作假，不欺上瞒下。

2. 执业谨慎，信誉至上

诚实守信，要求会计人员在执业中始终保持应有的谨慎态度，维护职业信誉及客户和社会公众的合法权益。

3. 保密守信，不为利益所诱惑

在市场经济中，秘密可以带来经济利益，而会计人员因职业特点经常接触到单位和客户的一些秘密。因而，会计人员应依法保守单位秘密，这也是诚实守信的具体体现。

（三）廉洁自律

廉洁自律是会计职业道德规范的重要内容。在会计职业中，廉洁要求会计从业人员公私分明、不贪不占、遵纪守法，经得起金钱、权力、美色的考验，不贪污挪用、不监守自盗。保持廉洁主要靠会计人员的觉悟、良知和道德水准，而不是受制于外在的力量。所谓自律，是指会计人员按照一定的具体标准作为具体行为或言行的参照物，进行自我约束、自我控制，使具体的行为或言论达到至善至美的过程。自律包括两层意思：一是会计行业自律，是会计职业组织对整个会计职业的会计行为进行自我约束、自我控制的过程；二是会计从业人员的自我约束，会计从业人员的自我约束是靠其科学的价值观和正确的人生观来实现的，每个会计从业人员的自律性强，则整个会计行业的自律性也强。

廉洁自律的基本要求可以概述如下：

1. 公私分明，不贪不占

2. 遵纪守法，抵制行业不正之风

3. 重视会计职业声望

（四）客观公正

在会计职业中，客观公正是会计人员必须具备的行为品德，是会计职业道德规范的灵魂。客观公正的基本要求如下：

1. 端正态度

做好会计工作，不仅要有过硬的技术和本领，也同样需要有实事求是的精神和客观公正的态度。

2. 依法办事

当会计人员有了端正的态度和正确的知识技能基础后，他们在工作过程中必须遵守各种法律、法规、准则和制度，依照法律规定进行核算，并作出客观的会计职业判断。

3. 实事求是，不偏不倚，保持独立

客观公正还要求会计人员保持从业的独立性，保持客观公正的从业心态，在履行会计职能时，不偏不倚、一视同仁，摒弃单位、个人私利，不偏不倚地对待有关利益各方。

（五）坚持准则

坚持准则，要求会计人员在处理业务的过程中，严格按照会计法律制度办事，不为主观或他人意志左右。坚持准则的基本要求如下：

1. 熟悉准则

会计工作不单纯是进行记账、算账和报账，在记账、算账和报账的过程中会时时、事事、处处涉及政策界限、利益关系的处理，需要遵守准则、执行准则、坚持准则，只有熟悉准则，才能按准则办事，才能保证会计信息的真实性和完整性。

2. 坚持准则

在企业的经营活动中，国家利益、集体利益与单位、部门以及个人利益有时会发生冲突，《会计法》规定，单位负责人对本单位会计信息的真实性和完整性负责，也就是说，单位的会计责任主体是单位负责人。会计人员坚持准则，不仅是对法律负责，对国家、社会公众负责，也是对单位负责人负责。

（六）提高技能

会计是一门不断发展变化、专业性很强的学科，它与经济发展有密切的联系。随着市场经济体制的日益完善和经济全球化进程的加快，需要会计人员提供会计服务的领域越来越广泛，专业化、国际化服务的要求越来越高，会计专业性和技术性日趋复杂，对会计人员所应具备的职业技能要求也越来越高。

提高技能的基本要求如下：

1. 增强提高专业技能的自觉性和紧迫感

会计人员要适应时代发展的步伐，要有不断提高专业技能的自觉性。

2. 勤学苦练、刻苦钻研

现代会计是集高科技、高知识于一体的事业，会计理论不断创新，新的会计学科分支不断出现，要求会计人员去不断地学习与探索。

（七）参与管理

参与管理，就是为管理者当参谋，为管理活动服务。会计工作或会计人员与管理决策者在管理活动中分别扮演着参谋人员和决策者的角色，承担着不同的职责和义务。会计人员要树立参与管理的意识，积极主动地做好参谋。在做好本职工作的同时，努力钻研相关业务，全面熟悉本单位的经营活动和业务流程，主动提出合理化建议，协助领导进行决策，积极参与管理，成为决策层的参谋助手，为改善单位内部管理、提高经济效益服务。

（八）强化服务

强化服务要求会计人员树立服务意识、提高服务质量、努力维护和提升会计职业的良好社会形象。强化服务的基本要求如下：

1. 树立服务意识

会计人员要树立服务意识，不论是为经济主体服务，还是为社会公众服务，都要摆正自己的工作位置。

2. 提高服务质量

提高服务质量，并非无原则地满足服务主体的需要，而是在坚持原则、坚持会计准则的基础上尽量满足用户或服务主体的需要。

3. 努力维护和提升会计职业的良好社会形象，增强会计职业的生命力

第四节　会计方法体系

会计方法是从会计实践中总结出来的，并随着社会实践的发展、科学技术的进步以及管理要求的提高而不断地发展和完善。会计方法是用来反映和监督会计对象的，由于会计对象多种多样，错综复杂，从而决定了预测、反映、监督、检查和分析会计对象的手段不是单一的方法，而是由一个方法体系构成的。随着会计职能的扩展和管理要求的提高，这个方法体系也将不断发展完善。

一、会计方法体系

会计方法主要是用来反映会计对象的，而会计对象是资金运动，资金运动是一个动态过程，它是由各个具体的经济活动来体现的。会计为了反映资金运动过程，使其按照人们预期的目标运行，必须首先具备提供已经发生或已经完成经济活动即历史会计信息的方法体系；会计要利用经济活动的历史信息，预测未来、分析和检查过去，因而，会计还要具备提供反映预计发生的经济活动情况即未来会计信息的方法体系；为了检查和保证历史信息和未来信息的质量，并对检查结果作出评价，会计还必须具备检查的方法体系。长期以来，人们把评价历史信息的方法归结为会计分析的方法。因此，会计对经济活动的管理是通过会计核算方法、会计分析方法以及会计检查方法等来进行的。

会计核算方法是对各单位已经发生的经济活动进行连续、系统、完整的反映和监督所应用的方法；会计分析方法主要是利用会计核算的资料，考核并说明各单位经济活动的效果，在分析过去的基础上，提出指导未来经济活动的计划、预算和备选方案，并对它们的报告结果进行分析和评价；会计检查方法，亦称审计，主要是根据会计核算资料，检查各单位的经济活动是否合理、合法，会计核算资料是否真实、正确，根据会计核算资料编制的未来时期的计划、预算是否可行、有效等。

上述各种会计方法紧密联系、相互依存、相辅相成，形成了一个完整的会计方法体系。其中，会计核算方法是基础，会计分析方法是会计核算方法的继续和发展，会计检查方法是会计核算方法和会计分析方法的保证。

作为广义的会计方法，它们既相互联系，又有相对的独立性。它们所应用的具体方法各不相同，并有各自的工作和研究对象，形成了较独立的学科。学习会计首先应从基础开始，即要从掌握会计核算方法入手，而且，通常所说的会计方法，一般是指狭义的会计方法，即会计核算方法。本书主要阐述会计核算方法，至于会计分析方法、会计检查方法以及其他会计方法，将在其他教材中分别加以介绍。

二、会计核算方法

会计核算方法，是指会计对单位已经发生的经济活动进行连续、系统和全面地反映和监督所采用的方法。会计核算方法是用来反映和监督会计对象的，由于会计对象的多样性和复杂性，就决定了用来对其进行反映和监督的会计核算方法不能采用单一的方法形式，而应该采用方法体系的模式，因此，会计核算方法由设置账户、复式记账、填制和审核凭证、登记账簿、成本计算、财产清查和编制财务报告等具体方法构成，这七种方法构成了一个完整的、科学的会计核算方法体系。

（一）设置账户

账户是对会计对象的具体内容分门别类地进行记录、核算的工具。设置账户就是根据国家统一规定的会计科目和经济管理的要求，科学地建立账户体系的过程。进行会计核算之前，首先应将多种多样、错综复杂的会计对象的具体内容进行科学的分类，通过分类反映和监督，才能提供管理所需要的各种指标。每个会计账户只能反映一定的经济内容，将会计对象的具体内容划分为若干项目，即为会计科目，据此设置若干个会计账户，就可以使所设置的账户既有分工又有联系地反映整个会计对象的内容，提供管理所需要的各种信息。

（二）复式记账

复式记账就是对每笔经济业务，都以相等的金额在相互关联的两个或两个以上有关账户中进行登记的一种专门方法。复式记账对每项经济业务都必须以相等的金额，在相互关联的两个或两个以上账户中进行登记，使每项经济业务所涉及的两个或两个以上的账户之间产生对应关系；同时，在对应账户中所记录的金额又平行相等；通过账户的对应关系，可以了解经济业务的内容；通过账户的平行关系，可以检查有关经济业务的记录是否正确。复式记账可以相互联系地反映经济业务的全貌，也便于检查账簿记录是否正确。

（三）填制和审核凭证

填制和审核凭证是指为了审查经济业务是否合理、合法，保证账簿记录正确、完整而采用的一种专门方法。会计凭证是记录经济业务、明确经济责任的书面证明，是登记账簿的重要依据。经济业务是否发生、执行和完成，关键看是否取得或填制了会计凭证。取得或填制了会计凭证，就证明该项经济业务已经发生或完成。对已经完成的经济业务还要经过会计部门、会计人员的严格审核，在保证符合有关法律、制度、规定而又正确无误的情况下，才能据以登记账簿。填制和审核凭证可以为经济管理提供真实、可靠的会计信息。

（四）登记账簿

登记账簿亦称记账，就是把所有的经济业务按其发生的顺序，分门别类地记入有关账簿。账簿是用来全面、连续、系统地记录各项经济业务的簿籍，也是保存会计信息的重要工具，它具有一定的结构、格式，应根据审核无误的会计凭证序时、分类地进行登记。在账簿中应开设相应的账户，把所有的经济业务记入账簿中的账户里后，还应定期计算和累计各项核算指标，并定期结账和对账，使账证之间、账账之间、账实之间保持一致。账簿所提供的各种信息，是编制会计报表的主要依据。

（五）成本计算

成本计算是指归集一定计算对象上的全部费用，借以确定各对象的总成本和单位成本的一种专门方法。它通常是指对工业产品进行的成本计算。例如，按工业企业供应、生产和销售三个过程分别归集经营所发生的费用，并分别与采购、生产和销售材料、产品的品种、数量联系起来，计算它们的总成本和单位成本。通过成本计算，可以考核和监督企业经营过程中所发生的各项费用是否节约，以便采取措施降低成本，提高经济效益。

（六）财产清查

财产清查就是通过盘点实物、核对账目来查明各项财产物资、往来款项和货币资金的实有数，并查明实有数与账存数是否相符的一种专门方法。在日常会计核算过程中，为了保证会计信息真实、准确，必须定期或不定期地对各项财产物资、货币资金和往来款项进行清查、盘点和核对。在清查中，如果发现账实不符，应查明原因，调整账簿记录，使账存数额同实存数额保持一致，做到账实相符。通过财产清查，还可以查明各项财产物资的保管和使用情况，以便采取措施挖掘物资潜力，加速资金周转。财产清查对于保证会计核算资料的正确性和监督财产的安全与合理使用具有重要作用，是会计核算必不可少的方法之一。

（七）编制财务报告

财务报告是指企业对外提供的反映企业某一特定日期财务状况和某一会计期间经营成果、现金流量的文件。编制财务报告是对日常会计核算资料的总结，是将账簿记录的内容定期地加以分类、整理和汇总，形成会计信息使用者所需要的各种指标，再报送给会计信息使用者，以便据此进行决策。财务报告所提供的一系列核算指标，是考核和分析财务计划和预算执行情况以及编制下期财务计划和预算的重要依据，也是进行国民经济综合平衡所必不可少的资料。编制完成财务报告，就意味着这一期间会计核算工作的结束。

上述会计核算的各种方法是相互联系、密切配合的，在会计对经济业务进行记录和反映的过程中，不论是采用手工处理方式，还是使用计算机数据处理系统，对于日常所发生的经济业务，首先要取得合法的凭证，按照所设置的账户，进行复式记账，根据账簿记录，进行成本计算，在财产清查、账实相符的基础上编制财务报告。会计核算的这七种方法相互联系，缺一不可，形成一个完整的会计核算方法体系。

坚守职业道德

本章思维导图

会计总论

- 产生与发展
  - 适应生产活动发展的需要而产生
  - 生产活动发展到一定阶段的产物
    - 1494年，卢卡·帕乔利著《算数、几何、比及比例概要》
  - 学科产生
    - 会计学基础理论创立
    - 会计理论和方法分化成财务会计和管理会计
    - 审计基本理论创立
    - 会计电算化产生并应用
- 含义与目标
  - 会计信息系统论
  - 会计管理活动论
    - 会计含义：以货币为主要计量单位，采用一系列专门程序和方法，连续、系统、全面地反映和监督一个单位经济活动的一种经济管理工作
  - 决策有用观
  - 受托责任观
    - 会计的目标实质是财务报告的目标，是明确会计工作何时以何种方式提供符合何种质量要求的何种信息
  - 会计对象
    - 社会再生产过程中的资金运动
- 职能与职业道德
  - 爱岗敬业　诚实守信
  - 廉洁自律　客观公正
  - 坚持准则　提高技能
  - 参与管理　强化服务
  - 基本职能
    - 反映经济情况
    - 监督经济活动
  - 外延职能
    - 控制经济过程
    - 分析经济效果
    - 预测经济前景
    - 参与经济决策
  - 会计作用：职能的效果
    - 提供对决策有用的信息
    - 提高企业透明度
    - 规范企业行为
    - 加强经营管理
    - 提高经济效益
    - 促进企业可持续发展
    - 考核企业管理层经济责任的履行情况
  - 会计任务：职能的具体化
    - 执行会计规章　维护财经纪律
    - 提供会计信息　加强经营管理
    - 预测经济前景　参与经营决策
- 方法体系
  - 核算
    - 设置账户
    - 复式记账
    - 填制和审核凭证
    - 登记账簿
    - 成本计算
    - 财产清查
    - 财务报告
  - 分析
    - 核算的继续和发展
  - 检查
    - 审计

专业发展认知教程一

会计职业发展前景分析

作为一名会计专业学生，最关心的莫过于自身未来职业发展。多数同学在高考报考时选择会计专业，除高考分数因素外，还有以下几个因素：一是会计人才需求量大，各个单位都需要会计，好就业；二是会计是个经验职业，越老越值钱；三是会计专业文理通行，都可以报考；四是会计工作稳定，职业压力小。但是，随着2017年“德勤智能财务机器人”的问世、会计从业资格证的取消以及会计职业消亡论的盛行，让很多会计专业的学生茫然，自身所学专业会怎样发展？职业发展将走向何方？未来就业趋势如何？这些涉及会计职业发展前景的问题受到了前所未有的关注，但是，当我们静下心来冷静思考这些问题的时候，就会发现这其中蕴含的机遇也同样巨大。

2016年7月，国务院发布了《国家信息化发展战略纲要》（以下简称《纲要》），《纲要》中阐明要实施大数据战略，最大限度地发挥信息化的驱动作用。会计作为企业经营数据的记录者，是国民生产总值基础数据的提供者，从报税到交税，再到税收收入上缴国家，成为国家财政收入的一部分，会计也是国家财政收入数据链条上信息的提供者，可以说，一个小小的会计，是国家大数据链条上的一个个必要节点。信息化技术的提升与应用带来了会计人员的转型与升级，对会计人员的能力架构建设提出了新的要求。2016年10月8日，财政部财会〔2016〕19号文件《会计改革与发展“十三五”规划纲要》指出，要健全企业会计准则体系，加强会计信息化建设，大力发展跨级服务市场，实施会计人才战略。这是财政部适应国家信息化发展战略的要求，对会计行业人才提出的新要求。信息技术的高速提升正在推动整个会计行业的发展，信息技术领域的创新正在大幅度、快速地重新塑造着会计行业，在信息化浪潮下，会计行业的创新改革势在必行，这对会计专业的学生来说，也提出了新的更高的要求。

一、传统财务会计：想说爱你不容易

传统基础性的会计工作，会计人员主要是做机械重复性的工作，包括审核发票、编制记账凭证、登记账簿、结账对账、编制财务报表、纳税申报、税款缴纳等。这些工作都有一定的固定流程，并且比较烦琐，但多是些重复性的事务性工作，可以通过财务基础工作智能化的方式解决，于是财务机器人应运而生。

2016年3月，德勤与Kira Systems（基拉系统）联手，正式将人工智能引入会计、税务、审计等财务工作中。相隔不久，毕马威也宣布将IBM（国际商业机器公司）的“沃森(Watson)”认知计算应用到其审计服务中。2017年5月，第一款财务机器人“小勤人”正式面世。同年9月，来自全国各地的税务申报、第三方支付、收银及ERP厂商、事务所与记账公司代表，以及京东、银联、中粮、中金等企业人员180多人在北京香格里拉酒店共同见证了一场来自财务机器人的展示。在信息技术飞速发展的21世纪，基础的财务工作将完全可以由机器人来完成，并且对于这种重复、机械性的工作，比起需要前期培训和后期约束的传统的财务工作者，机器人占据了绝对的优势地位，高效率且可持续工作的机器人将会越发受到青睐，只会做账的传统会计将完全失去市场，这也由此导致了会计职业消亡论的盛行。但是，在会计实务工作中，财务工作分成很多层次，审核发票、编制记账凭证、登记账簿、结账对账、编制财务报表、纳税申报、税款缴纳这些程序性工作，只是财务工作最基本的一个层面，除此之外，还有报表汇总、数据统计、资本运作、项目投资、风险管理、财务预算、财务分析等很多层面的工作，这些思考性和创造性的工作是财务机器人无法取代的。

随着财务机器人的广泛应用，会计基础工作更加规范，提供的数据信息更加全面，可供分析挖掘的数据资源更多，对会计人员的技能要求就更高，这些高技能的会计人才也是市场需求的中高端人才。经过调查发现，企业对毕业生的专业能力需求，排名前几位的是财务报表分析、账务处理、风险防控和财务管理能力，而财务人员晋级时注重的也是财务管理能力和风险识别能力。目前会计就业人才市场呈现两种态势：一方面是基础会计人员供大于求，另一方面是中高端会计人员供不应求，财务机器人的出现只会取代基础会计人员，但不会代替需要思考和分析的中高端会计人员。

财务机器人进行会计核算，提供会计信息，但是这些信息的使用必须由中高端会计人员来完成。那么，哪些人是中高端会计人员呢？很多人都知道注册会计师（CICPA）是会计职业领域内一个非常有含金量的证书，对决策能力、管理能力以及分析能力要求比较高，考试热度也越来越高。除此之外，还有税务师、资产评估师、国际注册会计师（ACCA）等也代表着中高端会计人员能力的证书。近几年，新兴的管理会计师证书反映了国内外会计领域发展的新趋势，重点反映财务人员的分析决策以及管理能力。

财务机器人的出现是时代发展的产物，必然会引起会计行业以及会计职业的变革，拒绝变革注定会被社会淘汰。财务机器人的出现将取代基础会计人员，但它并非会计人员的敌人，相反，财务机器人将成为会计人员的助手、朋友、老师，促使现有的会计人员不断提升自身的能力和水平，掌握更多的法律、金融、税务等多学科知识，提高自身分析、决策和风险防控能力，推动会计行业人员整体业务能力的提高，不得不说，财务机器人的渐行渐近，使传统会计渐行渐远，无论你爱与不爱，传统会计都将淡出视野，取而代之的，不是财务机器人，而是能力更加全面、对财务机器人发号施令的中高端会计人员。

二、复合型财务管理人才：大数据时代的呼唤

大数据正在改变着企业的发展模式，也要求财务人员超越财务本身的思维范围，从业务全局的角度思考财务问题。会计工作的对象是相关的财务数据，这一本质特征决定了在大数据时代，会计工作必然会随着大数据的发展而不断改革创新。会计工作是数据核算处理的过程，财务管理工作是数据利用的过程，会计工作与数据息息相关，未来的会计人员必须是具有财务知识与数据分析能力的专业人才。财务人员不再仅仅能满足核算、反映、监督等财务工作要求，也要具备组织流程规划设计能力、组织信息系统构架与建设能力、业务分析理解发展能力以及全局战略规划能力。目前，企业通过大数据实现价值的一个重要制约因素就是人才短缺，尤其是缺少知道如何通过运用大数据进行分析，提高企业运营效益的管理者和分析师。世界级领先的全球管理咨询公司麦肯锡公司表示，迄今为止，美国大数据领域中深度分析人才职位的需求远大于供给；而在中国，随着信息化建设水平的不断提升，此类人才的缺口则更大。因此，大数据时代急需熟练财务管理和精通大数据分析的复合型人才，财务人员要主动从财务专才向财务全才转型。

为适应大数据时代的变革，财会人员要具备新能力、新度量和新思维，跟上科技发展的步伐，考虑如何调整和适应，接受新观念，与时俱进，将大数据变为自身优势，除了掌握核

心会计技能外，还需具备三项能力：一是能够对不同类型的数据进行整合的能力，提炼出可用于计算组织绩效评估和风险预警的有价值的数据；二是对海量数据深度分析的能力，以财务视角对数据进行专业解读，挖掘出对企业有价值的信息；三是拆解大数据的能力，即从海量的数据资源里寻找到精华数据，将其提供给企业管理层使用。因此拓宽专业视野，关注关联学科的知识显得尤为重要。未来发展需求的财会人员是具有经济、管理、信息等多元知识架构的综合型人才，因此，不仅要掌握财务管理的基本理论，还需要不断加强对本单位业务知识的学习和探究，只有熟悉本单位的业务流程、业务环节和特点，才能充分将所学的财务知识运用于单位财务工作，形成财务与业务结合的良性循环，而不是孤立于单位业务体系之外的“死财务”知识，这样才能更有效发挥财务的控制监督职能。

三、管理会计：财务管理工作回归本质职能的表现

会计学是人们对会计实践进行科学总结而形成的知识体系，是管理科学的一个分支，属于应用管理学。随着会计学研究领域和社会实践活动的不断扩展，会计学分化出许多分支，每一个分支都形成了一个学科。这些学科相互促进、相互补充，构成了一个完整的会计学科体系，其内容大致如图 1－2 所示。

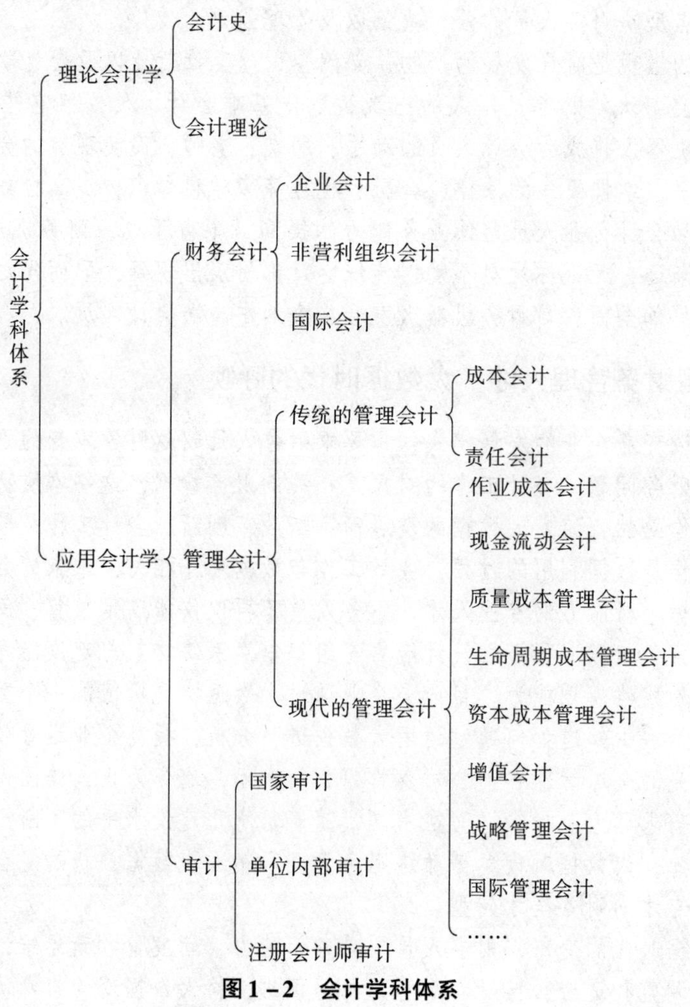

图 1－2　会计学科体系

从图1－2中不难看出，与实践活动紧密联系的应用会计学包括财务会计、管理会计和审计（审计因其独立性，这里暂且不讨论）。长期以来，人们注重财务会计的职能，忽视了作为应用会计学一个重要分支的管理会计。

时代的发展使财务管理的内涵和外延不断扩大，具有管理能力的会计在企业财务工作中的作用越来越重要，管理会计的含金量开始上升，需求量越来越大，会计行业的重心悄然发生变化，正在从注重财务会计核算工作的重心转向注重预算、分析、风险控制等工作。

财务机器人的出现使一般计账算账的会计人员的需求量大大减少，但复合型的财务人员的需求正在不断增长，据统计，我国中高端财务人才缺口现已达到300万以上。《会计改革与发展“十三五”规划纲要》也明确指出，要在“十三五”期间大力培养中高级会计人才，完善会计人才结构。可以看出，管理会计越来越重要，在中高端会计人才里面也十分缺乏管理会计。其实，管理会计本身就是复合型会计人才的一种。

财务预算、成本分析、资金筹划、风险控制和绩效分配等都形成一套完整的管理系统，会计工作的重心逐渐由核算转变为管理，会计职能中的核算功能将会逐渐弱化或自动化，会计控制和监督职能将会更突显其重要性，会计核算中的重复劳动都交给机器人了，那么会计工作也不再是单纯的与数字打交道那么冷冰冰，人与人之间的交流将成为工作的重要组成部分，因此，勤于思辨、善于表达将成为未来对会计人员的新要求。这里，特别需要注意一点，不能因为基础核算工作都交给财务机器人了，财务人员就产生会计核算的知识不重要了的错误想法。因为通常写程序的不会是财务人员，也就无法保证程序能完全表达财务工作的统计口径，因此不能完全依靠计算机的自动化，作为一名财务人员，必备的业务知识绝不能放弃，同时，管理方面的知识也需及时更新。财务人员需要增强创新意识，不断开拓进取，学习新的知识，迎接新的挑战。

会计行业的发展，使会计人才市场逐渐呈现出两极分化的趋势：一方面，普通会计人才严重饱和；另一方面，高级会计人才严重短缺，甚至需要从其他国家引进。从会计发展的范围来看，随着我国对外贸易的发展，会计核算工作也开始国际化。从宏观的角度来看，我国会计行业发展已趋于成熟，各类相关的行业法律法规也逐步健全。财政部副部长王军表示，在不久的将来，高端会计师将会成为我国会计的重点培养对象。但不管前路如何，时代如何变化，财务人员都要不断丰富自己的专业知识，提升自身的专业素养，拓宽自己的会计视野和财务思维，不仅仅局限于自身的财务工作，更要放眼未来，关注行业的发展和变化，关注会计的动态和悄悄发生的那些改变，不放弃学习和实践的机会，持续提高自身的专业知识和综合素质，才能跟上时代发展的步伐。

第二章

会计核算基础

第一节　会计假设

会计核算的对象是资金运动，在市场经济条件下，经济活动的复杂性决定资金运动也是一个复杂的过程。面对变化不定的经济环境，摆在会计人员面前的一系列问题必须首先得到解决。例如，会计核算的范围有多大，会计为谁核算，给谁记账；会计核算的资金运动能否持续不断地进行下去；会计应该在什么时候记账、算账、报账；在核算过程中应该采用什么计量手段等，这些都是进行会计核算工作的前提条件。

会计假设即会计核算的基本前提，是指为了保证会计工作的正常进行和会计信息的质量，对会计核算所处的时间、空间、环境等所作的合理设定。会计假设是人们在长期的会计实践中逐步认识和总结形成的。结合我国实际情况，企业在组织会计核算时，应遵循的会计假设包括会计主体假设、持续经营假设、会计分期假设、货币计量假设。

一、会计主体假设

会计主体是指企业会计确认、计量和报告的空间范围。我国《企业会计准则——基本准则》第五条规定："企业应当对其本身发生的交易或者事项进行会计确认、计量和报告。"为了向财务报告使用者反映企业财务状况、经营成果，提供与其决策有用的信息，会计核算和财务报告的编制应当集中反映特定对象的活动，并将其与其他经济主体区别开来，实现会计报告的目标。

在会计主体假设下，会计核算应当以企业发生的各项经济业务为对象，记录和反映企业本身的各项经济活动。也就是说，会计核算是反映一个特定企业的经济业务，只记主体自身的账。尽管企业本身的经济活动总是与其他企业、单位或个人的经济活动相联系，但对于会计来说，其核算的范围既不包括企业所有者本人，也不包括其他企业的经济活动。会计主体假设明确了会计工作的空间范围。

会计主体与法律主体不是同一概念。一般来说，法律主体必然是会计主体，但会计主体不一定就是法律主体。会计主体可以是一个有法人资格的企业，也可以是由若干家企业通过控股关系组织起来的集团公司，还可以是企业、单位下属的二级核算单位。独资、合伙形式的企业都可以作为会计主体，但都不是法人。

会计主体假设是持续经营、会计分期和其他会计核算基础的基础，因为，如果不划定会计的空间范围，则会计核算工作就无法进行，指导会计工作的有关要求也就失去了存在的意义。

二、持续经营假设

持续经营是指在可以预见的将来，企业将会按当前的规模和状态继续经营下去，不会停业，也不会大规模削减业务。我国《企业会计准则——基本准则》第六条规定："企业会计确认、计量和报告应当以持续经营为前提。"

持续经营假设认为会计主体的生产经营活动将无限期地延续下去，在可以预见的未来不会因破产、清算、解散等而不复存在。企业是否持续经营，在会计原则、会计方法的选择上有很大差别。一般情况下，假定企业将会按照当前的规模和状态继续经营下去。明确了这个基本假设，就意味着会计主体将按照既定用途使用资产，按照既定的合约条件清偿债务，会计人员就可以在此基础上选择会计原则和会计方法。尽管客观上企业会由于市场经济的竞争而面临被淘汰的危险，但只有假定作为会计主体的企业是持续、正常经营的，会计的有关要求和会计程序及方法才有可能建立在非清算的基础之上，不采用破产清算的一套处理方法，这样才能保持会计信息处理的一致性和稳定性。持续经营假设明确了会计工作的时间范围。

会计核算所使用的一系列方法和遵循的有关要求都是建立在会计主体持续经营的基础之上的。例如，只有在持续经营的前提下，企业的资产和负债才能区分为流动的和非流动的，企业对收入、费用的确认才能采用权责发生制；企业才有必要确立会计分期假设、划分收益性支出和资本性支出、历史成本等会计确认与计量的要求。

三、会计分期假设

会计分期是指将一个企业持续经营的生产经营活动划分为一个个连续的、长短相同的期间。我国《企业会计准则——基本准则》第七条规定："企业应当划分会计期间，分期结算账目和编制财务会计报告。会计期间分为年度和中期。中期是指短于一个完整的会计年度的报告期间。"

会计分期假设把企业持续不断的生产经营过程划分为较短的相对等长的会计期间。会计分期假设的目的在于通过会计期间的划分，分期结算账目，按期编制财务报告，从而及时向有关方面提供反映财务状况及经营成果的会计信息，满足有关方面的需要。从理论上来说，在企业持续经营的情况下，要反映企业的财务状况和经营成果，只有等到企业所有的生产经营活动结束后，才能通过收入和费用的归集与比较，进行准确的计算，但那时提供的会计信息已经失去了应有的作用，因此，必须人为地将这个过程划分为较短的会计期间。

会计分期假设是对会计工作时间范围的具体划分，主要是确定会计年度。中外各国所采用的会计年度一般都与本国的财政年度相同。我国以日历年度作为会计年度，即从公历的1

月1日至12月31日为一个会计年度。会计年度确定后，一般按日历确定会计半年度、会计季度和会计月度。其中，凡是短于一个完整的会计年度的报告期间均称为中期。

会计分期假设有着重要的意义。有了会计分期，才产生了本期与非本期的区别，才产生了收付实现制和权责发生制，以及划分收益性支出和资本性支出、配比等要求。只有正确地划分会计期间，才能准确地提供财务状况和经营成果的资料，才能进行会计信息的对比。

四、货币计量假设

货币计量是指会计主体在会计确认、计量和报告时以货币计量，反映会计主体的生产经营活动。我国《企业会计准则——基本准则》第八条规定："企业会计应当以货币计量。"

货币计量假设会计主体在会计核算过程中采用货币作为计量单位，记录、反映会计主体的经营情况。企业使用的计量单位较多，为了全面、综合地反映企业的生产经营活动，会计核算客观上需要一种统一的计量单位作为计量尺度。货币作为商品的一般等价物，能用以计量一切资产、负债和所有者权益，以及收入、费用和利润，也便于统计比较，因此，会计必须以货币计量为前提。需要说明的是，其他计量单位，如实物、劳动工时等，在会计核算中也使用，但不占主要地位。

我国要求企业对所有经济业务采用同一种货币作为统一尺度来进行计量。若企业的经济业务用两种以上的货币计量，应该选用一种作为基准，称为记账本位币。记账本位币以外的货币则称为外币。我国有关会计法规规定，企业会计核算以人民币为记账本位币。业务收支以人民币以外的其他货币为主的企业，也可以选定该种货币作为记账本位币，但编制的会计报表应当折算为人民币反映。

货币本身也有价值，它是通过货币的购买力或物价水平表现出来的，但在市场经济条件下，货币的价值也在发生变动，币值很不稳定，甚至有些国家出现恶性的通货膨胀，对货币计量提出挑战。因此，一方面，我们在确定货币计量假设时，必须同时确立币值稳定假设，假设币值是稳定的，不会有大的波动，或前后波动能够被抵销。另一方面，如果发生恶性通货膨胀，就需要采用特殊的会计原则如物价变动会计原则来处理有关的经济业务。

综上所述，会计假设虽然是人为确定的，但完全是出于客观需要，有充分的客观必然性，否则，会计核算工作就无法进行。这四项假设缺一不可，既有联系，也有区别，共同为会计核算工作的开展奠定了基础。

第二节　会计基础

企业生产经营活动在时间上是持续不断的，不断地取得收入，不断地发生各种成本、费用，将收入和相关的费用相配比，就可以计算和确定企业生产经营活动所产生的利润（或亏损），由于企业生产经营活动是持续不断的，而会计期间是人为划分的，所以难免有一部分收入和费用出现收支期间和应归属期间不一致的情况，于是，在处理这类经济业务时，应正确选择合适的会计处理基础。可供选择的会计处理基础包括收付实现制和权责发生制两种。权责发生制与收付实现制是确定收入和费用的两种截然不同的会计处理基础。正确地应用权责发生制是会计核算中非常重要的一条规范。

一、权责发生制

我国《企业会计准则——基本准则》第九条规定："企业应当以权责发生制为基础进行会计确认、计量和报告。"

权责发生制，亦称应收应付制，是指企业以收入的权利和支出的义务是否归属于本期为标准来确认收入、费用的一种会计处理基础。也就是以应收应付为标准，而不是以款项的实际收付是否在本期发生为标准来确认本期的收入和费用。在权责发生制下，凡是属于本期实现的收入和发生的费用，不论款项是否实际收到或实际付出，都应作为本期的收入和费用入账；凡是不属于本期的收入和费用，即使款项在本期收到或付出，也不作为本期的收入和费用处理。由于它不考虑款项的收付，而以收入和费用是否归属本期为准，所以也称应计制。

二、收付实现制

收付实现制，亦称现收现付制，是以款项是否实际收到或付出作为确定本期收入和费用的标准。凡是本期实际收到的款项，不论其是否属于本期实现的收入，都作为本期的收入处理；凡是本期付出的款项，不论其是否属于本期负担的费用，都作为本期的费用处理。反之，凡本期没有实际收到款项和付出款项，即使应归属于本期，也不作为本期收入和费用处理。这种会计处理基础，由于款项的收付实际上以现金收付为准，所以也称现金制。

采用收付实现制会计处理基础，无论收入的权利和支出的义务归属于哪一期，只要款项的收付在本期，就确认为本期的收入和费用，不考虑预收收入和预付费用，以及应计收入和应计费用的存在。到会计期末根据账簿记录采用收付实现制会计处理基础，确定本期的收入和费用，因为实际收到和付出的款项，必然已经登记入账，所以不存在对账簿记录于期末进行调整的问题。这种会计处理基础核算手续简单，强调财务状况的切实性，但不同时期缺乏可比性。

在权责发生制会计处理基础下，必须考虑预收、预付和应收、应付。由于企业日常的账簿记录不能完全地反映本期的收入和费用，需要在会计期末对账簿记录进行调整，使未收到款项的应计收入和未付出款项的应付费用，以及收到款项而不完全属于本期的收入、付出款项而不完全属于本期的费用，都归属于相应的会计期间，以便正确计算本期的经营成果。采用权责发生制核算比较复杂，但反映本期的收入和费用比较合理、真实，被广泛采用。

为了进一步说明问题，下面举个例子并以表格的方式对两种会计处理基础加以比较说明，如表 2－1 所示。

表 2－1 权责发生制与收付实现制会计处理基础比较

业务案例	权责发生制 会计处理基础	收付实现制 会计处理基础
1 月份一次收讫当年上半年出租房屋的租金	1 月份的收入为总收入的 1/6，其余的租金收入为预收收入	全部作为 1 月份的收入
1 月份把含本月在内的未来两年的办公设备租赁费一次支付	1 月份的租赁费为整笔支出的 1/24，其余部分为预付费用	全部作为 1 月份的收入

续表

<table>
<tr><th>业务案例</th><th>权责发生制
会计处理基础</th><th>收付实现制
会计处理基础</th></tr>
<tr><td>与购货单位签订合同，1、2、3 月份销售 3 批产品，货款于 3 月末一次结清</td><td>分别作为 1、2、3 月份的收入，1、2 月份的收入为应收收入</td><td>全部作为 3 月份的收入</td></tr>
<tr><td>1 月份向银行借入为期 3 个月的借款，利息到期（即 3 月份）一次偿还</td><td>分别作为 1、2、3 月份的费用，1、2 月份的费用为应付费用</td><td>全部作为 3 月份的费用</td></tr>
<tr><td colspan="3">本期内收到的款项就是本期应获得的收入，本期内支付的款项就是本期应负担的费用，则权责发生制和收付实现制确认收入和费用的结果是相同的</td></tr>
</table>

第三节　会计信息质量特征

会计作为一项管理活动，其主要目的是向企业的利益相关者提供反映经营者受托责任和供投资者做决策的会计信息。要达到这个目的，就必须要求会计信息具有一定的质量特征。会计信息质量特征也称会计信息质量要求、会计信息质量标准。我国《企业会计准则——基本准则》规定："会计信息质量特征包括以下八项：可靠性、相关性、可理解性、可比性、实质重于形式、重要性、谨慎性、及时性。"这些质量特征要求会计人员在处理会计业务、提供会计信息时，遵循这些对会计信息的质量要求，以便更好地为企业的利益相关者服务。

一、可靠性

可靠性，也称客观性、真实性，是对会计信息质量的一项基本要求。我国《企业会计准则——基本准则》第十二条规定："企业应当以实际发生的交易或者事项为依据进行会计确认、计量和报告，如实反映符合确认和计量要求的各项会计要素及其他相关信息，保证会计信息真实可靠，内容完整。"

会计所提供的信息是投资者、债权人、政府及有关部门和社会公众的决策依据，如果会计数据不能客观、真实地反映企业经济活动的实际情况，势必无法满足各有关方面了解企业财务状况和经营成果以进行决策的需要，甚至可能导致错误的决策。可靠性要求会计核算的各个阶段，包括会计确认、计量、记录和报告，必须真实客观，以实际发生的经济活动及表明经济业务发生的合法凭证为依据。

在会计实务中，有些数据只能根据会计人员的经验或对未来的预计予以计算。例如，固定资产的折旧年限、制造费用分配方法的选择等，都会受到一定程度的个人主观意志的影响。不同会计人员对同一经济业务的处理出现不同的计量结果是在所难免的。但是，会计人员应在统一标准的条件下，将可能发生的误差降到最低程度，以保证会计核算提供的会计资料真实可靠。

二、相关性

相关性，也称有用性，它也是会计信息质量的一项基本要求。我国《企业会计准则——基本准则》第十三条规定："企业提供的会计信息应当与财务会计报告使用者的经济决策需要相关，有助于财务会计报告使用者对企业过去、现在或者未来的情况作出评价或者预测。"信息只有有用，才能与使用者的决策需要相关。当信息通过帮助使用者评估过去、现在或未来的事项，证实或者修正过去的有关预测，影响使用者的经济决策时，信息就具有相关性。这就要求信息具有预测价值和反馈价值。

会计信息质量的相关性要求，需要企业在确认、计量和报告会计信息的过程中，充分考虑使用者的决策模式和信息需要。但是相关性是以可靠性为基础的，两者之间并不矛盾，不应将两者对立起来。也就是说，会计信息在可靠性前提下，尽可能地做到相关性，以满足投资者等财务报告使用者的决策需要。

三、可理解性

可理解性，也称明晰性，是对会计信息质量的一项重要要求。我国《企业会计准则——基本准则》第十四条规定："企业提供的会计信息应当清晰明了，便于财务会计报告使用者理解和使用。"

提供会计信息的目的在于使用，要使用，就必须了解会计信息的内涵，明确会计信息的内容，如果无法做到这一点，就谈不上对决策有用。信息是否被使用者所理解，取决于信息本身是否易懂，也取决于使用者理解信息的能力。可理解性是决策者与决策有用性的连接点。如信息不能被决策者所理解，那么这种信息毫无用处，因此，可理解性不仅是信息的一种质量标准，也是与信息使用者有关的一个质量指标。

会计信息毕竟是一种专业性较强的信息，在强调会计信息可理解性要求的同时，还应假定使用者具有一定的有关企业经营活动和会计方面的知识，并且愿意付出努力去研究这些信息。对于某些复杂的信息，如交易本身较为复杂，或者会计处理较为复杂，其对使用者的经济决策又相关，企业就应当在财务报告中予以充分披露说明。会计人员应尽可能传递、表达易被人理解的会计信息，而使用者也应设法提高自身的综合素养，以增强理解会计信息的能力。

四、可比性

可比性要求企业提供的会计信息应当相互可比，这也是会计信息质量的一项重要要求。它包括两个方面的含义：一是同一企业在不同时期的纵向可比，二是不同企业在同一时期的横向可比。我国《企业会计准则——基本准则》第十五条规定："企业提供的会计信息应当具有可比性。"

为了明确企业财务状况和经营业绩的变化趋势，使用者必须能够比较企业不同时期的财务报表。为了评估不同企业的财务状况、经营业绩和现金流量，使用者还必须能够比较不同企业的财务报表。因此，对整个企业及其不同时点以及对不同企业而言，同类交易或其他事项的计量和报告，都必须采用一致的方法。

要做到这两个方面的可比，就必须做到：同一企业不同时期发生的相同或者相似的交易或者事项，应当采用一致的会计政策，不得随意变更，确需变更的，应当在附注中说明。不同企业发生的相同或者相似的交易或者事项，应当采用规定的会计政策，确保会计信息口径一致、相互可比。

五、实质重于形式

实质重于形式，要求企业应当按照交易或者事项的经济实质进行会计确认、计量和报告，而不仅仅以交易或者事项的法律形式为依据。我国《企业会计准则——基本准则》第十六条规定："企业应当按照交易或者事项的经济实质进行会计确认、计量和报告，不应仅以交易或者事项的法律形式为依据。"

企业发生的交易或事项在多数情况下，其经济实质和法律形式是一致的。但在某些特定情况下，会出现不一致。如融资租入固定资产的确认，从形式上看，该项固定资产的所有权在出租方，企业只是拥有使用权和控制权，也就是说，该项固定资产并不是企业购入的固定资产，因此，不能将其作为企业的固定资产加以核算。但是，由于融资租入固定资产的租赁期限一般都超过了固定资产可使用期限的大部分，而且到期后企业可以以非常低的价格购买该项固定资产，因此，为了正确地反映企业的资产和负债状况，对于融资租入的固定资产，企业应按自有固定资产加以核算。

六、重要性

重要性要求企业提供的会计信息应当反映与企业财务状况、经营成果和现金流量有关的所有重要交易或者事项。我国《企业会计准则——基本准则》第十七条规定："企业提供的会计信息应当反映与企业财务状况、经营成果和现金流量等有关的所有重要交易或者事项。"

重要性要求财务报告在全面反映企业的财务状况和经营成果的同时，应当区别经济业务的重要程度，采用不同的会计处理程序和方法。具体来说，对于重要的经济业务，应单独核算、分项反映，力求准确，并在财务报告中重点说明；对于不重要的经济业务，在不影响会计信息真实性的情况下，可适当简化会计核算或合并反映，以便集中精力抓好关键。

需要明确的是，重要性具有相对性，并不是同样的业务对不同的企业都是重要或不重要的事项。对某项会计事项判断其重要性，在很大程度上取决于会计人员的职业判断。一般来说，重要性可以从质和量两个方面进行判断。从性质方面来说，如果某会计事项的发生可能对决策产生重大影响，则该事项属于具有重要性的事项；从数量方面来说，如果某会计事项的发生达到一定数量或比例可能对决策产生重大影响，则该事项属于具有重要性的事项。

七、谨慎性

谨慎性，又称稳健性，是指在处理具有不确定性的经济业务时应持谨慎态度。我国

《企业会计准则——基本准则》第十八条规定："企业对交易或者事项进行会计确认、计量和报告应当保持应有的谨慎，不应高估资产或者收益、低估负债或者费用。"

谨慎性的要求体现于会计核算的全过程，在会计上的应用是多方面的。如果一项经济业务有多种处理方法可供选择，应选择不导致夸大资产、虚增利润的方法。在进行会计核算时，应当合理预计可能发生的损失和费用，而不应预计可能发生的收入和过高估计资产的价值。例如，对应收账款提取坏账准备，就是对预计不能收回的货款先行作为本期费用，计入当期损益，以后确实无法收回时冲销坏账准备。再如，固定资产采用加速折旧法等。

遵循谨慎性，对于企业存在的经营风险加以合理估计，对防范风险起到预警作用，有利于企业作出正确的经营决策，有利于保护投资者和债权人的利益，有利于提高企业在市场上的竞争能力。但是，企业不能以谨慎性原则为由任意计提各种准备，即秘密准备。例如，按照有关规定，企业应当计提坏账准备、存货跌价准备等减值准备。但是，在实际执行时，有些企业滥用会计准则给予的会计政策，在前一年度大量计提减值准备，待后一年度再予以转回，这种行为属于滥用谨慎性，计提秘密准备，是会计准则所不允许的。

八、及时性

及时性要求企业对于已经发生的交易或者事项，应当及时进行确认、计量和报告，不得提前或者延后。我国《企业会计准则——基本准则》第十九条规定："企业对于已经发生的交易或者事项，应当及时进行会计确认、计量和报告，不得提前或者延后。"

会计信息的价值在于帮助所有者或者其他方面的相关者作出经济决策，具有时效性。即使是可靠相关的会计信息，如果不及时提供，也就失去了时效性，对于使用者的效用就大大降低，甚至不再具有实际意义。因此及时性要求会计人员及时收集、处理、传递会计信息。

当然，及时提供可能会损坏可靠性。企业可能需要权衡及时报告与提供可靠信息的优缺点。为了在及时的基础上提供信息，在了解某一交易或其他事项的所有方面之前，就可能有必要作出报告，这就会损害可靠性。相反，如果推迟到了解所有方面之后再报告，信息可能极为可靠，但是对于必须在事中决策的信息使用者而言，用处可能很小。要在相关性和可靠性之间达到平衡，决定性的问题是如何最佳地满足使用者的经济决策需要。

上述八项会计信息的质量特征，在实务中，常常需要在各特征之间权衡或取舍，其目的是为了达到质量特征之间的适当平衡，以便实现财务报告的目标。

第四节　会计计量属性

会计计量是为了将符合确认条件的会计要素登记入账并列报于财务报表而确定其金额的过程。企业应当按照规定的会计计量属性进行计量，确定相关金额。计量属性是指所计量的某一要素的特性方面，如桌子的长度、铁矿的重量、楼房的高度等。会计计量属性反映的是会计要素金额的确定基础。我国《企业会计准则——基本准则》第四十二条规定："会计计量属性主要包括历史成本、重置成本、可变现净值、现值和公允价值等。"

一、历史成本

历史成本又称实际成本，就是取得或制造某项财产物资时所实际支付的现金或者其他等价物。在历史成本计量属性下，资产按照购置时支付的现金或者现金等价物的金额，或者按照购置资产时所付出的对价的公允价值计量。负债按照因承担现时义务而实际收到的款项或者资产的金额，或者承担现时义务的合同金额，或者按照日常活动中为偿还负债预期需要支付的现金或者现金等价物的金额计量。

二、重置成本

重置成本又称现行成本，是指按照当前市场条件，重新取得同样一项资产所需支付的现金或现金等价物金额。在重置成本计量属性下，资产按照现在购买相同或者相似资产所需要支付的现金或者现金等价物的金额计量。负债按照现在偿付该项债务所需支付的现金或者现金等价物的金额计量。

三、可变现净值

可变现净值，是指在正常生产经营过程中，以预计售价减去进一步加工成本和销售所必需的预计税金、费用后的净值。在可变现净值计量属性下，资产按照其正常对外销售所能收到的现金或者现金等价物的金额扣减该资产至完工时估计将要发生的成本、估计的销售费用以及相关税费后的金额计量。

四、现值

现值是指对未来现金流量以适当的折现率进行折现后的价值，是考虑货币时间价值因素等的一种计量属性。在现值计量属性下，资产按照预计从其持续使用和最终处置中所产生的未来净现金流入量的折现金额计量。负债按照预计期限内需要偿还的未来净现金流出量的折现金额计量。

五、公允价值

公允价值是指市场参与者在计量日发生的有序交易中，出售一项资产所能收到或者转移一项负债所需支付的价格。在公允价值计量属性下，资产和负债按照市场参与者在计量日发生的有序交易中，出售资产所能收到或者转移负债所需支付的价格计量。

我国《企业会计准则——基本准则》第四十三条规定：“企业在对会计要素进行计量时，一般应当采用历史成本，采用重置成本、可变现净值、现值、公允价值计量的，应当保证所确定的会计要素金额能够取得并可靠计量。”这是对会计计量属性选择的一种限定性条件，一般应当采用历史成本，如果要用其他计量属性，必须保证金额能够取得并可靠计量。

持续经营假设

本章思维导图

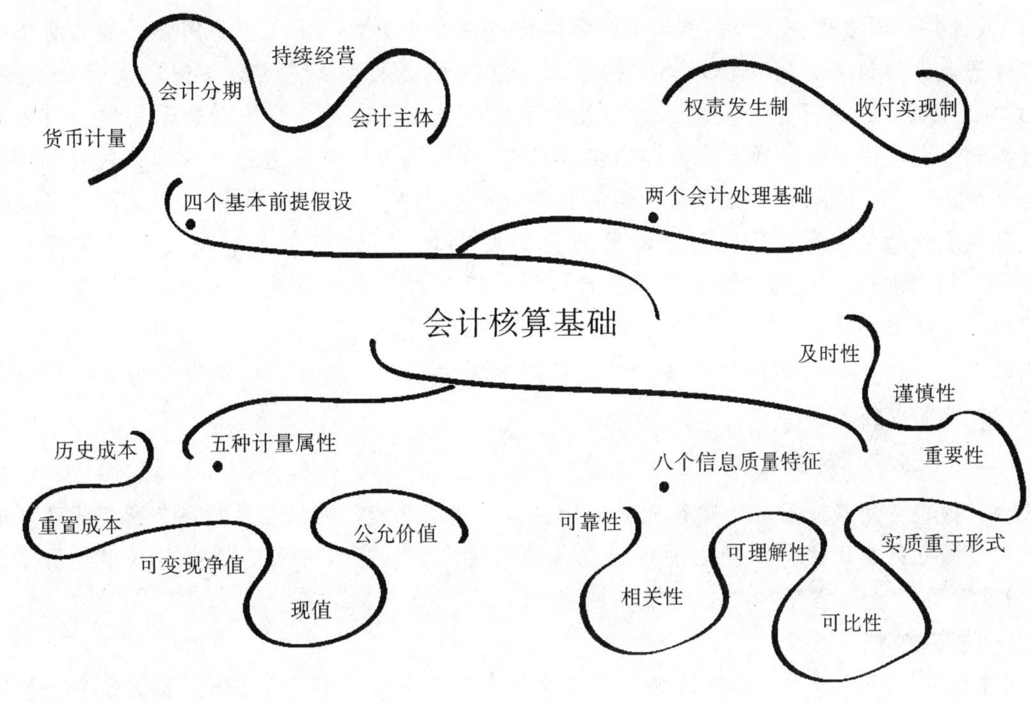

专业发展认知教程二

我国注册会计师行业发展概况及职业前景展望

注册会计师，是很多学习会计或相关专业学生的理想追求，作为中国唯一拥有审计签字权的执业资质，注册会计师受到投行、外资商业银行、国内外会计师事务所、咨询公司、大型国企等单位的高度青睐，被誉为中国财经界黄金职业资质。财政部《会计改革与发展“十三五”规划纲要》中提出：“深化改革，激发活力，要大力拓展注册会计师业务领域。并将注册会计师持证者定义为急需培养和引入的紧缺人才。”

注册会计师，是指取得注册会计师证书并在会计师事务所执业的人员，英文全称 Certified Public Accountant，简称为 CPA 或 CICPA（中国注册会计师），指的是从事社会审计、中介审计、独立审计的专业人士。在国际上，说会计师一般是说注册会计师，而不是我国的中级职称概念的会计师（专业发展认知教程六会对我国会计职称体制进行介绍）。

一、注册会计师行业发展历史回顾

（一）行业立法的演化

改革开放以来，中国注册会计师行业经历了恢复起步（1980—1986 年）、初步确立（1986—1993 年）、规范发展（1993—2006 年）和趋同提高（2006 至今）四个阶段。

1980 年 12 月，财政部颁布《关于成立会计顾问处的暂行规定》（以下简称《暂行规定》),《暂行规定》的颁布标志着中国注册会计师制度进入恢复起步阶段。从立法层次上讲,《暂行规定》只是部门规章,在法律体系中处于较低层次。1986年7月,国务院颁布了《中华人民共和国注册会计师条例》(以下简称《注会条例》)。《注会条例》的颁布标志着中国注册会计师制度进入了初步确立阶段。从立法层次上讲,《注会条例》属行政法规。1993年,中共十四届三中全会通过了《关于建立社会主义市场经济体制若干问题的决定》,明确要大力发展注册会计师事业。1993年10月,全国人大常委会通过《中华人民共和国注册会计师法》(以下简称《注册会计师法》或《注会法》),以国家法律的形式确立了注册会计师制度的地位,为我国注册会计师行业的发展奠定了法律基础。从《暂行规定》经《注会条例》到《注会法》,中国注册会计师行业的立法层次逐步提升。这是市场经济导向改革的必然结果,是社会对行业重要性认知不断深化的体现。目前,注册会计师行业已基本形成以《注会法》等法律法规为核心、以部门规章为基础、以行业执业规范为保障的较为完善的行业制度体系。

(二)行业主体的变迁

会计师事务所是注册会计师行业的市场主体。改革开放以来,会计师事务所经历了从非独立或半独立的市场主体到独立的市场主体的演化,会计师事务所的规模与水平经历了从“小散乱”到“大而强”和“专而精”的演化。

1. 脱钩改制

《注会条例》颁布后,财政部制定了《会计师事务所管理暂行办法》,要求每个会计师事务所必须由上级主管单位发起,形成了会计师事务所的挂靠制度。在1997年以前,我国绝大多数会计师事务所均挂靠于政府部门、社会团体、科研机构和高等院校等法人单位。挂靠制度使得会计师事务所成为非独立或半独立的市场主体,导致行业权力垄断、地区封锁问题突出,公平竞争的市场被严重破坏,执业环境恶化。1998年,财政部、中国注册会计师协会下发《关于进一步加快会计师事务所及审计事务所体制改革的通知》等文件,各事务所脱钩改制工作正式开始。截至1999年年底,全国各事务所脱钩改制任务基本完成。脱钩改制任务的完成,使会计师事务所成为独立的市场主体,为注册会计师执业质量的提高奠定了坚实的基础。

2. 特殊普通合伙制的推进

脱钩改制后,大部分会计师事务所选择了有限责任制这种组织形式。在有限责任制下,注册会计师以其出资额为限承担法律责任,可能导致注册会计师风险意识的弱化,使其缺乏提高业务质量的动机。研究表明,特殊普通合伙制可以起到兴利除弊的效果。2010年7月,财政部和工商总局发布了《关于推动大中型会计师事务所采用特殊普通合伙组织形式的暂行规定》。2012年1月,财政部和证监会出台了《关于会计师事务所从事证券期货相关业务有关问题的通知》,要求从事与证券期货相关业务的会计师事务所必须为合伙制或特殊普通合伙制。特殊普通合伙制的推进,增强了注册会计师的风险意识和质量意识,进一步强化了会计师事务所独立市场主体的地位。

3. “做大做强”战略的实施

长期以来,会计师事务所“小散乱”的问题一直困扰着注册会计师行业。为了应对不断发展的资本市场和日益激烈的国际竞争,我国将会计师事务所“做大做强”提升到战略的高度，采取多种措施促进会计师事务所上规模上水平。改革开放以来，会计师事务所经历了四次合并浪潮，即1998—1999年脱钩改制引发的合并浪潮，2000—2004年由证券从业资格导致的合并浪潮，2005—2006年由应对外资事务所进入掀起的合并浪潮，2007年至今以“做大做强”战略为指导的合并浪潮。通过合并，会计师事务所“小散乱”的状况得以改善，初步形成了大中小会计师事务所协调发展、良性竞争的合理布局。

（三）行业协会的发展

中国注册会计师协会是根据《中华人民共和国注册会计师法》成立的注册会计师的全国性、行业性社会团体，是非营利性社会组织。英文全称为The Chinese Institute of Certified Public Accountants，缩写为CICPA。

中国注册会计师协会（以下简称中注协或协会）是在财政部党组领导下开展行业管理和服务的法定组织，依据《注册会计师法》和《社会团体登记管理条例》的有关规定设立，承担着《注册会计师法》赋予的职能和协会章程规定的职能，成立于1988年11月。

中注协的主要职责如下：

（1）审批和管理本会会员，指导地方注册会计师协会办理注册会计师注册；

（2）拟订注册会计师执业准则、规则，监督、检查实施情况；

（3）组织对注册会计师的任职资格、注册会计师和会计师事务所的执业情况进行年度检查；

（4）制定行业自律管理规范，对会员违反相关法律法规和行业管理规范的行为予以惩戒；

（5）组织实施注册会计师全国统一考试；

（6）组织、推动会员培训和行业人才建设工作；

（7）组织业务交流，开展理论研究，提供技术支持；

（8）开展注册会计师行业宣传；

（9）协调行业内、外部关系，支持会员依法执业，维护会员合法权益；

（10）代表中国注册会计师行业开展国际交往活动；

（11）指导地方注册会计师协会工作；

（12）承担法律、行政法规规定和国家机关委托或授权的其他有关工作。

中注协积极探索行业管理的规律，加强面向注册会计师和非执业会员的服务、监督、管理，协调职能建设，建立完善了行业管理和服务体系，即以服务经济社会为导向的鉴证服务体系，以胜任能力为导向的考试评价体系，以严把门槛为导向的注册准入体系，以国际趋同为导向的执业标准体系，以终生学习为导向的继续教育体系，以诚信道德和执业质量为导向的监督检查体系，以事务所走出去为导向的国际合作体系，以做强做大为导向的发展战略体系，以政治保证为导向的党建工作体系，以服务监督管理协调为导向的行业组织体系。

协会会员分为个人会员和单位会员。参加注册会计师全国统一考试全科合格者和原有依照规定考核合格者，可申请成为本会个人会员。注册会计师应当加入注册会计师协会，为执业会员，其他个人会员为非执业会员。依法批准设立的会计师事务所，可申请成为单位会员。截至2017年12月31日，中注协有团体会员（会计师事务所）8 605家，其中，有40家证券期货资格会计师事务所，获准从事H股企业审计业务的内地大型会计师事务所11

家。个人会员达23.7万人，其中，注册会计师105 570人，非执业会员131 633人。中注协现有资深会员2 818人，名誉会员17人。目前，全国具有注册会计师资质的人员超过26万人，全行业从业人员超过30万人。注册会计师行业服务于包括3 000余家上市公司在内的420万家以上企业、行政事业单位。

中注协分别于1996年10月和1997年5月加入亚太会计师联合会（CAPA）和国际会计师联合会（IFAC），并与50多个境外会计师职业组织建立了友好合作和交往关系。

中注协最高权力机构为全国会员代表大会，全国会员代表大会选举产生理事会。理事会选举产生会长、副会长、常务理事会，理事会设若干专门委员会和专业委员会。常务理事会在理事会闭会期间行使理事会职权。中注协下设秘书处，为其常设执行机构。

目前，理事会下设11个专门（专业）委员会。分别为战略与财务委员会、注册管理委员会、教育培训委员会、审计准则委员会、职业道德准则委员会、专业指导委员会、惩戒委员会、申诉委员会、法律援助与权益保护委员会、中小会计师事务所委员会、行业信息化委员会。

中注协秘书处设15个职能部门，包括党委办公室（综合部）、考试部（财政部注册会计师考试委员会办公室）、注册部、继续教育部、专业标准与技术指导部、业务监管部、研究发展部、国际及港澳台地区事务部、行业党建工作部、统战群工部、期刊编辑部、信息技术部、人事部（纪委办公室）、财务部、服务部。

二、注册会计师业务发展现状

改革开放以来，注册会计师执业标准经历了由查账验证规则经独立审计准则到执业准则体系的发展，实现了与国际准则从借鉴经协调到趋同的演化过程。

在恢复起步期，注册会计师行业相关制度的建设处于摸索阶段，尚未建立起具体的执业标准。在初步确立期，注册会计师行业的执业规范受到重视。从1988年到1993年，中注协先后制定发布7个执业规则。这些执业规则的颁布对我国注册会计师行业的正规化、专业化起到了积极作用。在规范发展期，我国开始构建具有中国特色的独立审计准则体系。到2003年，我国先后制定发布了6批独立审计准则，基本建立起一套具有中国特色的独立审计准则体系。在趋同提高期，为了顺应经济全球化和执业准则国际趋同的大势，我国实施了执业准则国际趋同战略。2006年2月，《中国注册会计师执业准则》发布，2010年11月，《中国注册会计师审计准则及应用指南》中38项修订稿发布，2016年12月，《在审计报告中沟通关键审计事项》等12项审计准则发布，我国实现了与国际准则的持续趋同。

改革开放以来，注册会计师行业介入国家建设的广度和深度日益拓宽和拓深。从服务对象来看，注册会计师行业的服务对象从外商投资企业逐步拓展到内资企业，从营利组织逐步拓展到非营利组织，从国内市场逐步拓展到国际市场；服务内容也逐步从“增信服务”拓展到“增值服务”。改革开放初期，注册会计师的业务以外商投资企业审计为主。1984年，我国开始以城市为重点的经济体制的改革，国企改革是其中的重要内容。无论是探索多种形式的经营责任制、建立现代企业制度、以股份制为主要形式的现代产权制度改革，还是混合所有制改革，改革中的国企都是注册会计师服务的对象。国务院1993年4月颁发《股票发行与交易管理暂行条例》，对申请公开发行股票公司的审计作出明确规定。这使会计师事务所的服务对象主要从外商投资企业、国有企业转向上市公司。随着改革的深化，注册会计师的服务对象从企业拓展到非营利组织，在预算单位审计、绩效评价和内部控制咨询等方面发挥着日益重要的作用。随着中国企业走出去和“一带一路”倡议的实施，中国注册会计师行业正在探索和推进国际市场的开拓，行业发展空间越来越大。

三、注册会计师行业人才发展建设

“经济越发展，会计越重要。”企业会计准则是市场经济的重要规则，注册会计师行业承担着建设社会诚信的重要责任，而会计人才也是国家发展需要的战略人才。会计准则、注册会计师行业和会计人才的水平是国家会计能力的重要因素。一个国家的会计能力反映了它的经济制度和政府管治软实力。

20世纪90年代初，新加坡内阁资政李光耀先生访问北京，他提出“中国经济要发展，需要30万会计师”的建议，党和国家领导人高度认同这一建议，开始实施中国的会计人才建设工程，为国家经济发展培养一批道德优良、视野开阔、能力卓越的高水平复合型专业人才。

截至2018年12月31日，中注协有执业会员（注册会计师）106 798人，平均年薪90万元/人，非执业会员143 812人（其中国外及港澳台地区非执业会员601人），个人会员超过25万人，达到250 610人。个人会员数量排前五的地区分别为北京、上海、广东（含深圳，下同）、江苏和浙江，人数分别为35 564人、29 088人、26 911人、16 377人、14 909人。执业会员（注册会计师）数量排前五的地区分别为北京、广东、四川、上海和山东，分别为13 064人、9 781人、6 728人、6 568人和6 510人。非执业会员数量排前五的地区分别为上海、北京、广东、江苏和浙江，分别为22 520人、22 500人、17 130人、10 539人和8 407人。

1. 建立注册会计师考试制度

在我国注册会计师行业恢复之初，注册会计师一直实行考核认定制度。1987年，财政部制定了《注册会计师考试、考核办法》，注册会计师的选拔方式开始按以考核为主、以考试为辅的机制进行。实际上，当时几乎全部的注册会计师仍然是通过考核认定的。这些通过考核的注册会计师年龄普遍偏高，在90年代初，60岁以上的注册会计师占比80%以上。为了给愿意从事注册会计师职业的年轻人提供职业发展的机会，1991年，中注协作为财政部委托的注册会计师考试主办机构，先后发布了《注册会计师全国第一次考试、考核办法》《注册会计师考试命题原则》和《注册会计师全国第一次统一考试工作规则》。这三个文件对注册会计师考试的报考条件和考试内容作出了规范。1991年12月，中注协举办了第一届注册会计师全国统一考试。当年，共有2.3万余人报考，472人取得全科合格成绩。这次考试的成功举办是注册会计师考试制度在中国建立的标志性事件，等同于建立了会计行业的高考制度。1993年10月，全国人大常委会颁布了《中华人民共和国注册会计师法》，明确规定了注册会计师考试的报名条件、豁免条件，同时废止了考核制度。注册会计师考试制度第一次以法律的形式被确定下来，成为取得中国注册会计师资格的唯一途径。我国注册会计师人数目前虽然还没有达到当时李光耀先生建议的人数，但它的成长与国家经济体量的增加是相对应的。

2. 成立国家会计学院

筹建国家会计学院反映了朱镕基先生的远见卓识和领导力。1994 年 3 月，当时还是国务院常务副总理的朱镕基在财税改革全面推开后不久，便召开专门会议，研究讨论注册会计师的培训工作。他在会上提出，要建立三个现代化的财会专业知识成人教育基地。这个想法为创立三所国家会计学院埋下了重要的伏笔。1997 年，在朱镕基的指示下，财政部成立了中国注册会计师北京培训基地建设指挥部，时任财政部部长的项怀诚和常务副部长楼继伟共同负责国家会计学院的建设工作。1998 年 3 月，国务院正式批准了组建国家会计学院的请示报告，加快了建设国家会计学院的步伐。北京国家会计学院（1999 年 4 月）、上海国家会计学院（2001 年 5 月）和厦门国家会计学院（2004 年 11 月）先后落成。在创办初期，三所学院还采取了依托名牌大学的方式，为注册会计师专业人才的培训提供高水平的师资支持。其中，北京国家会计学院依托清华大学，上海国家会计学院依托上海财经大学，厦门国家会计学院依托厦门大学。2001 年 10 月，朱镕基在视察北京国家会计学院时为注册会计师赠写了著名的“诚信为本，操守为重，坚持准则，不做假账”的题词。这句题词不仅成为三所国家会计学院的校训，更成为所有中国注册会计师行业从业者心中遵循的基本道德规范要求。在三所国家会计学院创办至今的 20 多年里，接受国家会计学院培训的人超过了数百万。这三所学院为中国注册会计师行业人才的培养作出的贡献是巨大的，成绩斐然。世界上除了中国，没有一个国家设立国家会计学院，它如同会计界的黄埔军校，让世人羡慕。

3. 开展全国会计领军人才培养项目

为解决我国高端会计人才不足的问题，2005 年 12 月，财政部决定在全国范围内启动全国会计领军人才培养项目，目标是在较短的时间内培养一支具有国际视野、战略思维、德才兼备、精通业务、勇于创新的会计师高端人才队伍。2007 年，财政部发布了《全国会计领军（后备）人才培养十年规划》，提出要在全国范围内，有计划地按照企业类、行政事业类、注册会计师类、学术类 4 类，争取用 10 年左右的时间，培养 1 000 名左右会计领军人才，担负会计行业的领军重任。全国会计领军人才培养项目设置了较高的报考门槛，例如，在报考基础条件中明确规定领军人才候选人必须是中央企业、省级大型国企、上市公司、其他企业的财务负责人和会计师事务所的合伙人。截至 2017 年年底，全国会计领军人才培养工程累计招收 41 个班级 1 658 名学员，毕业 21 个班级 716 名学员。全国会计领军人才工程已经成为中国会计行业高端人才的摇篮，发挥了人才的辐射和带动作用，不仅开创了高端会计行业人才的教育形式，更对国家会计行业的发展起到了积极的推动作用。

人才是关系事业发展的关键。可以说，我国改革开放的成功，是人才培养的成功，人才投资是最大的投资。在会计人才培养上，财政部推动的建设国家会计学院和开展全国会计领军人才培养项目这两项举措是世界上认定的创新人才的培养举措。过去 40 年走过的路，说明了中国会计人的努力，可以自豪地说，中国的会计行业没有落后。众多注册会计师的不懈努力推动着行业不断向前发展，高端会计人才始终是社会需要的人才，不会因财务机器人的出现而被淘汰，如何使自己成为这样的人才，是每一名会计行业从业者都需要考虑的一个职业规划问题。

四、如何取得注册会计师资格

通常人们所说的注册会计师，是指注册会计师协会的会员，包括执业会员（即注册会计师）和非执业会员，此外还可能包括荣誉会员。通过注册会计师考试，并在会计师事务所工作一定时间后，在注册会计师协会注册，方可成为执业注册会计师。只是通过考试，但并不在会计师事务所工作，可以申请成为非执业会员。

注册会计师考试是会计行业的一项执业资格考试，注册会计师全国统一考试制度始于1991年，主考单位为财政部注册会计师考试委员会（简称财政部考委会），组织领导注册会计师全国统一考试工作。财政部考委会设立注册会计师考试委员会办公室（简称财政部考办），组织实施注册会计师全国统一考试工作。财政部考办设在中国注册会计师协会。各省、自治区、直辖市财政厅（局）成立地方注册会计师考试委员会（简称地方考委会），组织领导本地区注册会计师全国统一考试工作。地方考委会设立地方注册会计师考试委员会办公室（简称地方考办），组织实施本地区注册会计师全国统一考试工作。地方考办设在各省、自治区、直辖市注册会计师协会。考试报名时间一般为每年的4月。

注册会计师资格考试分为专业阶段考试和综合阶段考试。

（一）同时符合下列条件的中国公民，可以申请参加注册会计师全国统一考试专业阶段考试

（1）具有完全民事行为能力；

（2）具有高等专科以上学校毕业学历，或者具有会计或者相关专业中级以上技术职称。

专业阶段考试科目为会计、审计、财务成本管理、公司战略与风险管理、经济法、税法。专业阶段考试报名人员可以同时报考6个科目，也可以选择报考部分科目。具体内容会在各年度全国考委会每年发布的《报名简章》中明确。每科考试均实行百分制，60分为成绩合格分数线。考试成绩实行5年为一个周期的滚动管理办法，在连续5个考试年度内参加全部科目的考试并合格，中注协将为考生颁发注册会计师全国统一考试专业阶段考试合格证。

当然，在校大学生大学期间是不可以报考注册会计师的，只有在大学的最后一个学期才可以报考。

（二）同时符合下列条件的中国公民，可以申请参加注册会计师全国统一考试综合阶段考试

（1）具有完全民事行为能力；

（2）已取得注册会计师全国统一考试专业阶段考试合格证。

综合阶段考试科目：职业能力综合测试（试卷一、试卷二）。

参加注册会计师全国统一考试成绩合格，并从事审计业务工作二年以上的，可以向省、自治区、直辖市注册会计师协会申请注册。

经过40年的发展，注册会计师行业取得了辉煌成就，特别是在高端会计人才培养上，为国家经济发展建设提供了大量的具有专业知识的人才。但是，随着中国资本市场的进一步开放和发展，以及信息化和网络时代对专业财会服务需求的变化，使得高端会计人才缺口仍然较大，行业人才需求正在经历从数量型增长向质量型拓展的转变，注册会计师依然是未来20年财会领域的紧缺人才。

五、注册会计师职业发展前景

注册会计师（CPA）证书（以下简称注会证）的含金量一直是财会人津津乐道的话题，

有一段时间，“考下注会证年薪百万”的消息遍布网络，让大家对注册会计师证书有了一个不是很客观的认知——考下注会证就迈入高收入人群行列。考下注会证真的就能跻身高端人群吗？未必。但如果有人问：“注册会计师证书真的很牛吗？”答案一定是“非常牛！”

对于一个入行1～3年的职场新人来说，就算有注会证，你也不能立马走上高端会计人才的位置，但是注会证却能给你带来很多机会，再经过3～5年的积累，成为高端会计人才也不是一件难事。

（一）就业前景：CPA证书是这些实力单位的“敲门砖”

1. 四大会计师事务所（以下简称“四大”）

“四大”是很多CPA考生的梦想，能够到这里工作，无论是环境、薪酬还是公司的业务水平，毫无疑问，“四大”绝对是最佳首选。当然“四大”也是很多会计人员跳槽的重要平台。

2. 大中型企业

越是大企业，在财务方面的岗位要求就会越细致，如果你有了注册会计师证书，就相当于拥有了进入好企业的条件，而且对于以后的升职加薪是非常有帮助的。

3. 投行

注册会计师喜欢工作的银行主要是两种：投资银行和商业银行。投资银行的专业方向是法律和财务，对于那些拿下CPA又成功通过司法考试的人来说，这是比较好的选择。而商业银行的主要业务都是以会计为主，注册会计师能够迅速从中脱颖而出。

4. 咨询公司

这类公司属于商业公司，一般都是接受委托然后运用专业知识和经验为他们提供具体的策略。这样的工作相对于事务所来讲是比较轻松的，收入也较高，所以也颇受注册会计师的青睐。

（二）薪酬水平

相信很多人选择报考CPA是因为它的薪酬比较高，尤其是在会计这个严谨的行业里，很多做着基层工作的会计人想要晋升，没有一个含金量高的证书是万万不能的，也正因为如此，CPA证书成为很多会计人奋斗的目标。

现在一些大中型企业在招聘高级财务管理人员时，都会明确标出要具有CPA证书。在四大会计师事务所中，如果你一年通过了6门科目，在额外给出奖金的同时，还会报销全部的考试费用。从这一点也足以看出CPA人才是非常抢手的。

关于升职加薪的问题不能一概而论。正如刚考完驾照不能上高速公路一样，通过注册会计师考试也并不意味着马上就能体现到升职加薪上。有很多工作中的流程与技巧，还是需要在实践过程中点滴积累、逐步掌握的。但有一点可以肯定的是，很多高薪职位对于注册会计师证书是有明确要求的。也就是说，有了注册会计师证书，不一定能够完全胜任某个职位，但想要得到这个职位，必须拥有注册会计师证书。有专门的调查显示，在未来十年，持有注会证者，有望成为“金领一族”。持有注会证者，有机会成为公司合伙人，参与公司的分红。CPA作为带着光环的会计行业金字塔顶端的证书，会让会计人的现状有一个很大的改善。

对于刚毕业的会计专业学生来说，如果拥有 CPA 证书，意味着你在找工作的时候会更加有优势，当别人有比你更高的学历的时候，CPA 证书绝对是撒手锏；意味着你的起点，你的平台将会比一般人高，一个好的起点是非常重要的，CPA 正好可以帮助你得到这个机会；意味着你将开始为期 2～3 年的事务所忙碌生活，可能薪水不高，但想拥有签字权，事务所就是第一选择，事务所忙碌的生活会让你感觉到你的生命很充实。意味着为你的选择机会将大大增加，在你只有一个初级证书的时候，选择你的企业可能只有一个甚至没有，但是当你拥有 CPA 证书的时候，选择你的企业可能有 10 家，甚至更多。意味着你在进行二次跳槽的时候，你的薪酬以及职位将有一个质的提升。意味着你在未来的时候不需要担心被财务机器人所代替，你从事的财务是更加高级的财务工作。

对于有一定经验的你来说，考下 CPA，意味着你将迎来自己事业的高峰期，你不仅要升职，而且要加薪，这是你对自己的肯定，同时领导也会对你更加重用；考下 CPA，意味着你将更加有话语权，你的专业程度将越来越被认可。CPA 是专业的象征，考下 CPA，意味着你之后的圈子将大大不同，你接触的人更多的是财务高端人士，之后的道路也将大大不同，持有 CPA 证书，升职成为财务总监的可能性非常大；考下 CPA，意味着你的身价也会大大提高，发展道路会非常广阔，薪酬也非常丰厚。

第三章

会计要素与会计等式

会计对象是社会再生产过程中的资金运动。但是，这一概念的涉及面过于广泛，而且又很抽象，在会计实践中，为了进行分类核算，从而提供各种分门别类的会计信息，就必须对会计对象的具体内容进行适当分类，于是，会计要素这一概念应运而生。

第一节　会计要素

一、会计要素的含义

会计要素是根据交易或者事项的经济特征所确定的财务会计对象的基本分类，是会计对象的具体化，是反映会计主体的财务状况和经营成果的基本单位。

我国《企业会计准则——基本准则》严格定义了资产、负债、所有者权益、收入、费用和利润六大会计要素。这六大会计要素又可以划分为两大类，即反映财务状况的会计要素（又称资产负债表要素）和反映经营成果的会计要素（又称利润表要素）。其中，反映财务状况的会计要素包括资产、负债和所有者权益；反映经营成果的会计要素包括收入、费用以及利润。

二、会计要素的内容

（一）资产

1. 资产的定义及特征

资产是指由过去的交易或者事项形成的、由企业拥有或者控制的、预期会给企业带来经济利益的资源。该资源在未来一定会给企业带来某种直接或间接的现金和现金等价物的流入。资产的确认需满足以下几个条件，或者说，资产具有以下几个基本特征：

1）资产预期会给企业带来经济利益

资产预期会给企业带来经济利益，是指资产直接或者间接导致现金和现金等价物流入企业的潜力。这种潜力可以来自企业日常的生产经营活动，也可以是非日常活动；带来的经济利益可以是现金或者现金等价物，或者是可以转化为现金或现金等价物，或者是可以减少现金或者现金等价物流出。

资产预期能否为企业带来经济利益是资产的重要特征。例如，企业采购的原材料、购置的固定资产等可以用于生产经营过程，制造商品或者提供劳务，对外出售后收回货款，货款即为企业所获得的经济利益。如果某一项目预期不能给企业带来经济利益，那么就不能将其确认为企业的资产。前期已经确认为资产的项目，如果不能再为企业带来经济利益，也不能再确认为企业的资产。

2）资产应为企业拥有或者控制的资源

资产作为一项资源，应当由企业拥有或者控制，具体是指企业享有某项资源的所有权，或者虽然不享有某项资源的所有权，但该资源能够为企业所控制。

企业享有资产的所有权，通常表明企业能够排他性地从资产中获得经济利益。通常在判断资产是否存在时，所有权是考虑的首要因素。在有些情况下，资产虽然不能为企业所拥有，即企业并不享有其所有权，但企业控制了这项资产，同样表明企业能够从资产中获取经济利益，符合会计上对资产的定义。如果企业既不拥有也不控制资产所能带来的经济利益，就不能将其作为企业的资产予以确认。

3）资产是由企业过去的交易或者事项形成的

资产应当由企业过去的交易或者事项所形成，过去的交易或者事项，包括购买、生产、建造行为或者其他交易或事项，换句话说，只有过去的交易或者事项才能产生资产，企业预期在未来发生的交易或者事项不形成资产。例如，企业有购买某存货的意愿或者计划，但是购买行为尚未发生，就不符合资产的定义，不能因此而确认为资产。

2. 资产的确认条件

将一项资源确认为资产，需要符合资产的定义，还应同时满足以下两个条件：

1）与该资源有关的经济利益很可能流入企业

从资产的定义可以看到，能否带来经济利益是资产的一个本质特征，但在现实生活中，由于经济环境瞬息万变，与资源有关的经济利益能否流入企业或者能够流入多少，实际上带有不确定性。因此，资产的确认还应与经济利益流入的不确定性程度的判断结合起来，如果根据编制财务报表时所取得的证据，与资源有关的经济利益很可能流入企业，那么就应当将其作为资产予以确认；反之，不能确认为资产。例如，某企业赊销一批商品给某一客户，从而形成了对该客户的应收账款，由于企业最终收到款项与销售实现之间有时间差，而且收款又在未来时间，因此带有一定的不确定性，如果企业在销售时判断未来很可能收到款项或者能够确定收到款项，企业就应当将该应收账款确认为一项资产；如果企业判断在通常情况下很可能部分或者全部无法收回，表明该部分或者全部应收账款已经不符合资产的确认条件，企业也就不能将其确认为资产。

2）该资源的成本或者价值能够可靠地计量

财务会计系统是一个确认、计量和报告的系统，其中计量起着枢纽作用，可计量性是所有会计要素确认的重要前提，资产的确认也是如此。只有当有关资源的成本或者价值能够可靠地计量时，资产才能予以确认。在实务中，企业取得的许多资产都是发生了实际成本的，例如，企业购买或者生产的存货、企业购置的厂房或者设备等，对于这些资产，只要实际发生的购买成本或者生产成本能够可靠计量，就视为符合资产确认的可计量条件。在某些情况下，企业取得的资产没有发生实际成本或者发生的实际成本很小，例如，企业持有的某些衍生金融工具形成的资产，对于这些资产，尽管它们没有实际成本或者发生的实际成本很小，但是如果其公允价值能够可靠计量的话，也认为符合资产可靠计量的确认条件。

3. 资产的构成

企业的资产按其流动性的不同可以划分为流动资产和非流动资产。

1）流动资产

流动资产是指可以在1年或者超过1年的一个营业周期内变现或者耗用的资产，主要包括库存现金、银行存款、应收及预付款项、存货等。

（1）库存现金是指企业持有的现款，也称现金。库存现金主要用于支付日常发生的小额、零星的费用或支出。

（2）银行存款是指企业存入某银行账户的款项，该银行为该企业的开户银行。企业的银行存款主要来自投资者投入资本的款项、负债融入的款项、销售商品的货款等。

（3）应收及预付款项是指企业在日常生产经营过程中发生的各项债权，包括应收款项（应收票据、应收账款、其他应收款等）和预付账款等。

（4）存货是指企业在日常的生产经营过程中持有以备出售，或者仍然处在生产过程中将要消耗，或者在生产或提供劳务的过程中将要耗用的各种材料或物料，包括库存商品、半成品、在产品以及各类材料等。

2）非流动资产

非流动资产是指不能在1年或者超过1年的一个营业周期内变现或者耗用的资产，主要包括长期投资、固定资产、无形资产等。

（1）长期投资是指持有时间超过1年（不含1年）不能变现或不准备随时变现的股票和其他投资。企业进行长期投资的目的，是获得较为稳定的投资收益或者对被投资企业实施控制或影响。

（2）固定资产是指企业使用年限超过1年的房屋、建筑物、机器、机械、运输工具以及其他与生产、经营有关的设备、器具、工具等。

（3）无形资产是指企业拥有或者控制的没有实物形态的可辨认非货币性资产。无形资产包括专利权、非专利权、商标权、著作权、土地使用权等。

（二）负债

1. 负债定义及特征

负债是指由过去的交易或事项所形成的、预期会导致经济利益流出企业的现时义务。履行该义务将会导致经济利益流出企业。未来发生的交易或者事项所形成的义务是不属于现时义务的，不应当确认为负债。

负债具有如下特征：

1）负债是企业承担的现时义务

负债必须是企业承担的现时义务，它是负债的一个基本特征。其中，现时义务是指企业在现行条件下已承担的义务，未来发生的交易或者事项形成的义务不属于现时义务，不应当确认为负债。

这里所指的义务可以是法定义务，也可以是推定义务。其中，法定义务是指具有约束力的合同或者法律法规规定的义务，通常在法律意义上需要强制执行。例如，企业购买原材料形成应付账款、企业向银行贷款形成的借款、企业按照税法规定应当缴纳的税款等均属于企业承担的法定义务，需要依法予以偿还。推定义务是根据企业多年来的习惯做法、公开的承诺或者公开宣布的政策而导致企业将承担的责任，这些责任也使有关各方形成了企业将履行义务、解脱责任的合理预期。例如企业制定的售后服务政策，对于售出商品提供一定期限内的售后保修服务，预期将为售出商品提供的保修服务就属于推定义务，应当将其确认为一项负债。

2）负债预期会导致经济利益流出企业

预期会导致经济利益流出企业也是负债的一个本质特征，只有企业在履行义务时会导致经济利益流出企业的，才符合负债的定义。如果不会导致企业经济利益流出的，就不符合负债的定义。在履行现时义务清偿债务时，导致经济利益流出企业的形式多种多样，例如，用现金偿还或者以实物资产形式偿还，以提供劳务形式偿还，部分转移资产、部分提供劳务形式偿还，将负债转为资本等。

3）负债是由企业过去的交易或者事项形成的

负债应当由企业过去的交易或者事项所形成，换句话说，只有过去的交易或者事项才形成负债，企业将在未来发生的承诺、签订的合同等交易或者事项，不形成负债。

2. 负债的确认条件

将一项现时义务确认为负债，需要符合负债的定义，还需要同时满足以下两个条件：

1）与该义务有关的经济利益很可能流出企业

从负债的定义可以看到，预期会导致经济利益流出是负债的一个本质特征。在实务中，履行义务所需流出的经济利益带有不确定性，尤其是与推定义务相关的经济利益通常需要依赖大量的估计。因此，负债的确认应当与经济利益流出的不确定性程度的判断结合起来。如果有确凿的证据表明与现时义务有关的经济利益很可能流出企业，就应当将其作为负债予以确认；反之，如果企业承担了现时义务，但是会导致企业经济利益流出的可能性很小，就不符合负债的确认条件，不应将其作为负债予以确认。

2）未来流出的经济利益的金额能够可靠地计量

负债的确认在考虑经济利益流出企业的同时，对于未来流出的经济利益的金额应当能够可靠计量。对于与法定义务有关的经济利益流出金额，通常可以根据合同或者法律规定的金额予以确定，考虑到经济利益流出的金额通常在未来期间，有时未来期间较长，有关金额的计量需要考虑货币时间价值等因素的影响。对于与推定义务有关的经济利益流出金额，企业应当根据履行相关义务所需支出的最佳估计数进行估计，并综合考虑有关货币的时间价值、风险等因素的影响。

3. 负债的构成

负债通常是按照流动性进行分类的。这样分类的目的在于了解企业流动资产和流动负债的相对比例，大致反映出企业的短期偿债能力，从而向债权人揭示债权的相对安全程度。负债按照流动性不同，可以分为流动负债和非流动负债。

1）流动负债

流动负债是指将在 1 年（含 1 年）或者超过 1 年的一个营业周期内偿还的债务，包括短期借款、应付及预收款项等。

(1) 短期借款是指企业从银行或其他金融机构借入的期限在 1 年以下的各种借款，如企业从银行取得的、用来补充流动资金不足的临时性借款。

(2) 应付及预收款项是指企业在日常生产经营过程中发生的各项债务，包括应付款项(应付票据、应付账款、应付职工薪酬、应交税费、应付利息、应付股利、其他应付款等)和预收账款等。

2）非流动负债

非流动负债是指偿还期在 1 年或者超过 1 年的一个营业周期以上的债务，包括长期借款、应付债券、长期应付款等。

(1) 长期借款是指企业从银行或其他金融机构借入的期限在 1 年以上的各项借款。企业借入长期借款，主要是为了长期工程项目。

(2) 应付债券是指企业为筹集长期资金而实际发行的长期债券。

(3) 长期应付款是指除长期借款和应付债券以外的其他长期应付款项，包括应付引进设备款、融资租入固定资产应付款等。

除了上述这种传统的分类以外，负债还可以按照偿付的形式分为货币性负债和非货币性负债。货币性负债是指那些需要在未来某一时点支付一定数额货币的现有义务，而非货币性负债则是指那些需要在未来某一时点提供一定数量和质量的商品或服务的现有义务。

将负债区分为货币性负债和非货币性负债，在通货膨胀和外币报表折算的情况下是非常有用的。在通货膨胀的情况下，持有货币性负债会取得购买力损益，而非货币性负债则不受物价变动的影响。在需要进行外币报表折算的情况下，对货币性的外币负债可按统一的期末汇率进行折算，而对非货币性的外币负债则应采用不同的折算汇率。

（三）所有者权益

1. 所有者权益的定义及特征

所有者权益也称股东权益，是指资产扣除负债后由所有者享有的剩余权益；它在数值上等于企业全部资产减去全部负债后的余额，其实质是企业从投资者手中所吸收的投入资本及其增值，同时也是企业进行经济活动的本钱。

2. 所有者权益的构成

所有者权益的来源包括所有者投入的资本、直接计入所有者权益的利得和损失、留存收益等，通常由实收资本、资本公积、盈余公积和未分配利润构成。

1）实收资本

企业的实收资本（即股份制企业的股本）是指投资者按照企业章程或合同、协议的约定，实际投入企业的资本。它是企业注册成立的基本条件之一，也是企业承担民事责任的财力保证。

2）资本公积

企业的资本公积也称准资本，是指归企业所有者共有的资本，主要来源于资本在投入过程中所产生的溢价，以及直接计入所有者权益的利得和损失。资本公积主要用于转增资本。

3）盈余公积

盈余公积是指企业按照法律、法规的规定从净利润中提取的留存收益。它包括：

（1）法定盈余公积，指企业按照《中华人民共和国公司法》（以下简称《公司法》）规定的比例从净利润中提取的盈余公积金；

（2）任意盈余公积，指企业经股东大会或类似机构批准后，按照规定的比例从净利润中提取的盈余公积金。企业的盈余公积可以用于弥补亏损、转增资本（股本）。符合规定条件的企业，也可以用盈余公积分派现金股利。

4）未分配利润

未分配利润是指企业留待以后年度分配的利润。这部分利润也属于企业的留存收益。

3. 所有者权益的确认条件

所有者权益体现的是所有者在企业中的剩余权益，因此所有者权益的确认主要依赖于其他会计要素，尤其是资产和负债的确认；所有者权益金额的确定也主要取决于资产和负债的计量。例如，企业接受投资者投入的资产，在该资产符合企业资产确认条件时，就相应地符合了所有者权益的确认条件；当该资产的价值能够可靠计量时，所有者权益的金额也就可以确定。

4. 所有者权益与负债的区别

所有者权益和负债虽然同是企业的权益，都体现企业的资金来源，但两者之间却有着本质的不同，具体表现在以下几点：

（1）负债是企业对债权人所承担的经济责任，企业负有偿还的义务；而所有者权益则是企业对投资人所承担的经济责任，在一般情况下是不需要归还给投资者的。

（2）债权人只享有按期收回利息和债务本金的权利，而无权参与企业的利润分配和经营管理；投资者则既可以参与企业的利润分配，也可以参与企业的经营管理。

（3）在企业清算时，负债拥有优先求偿权；而所有者权益则只能在清偿了所有的负债以后，才返还给投资者。

（四）收入

1. 收入的定义及特征

收入是指企业在日常活动中形成的、会导致所有者权益增加的、与所有者投入资本无关的经济利益的总流入。收入的实质是企业经济活动的产出过程，即企业生产经营活动的结果。收入只有在经济利益很可能流入从而导致企业资产增加或者负债减少，而且经济利益的流入额能够可靠计量时才能予以确认。

收入具有以下特征：

1）收入是企业在日常活动中形成的

日常活动是指企业为完成其经营目标所从事的经常性活动以及与之相关的活动。例如，工业企业制造并销售产品、商业企业销售商品、保险公司签发保单、咨询公司提供咨询服务、软件企业为客户开发软件、安装公司提供安装服务、商业银行对外贷款、租赁公司出租资产等均属于企业的日常活动。明确界定日常活动是为了将收入与利得相区分，因为企业非日常活动所形成的经济利益的流入，不能确认为收入，而应当计入利得。

2）收入是与所有者投入资本无关的经济利益的总流入

收入应当会导致经济利益的流入，从而导致资产的增加。例如，企业销售商品应当收到现金或者在未来有权收到现金，才表明该交易符合收入的定义。但是在实务中，经济利益的流入有时是所有者投入资本的增加所导致的，所有者投入资本的增加不应当确认为收入，应当将其直接确认为所有者权益。

3）收入会导致所有者权益的增加

与收入相关的经济利益的流入应当会导致所有者权益的增加，不会导致所有者权益增加的经济利益的流入不符合收入的定义，不应确认为收入。例如，企业向银行借入款项，尽管也导致了企业经济利益的流入，但该流入并不导致所有者权益的增加，反而使企业承担了一项现时义务。企业对因借入款项所导致的经济利益的增加，不应将其确认为收入，应当确认为一项负债。

2. 收入的确认条件

企业收入的来源渠道多种多样，不同收入来源的特征有所不同，其收入确认条件也往往存在差别，如销售商品、提供劳务、让渡资产使用权等。一般而言，收入只有在经济利益很可能流入，从而导致企业资产增加或者负债减少、且经济利益的流入额能够可靠计量时才能予以确认。即收入的确认至少应当符合以下条件：

（1）与收入相关的经济利益应当很可能流入企业；

（2）经济利益流入企业的结果会导致资产的增加或者负债的减少；

（3）经济利益的流入额能够可靠计量。

3. 收入的构成

收入主要包括主营业务收入、其他业务收入和投资收益等。

（1）主营业务收入，也称基本业务收入，是指企业在其经常性的、主要业务活动中所获得的收入，如工商企业的商品销售收入、服务业的劳务收入。

（2）其他业务收入，也称附营业务收入，是指企业在其非主要业务活动中所获得的收入，如工业企业销售原材料、出租包装物等业务取得的收入。

（3）投资收益，是指企业对外投资所取得的收益减去发生的投资损失后的净额。

应该予以强调的是，上面所说的收入是指狭义的收入。广义的收入还包括直接计入当期利润的利得，即营业外收入。营业外收入是指企业发生的与其生产经营活动无直接关系的各项收入，包括处置固定资产净收益和取得的罚款收入等。

（五）费用

1. 费用的定义及特征

费用是指企业在日常活动中发生的、会导致所有者权益减少的、与向所有者分配利润无关的经济利益的总流出。

费用具有如下特征：

1）费用是企业在日常活动中形成的

费用必须是企业在其日常活动中所形成的，这些日常活动的界定与收入定义中涉及的日常活动的界定相一致。因日常活动所产生的费用通常包括销售成本（营业成本）、职工薪酬、折旧费、无形资产摊销费等。将费用界定为日常活动所形成的，目的是将其与损失相区分，企业非日常活动所形成的经济利益的流出不能确认为费用，而应当计入损失。

2）费用是与向所有者分配利润无关的经济利益的总流出

费用的发生应当会导致经济利益的流出，从而导致资产的减少或者负债的增加，最终也会导致资产的减少。其表现形式包括现金或者现金等价物的流出，存货、固定资产和无形资产等的流出或者消耗等。鉴于企业向所有者分配利润也会导致经济利益的流出，而该经济利益的流出显然属于所有者权益的抵减项目，不应确认为费用，应当将其排除在费用的定义之外。

3）费用会导致所有者权益的减少

与费用相关的经济利益的流出应当会导致所有者权益的减少，不会导致所有者权益减少的经济利益的流出不符合费用的定义，不应确认为费用。

2. 费用的确认条件

费用的确认除了应当符合定义外，也应当满足严格的条件，即费用只有在经济利益很可能流出从而导致企业资产减少或者负债增加、且经济利益的流出额能够可靠计量时才能予以确认。因此，费用的确认至少应当符合以下条件：

（1）与费用相关的经济利益应当很可能流出企业；

（2）经济利益流出企业的结果会导致资产的减少或者负债的增加；

（3）经济利益的流出额能够可靠计量。

3. 费用的构成

这里所说的费用其实包括两方面内容，即成本和费用。

1）成本

成本是指企业为生产产品、提供劳务而发生的各种耗费，包括为生产产品、提供劳务而发生的直接材料费用、直接人工费用和各种间接费用。企业应当在确认收入时，将已销售产品或已提供劳务的成本等从当期收入中扣除，即计入当期损益。

2）费用

费用一般是指企业在日常活动中发生的营业税费、期间费用和资产减值损失。

（1）营业税费，也称销售税费，是指企业营业活动应当负担，并根据有关计税基数和税率确定的各种税费，如消费税、城市维护建设税、教育费附加，以及车船税、房产税、城镇土地使用税和印花税等。

（2）期间费用包括销售费用、管理费用和财务费用。

①销售费用是指企业在销售商品的过程中发生的各项费用，包括企业在销售商品的过程中发生的运输费、装卸费、包装费、保险费、展览费和广告费，以及为销售本企业的商品而专设的销售机构（含销售网点、售后服务网点等）的职工薪酬等经营费用。

②管理费用是指企业为组织和管理生产经营活动而发生的各项费用，包括企业的董事会和行政管理部门的职工工资、修理费、办公费和差旅费等公司经费，以及聘请中介机构费、咨询费（含顾问费）、业务招待费等费用。管理费用的受益对象是整个企业，而不是企业的某个部门。

③财务费用是指企业为筹集生产经营所需资金而发生的各项费用，包括应当作为期间费用的利息支出（减利息收入）、汇兑损失（减汇兑收益）以及相关的手续费等。

（3）资产减值损失是指企业计提的坏账准备、存货跌价准备和固定资产减值准备等所形成的损失。

费用与成本既有联系又有区别。费用是和期间相联系的，而成本是和产品相联系的；成本要有实物承担者，而费用一般没有实物承担者。二者都反映资金的耗费，都意味着企业经济利益的减少，也都是由过去已经发生的经济活动引起或形成的。

上面所定义的费用也是狭义上的概念，广义的费用还包括直接计入当期利润的损失和所得税费用。

直接计入当期利润的损失，即营业外支出，是指企业发生的与其生产经营活动无直接关系的各项支出，包括固定资产盘亏、处置固定资产净损失、处置无形资产净损失、罚款支出、捐赠支出和非常损失等。

所得税费用是指企业按企业所得税法的规定向国家缴纳的所得税。

（六）利润

1. 利润的定义

利润是指企业在一定会计期间的经营成果，包括收入减去费用后的净额、直接计入当期利润的利得和损失等。利润的实现，会相应地表现为资产的增加或负债的减少。

2. 利润的确认条件

利润反映的是收入减去费用、利得减去损失后的净额，因此，利润的确认主要依赖于收入和费用以及利得和损失的确认，其金额的确定也主要取决于收入、费用、利得和损失金额的计量。

3. 利润的构成

利润具体指营业利润、利润总额和净利润。

（1）营业利润是指主营业务收入加上其他业务收入，减去主营业务成本、其他业务成本、税金及附加、销售费用、管理费用、财务费用、资产减值损失，再加上公允价值变动净收益和投资净收益后的金额。它是狭义收入与狭义费用配比后的结果。

（2）利润总额是指营业利润加上营业外收入，减去营业外支出后的金额。

（3）净利润是指利润总额减去所得税费用后的金额。它是广义收入与广义费用配比后的结果。

第二节 会计等式

一、会计等式的含义

会计等式也称为会计平衡公式、会计方程式，是指表明各会计要素之间基本关系的恒等式。会计对象可以概括为资金运动，具体表现为会计要素，每发生一笔经济业务，都是资金运动的一个具体过程，每个资金运动过程都必然涉及相应的会计要素，从而使全部资金运动所涉及的会计要素之间存在一定的相互联系，会计要素之间的这种内在关系可以通过数学表达式予以描述，这种表达会计要素之间基本关系的数学表达式就叫会计等式。

（一）基本会计等式

企业要从事生产经营活动，必须有一定数量的资产，这些资产以各种不同的形态分布于企业生产经营活动的各个阶段，成为企业生产经营活动的基础。企业拥有的这些资产，要么来源于债权人，形成企业的负债，要么来源于投资者，形成企业的所有者权益。可见，资产与负债和所有者权益，实际上是同一价值运动的两个方面：一个是“来龙”，一个是“去脉”。因此，这两方面之间必然存在着恒等关系。也就是说，一定数额的资产必然对应着相同数额的负债与所有者权益，而一定数额的负债与所有者权益也必然对应着相同数额的资产。这一恒等关系用公式表示出来就是：

资产 = 负债 + 所有者权益

这一会计等式是最基本的会计等式，也称为静态会计等式、存量会计等式，既表明了某一会计主体在某一特定时点所拥有的各种资产，也表明了这些资产的归属关系。它是设置账户、复式记账、试算平衡以及编制资产负债表的理论依据，在会计核算体系中具有非常重要的地位。

（二）动态会计等式

企业的目标是从生产经营活动中获取收入，实现盈利。企业在取得收入的同时，必然要发生相应的费用。将一定期间的收入与费用相比较，收入大于费用的差额为利润；反之，收入小于费用的差额则为亏损。因此，收入、费用和利润三个要素之间的关系可以用公式表示为：

收入 – 费用 = 利润

这一等式也称为第二会计等式、增量会计等式，反映了企业某一时期收入、费用和利润的恒等关系，表明了企业在某一会计期间所取得的经营成果，是编制利润表的理论依据。

（三）扩展会计等式

企业的生产经营成果必然影响所有者权益，即企业获得的利润将使所有者权益增加，资产也会随之增加；企业发生亏损将使所有者权益减少，资产也会随之减少。因此，企业生产经营活动产生收入、费用、利润后，则基本会计等式就会演变为：

资产 = 负债 + 所有者权益 + 利润 = 负债 + 所有者权益 + （收入 – 费用）

或者：

资产 + 费用 = 负债 + 所有者权益 + 收入

这一等式称为扩展会计等式。

二、经济业务发生对基本会计等式的影响

（一）经济业务的类型

企业在生产经营过程中，不断地发生各种经济业务。这些经济业务的发生会对有关的会计要素产生影响，但是却不会破坏上述等式的恒等关系。为什么这样说呢？因为一个企业的经济业务虽然种类繁多，但归纳起来不外乎以下九种类型：

（1）经济业务的发生，导致资产项目此增彼减，但增减金额相等，故等式保持平衡。

（2）经济业务的发生，导致负债项目此增彼减，但增减金额相等，故等式保持平衡。

（3）经济业务的发生，导致所有者权益项目此增彼减，但增减金额相等，故等式保持平衡。

（4）经济业务的发生，导致负债项目增加，而所有者权益项目减少，但增减金额相等，故等式保持平衡。

（5）经济业务的发生，导致所有者权益项目增加，而负债项目减少，但增减金额相等，故等式保持平衡。

（6）经济业务的发生，导致资产项目增加，而同时负债项目亦增加相同金额，故等式保持平衡。

（7）经济业务的发生，导致资产项目增加，而同时所有者权益项目亦增加相同金额，故等式保持平衡。

（8）经济业务的发生，导致资产项目减少，而同时负债项目亦减少相同金额，故等式保持平衡。

（9）经济业务的发生，导致资产项目减少，而同时所有者权益项目亦减少相同金额，故等式保持平衡。

（二）各类经济业务对基本会计等式的影响

通过以上分析，各类经济业务对基本会计等式的影响，我们可以得出如下结论：

（1）一项经济业务的发生，可能仅涉及资产与负债和所有者权益中的一方，也可能涉及双方，但无论如何，结果一定是基本会计等式的恒等关系保持不变。

（2）一项经济业务的发生，如果仅涉及资产与负债和所有者权益中的一方，则既不会影响到双方的恒等关系，也不会使双方的总额发生变动。

（3）一项经济业务的发生，如果涉及资产与负债和所有者权益中的双方，则虽然不会影响到双方的恒等关系，但会使双方的总额发生同增或同减变动。

由于收入、费用和利润这三个要素的变化实质上都可以表现为所有者权益的变化，因此，任何经济业务的发生都不会破坏会计等式的平衡关系，包括扩展会计等式也会始终保持平衡。

两个会计等式

本章思维导图

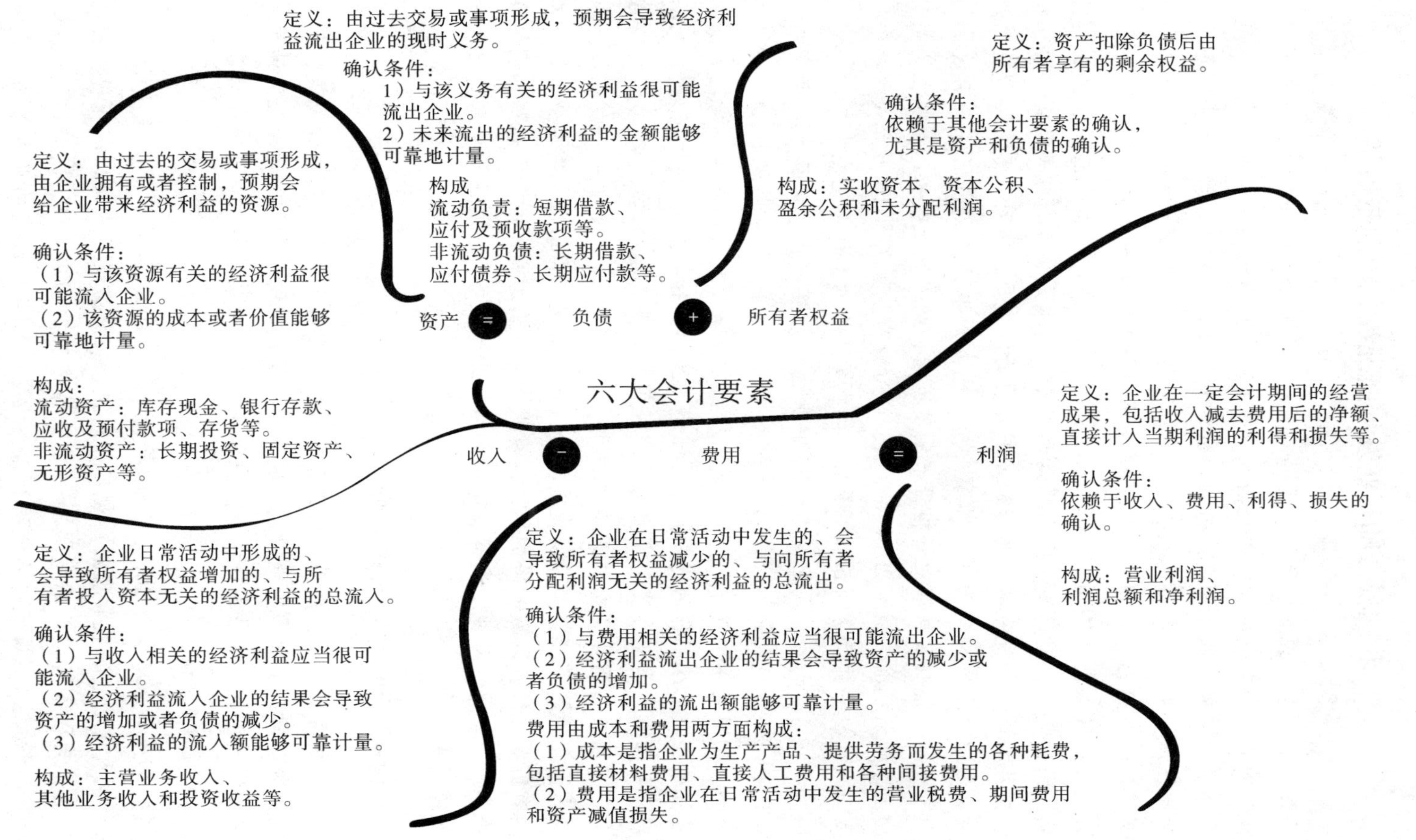
六大会计要素
资产 = 负债 + 所有者权益
收入 − 费用 = 利润
定义：由过去的交易或事项形成，由企业拥有或者控制，预期会给企业带来经济利益的资源。
确认条件：
（1）与该资源有关的经济利益很可能流入企业。
（2）该资源的成本或者价值能够可靠地计量。
构成：
流动资产：库存现金、银行存款、应收及预付款项、存货等。
非流动资产：长期投资、固定资产、无形资产等。
定义：由过去交易或事项形成，预期会导致经济利益流出企业的现时义务。
确认条件：
1）与该义务有关的经济利益很可能流出企业。
2）未来流出的经济利益的金额能够可靠地计量。
构成
流动负责：短期借款、应付及预收款项等。
非流动负债：长期借款、应付债券、长期应付款等。
定义：资产扣除负债后由所有者享有的剩余权益。
确认条件：
依赖于其他会计要素的确认，尤其是资产和负债的确认。
构成：实收资本、资本公积、盈余公积和未分配利润。
定义：企业日常活动中形成的、会导致所有者权益增加的、与所有者投入资本无关的经济利益的总流入。
确认条件：
（1）与收入相关的经济利益应当很可能流入企业。
（2）经济利益流入企业的结果会导致资产的增加或者负债的减少。
（3）经济利益的流入额能够可靠计量。
构成：主营业务收入、其他业务收入和投资收益等。
定义：企业在日常活动中发生的、会导致所有者权益减少的、与向所有者分配利润无关的经济利益的总流出。
确认条件：
（1）与费用相关的经济利益应当很可能流出企业。
（2）经济利益流出企业的结果会导致资产的减少或者负债的增加。
（3）经济利益的流出额能够可靠计量。
费用由成本和费用两方面构成：
（1）成本是指企业为生产产品、提供劳务而发生的各种耗费，包括直接材料费用、直接人工费用和各种间接费用。
（2）费用是指企业在日常活动中发生的营业税费、期间费用和资产减值损失。
定义：企业在一定会计期间的经营成果，包括收入减去费用后的净额、直接计入当期利润的利得和损失等。
确认条件：
依赖于收入、费用、利得、损失的确认。
构成：营业利润、利润总额和净利润。

专业发展认知教程三

我国税务师行业发展概况及职业前景展望

税务师，对学生来说有些陌生，但是对于在财会领域工作多年的人士却很熟悉。税务师是国家设立的职业资格制度，纳入全国专业技术人员职业资格证书制度统一规划。通过税务师职业资格考试并取得职业资格证书的人员，表明其已具备从事涉税专业服务的职业能力和水平。中国注册税务师协会具体承担税务师职业资格考试的评价与管理工作。

1996 年 11 月 22 日，人事部、国家税务总局下发了关于印发《注册税务师资格制度暂行规定》的通知（人发〔1996〕116 号），对注册税务师的考试、注册、权利和义务进行了明确说明。通知规定，对从事税务代理活动的专业技术人员实行注册登记制度，按本规定取得中华人民共和国注册税务师执业资格证书并注册的人员，方可从事税务代理活动；从事税务代理业务的中介服务机构为税务师事务所，税务师事务所必须配备一定数量的注册税务师；注册税务师资格制度属职业资格证书制度范畴，纳入专业技术人员执业资格制度的统一规划，由国家确认批准。截至 2014 年年底，全行业有从业人员 10 万余人，其中执业注册税务师 4 万多人，税务师事务所 5 400 多家，行业经营收入 140 多亿元。

2014 年 8 月 12 日，国务院发布《关于取消和调整一批行政审批项目等事项的决定》（国发〔2014〕27 号），明确取消了注册税务师、注册资产评估师等 11 种专业技术人员准入类职业资格。2014 年 8 月 13 日，人力资源和社会保障部发布《关于做好国务院取消部分准入类职业资格相关后续工作的通知》（人社部〔2014〕144 号），决定将取消的注册税务师、注册资产评估师准入类职业资格调整为水平评价类职业资格。这两个文件，使得注册税务师作为一个存在已久的职业资格并没有被取消，而是被“降级”了——由准入类降为水平评价类，其原因在于国务院将其部门设置的没有法律法规依据的准入类职业资格一律取消，行业管理确有需要且涉及人数较多的职业，可报国务院人力资源和社会保障部门批准后设置为水平评价类职业资格。从此，注册税务师的名称改为税务师，但无论名称怎样改变，其职能和作用始终不变。

一、税务师行业发展历史回顾

中国注册税务师行业伴随着我国改革开放的不断深入和经济的快速发展，经历了试点初创、脱钩改制和规范发展等阶段，已经成为一个从事涉税服务和涉税鉴证的涉税专业化服务行业，成为促进纳税人依法诚信纳税、推动税收事业科学发展的一支重要力量。

（一）行业初创阶段

中国税务代理业起步于 20 世纪 80 年代中期。1992 年 9 月，全国人大常委会通过的《中华人民共和国税收征收管理法》规定，纳税人、扣缴义务人可以委托税务代理人代为办理税务事宜，为税务代理业的发展提供了法律依据。1994 年 9 月，国家税务总局颁布了《税务代理试行办法》，规范税务代理行为，设定了税务代理人的业务范围。税务代理行业进入全面试行阶段。1996 年，人事部与国家税务总局联合出台《注册税务师资格制度暂行规定》（人发〔1996〕116 号），确立了中国注册税务师制度，实现了从税务代理向注册税务师行业的转变。

（二）脱钩改制阶段

1999年，国家税务总局根据中央关于党政机关与所办经济实体彻底脱钩的规定，对注册税务师行业进行了全面清理整顿。2000年年底，税务师事务所在人、财、物上与税务机关彻底脱钩，成为完全独立的市场主体，一个自主经营、自负盈亏、自我约束、自我发展的独立的现代专业服务行业形成。2004年，国家税务总局颁发了《关于进一步规范税收执法和税务代理工作的通知》（国税函〔2004〕957号），明确提出注册税务师行业既服务于纳税人，又服务于国家，具有涉税鉴证与涉税服务双重职能。

（三）规范发展阶段

2005年12月，国家税务总局颁布了《注册税务师管理暂行办法》（国家税务总局令〔2005〕第14号），明确了注册税务师涉税代理和经济鉴证类业务范围，为行业发展提供了制度保障。后又颁发了“十一五”“十二五”时期中国注册税务师行业发展指导意见，提出行业发展总体目标、具体措施等，规范和促进行业发展。

二、税务师行业发展现状

我国注册税务师行业是随着社会主义市场经济的建立而发展的新兴行业，是社会主义市场经济发展的必然产物。在中国经济蓬勃向上的同时，出现注册税务师，一方面，是由于经济运行到一定阶段所产生的内在要求；另一方面，是因为与世界经济接轨的客观需要，政府管理经济的模式发生了深刻的转变，宏观调控成为主导，而且，各行业自律性组织——行业协会及其中介机构得到了更多建设。其中，注册税务师行业由于在帮助政府建立市场经济体制，尤其是健全服务市场体系、保障新税制实施、加快税收征管改革、适应改革开放方面而不断得到国家的重视。在此基础上，中国税务咨询协会经过多年的实践，于2002年被国家正式命名为中国注册税务师协会，英文缩写为CCTAA，与中国注册会计师协会分业管理，这标志着中国注册税务师行业发展的一个新的里程的开始。中国注册税务师协会与多个国际同行业组织建立了友好合作关系，并于2004年11月加入亚洲—大洋洲税务师协会（AOTCA），成为其正式会员。

事实上，注册税务师行业在全国范围内的发展势头非常好。党的十六届三中全会指出，要积极发展独立公正、规范运作的专业化市场中介服务机构，按市场化原则和规范发展各类行业协会、商会等自律组织，这为注册税务师行业的发展指明了方向。社会主义市场经济的发展，给税收带来了广阔的税源，税收事业的大发展，离不开注册税务师行业工作者们的广泛参与和大力支持，也必将为注册税务师行业的发展提供更广阔的舞台。到目前为止，全国通过考试取得注册税务师资格的人员已达到62 000多人，其中执业注册税务师超过了20 000人。全国已有税务师事务所2 600多家，从业人员近6万人。近年来，注册税务师行业按照客观公正、优质服务的原则，初步理顺了各方面的关系，在市场经济环境中努力转变观念，平等竞争，税务代理业务由单一到综合，正向税收筹划、税务顾问等高层次业务发展。参照发达国家税务师的经济社会影响，注册税务师行业并不会因为注册税务师资格的类型改变而受影响，可以预见，税务师行业将在中国蓬勃发展。

三、取得税务师资格的条件

中华人民共和国公民，遵守国家法律、法规，恪守职业道德，具有完全民事行为能力，并符合下列相应条件之一的，可以报名参加税务师职业资格考试：

(1) 取得经济学、法学、管理学学科门类大学专科学历，从事经济、法律相关工作满2年；或者取得其他学科门类大学专科学历，从事经济、法律相关工作满3年。

(2) 取得经济学、法学、管理学学科门类大学本科及以上学历（学位）；或者取得其他学科门类大学本科学历，从事经济、法律相关工作满1年。

(3) 经济学、法学、管理学学科门类大学本科应届毕业生，可在取得学历（学位）证书后，补充上传证书电子图片。

考试科目一共五科，包括《税法（一）》《税法（二）》《涉税服务相关法律》《财务与会计》《涉税服务实务》。考试采用闭卷、计算机化考试方式，每科均为140分，合格标准为84分。每个科目考试时长均为150分钟。通常每年4月开始当年度考试报名，11月进行考试，考试结束后40个工作日，考生登录考试报名系统可查询个人考试成绩。考试成绩实行5年为一个周期的滚动管理办法，在连续的5个考试年度内参加全部（5个）科目的考试并合格，可取得税务师职业资格证书。

考试合格者，由各省、自治区、直辖市人社部门颁发人社部统一印制的、人社部与国家税务总局印制的中华人民共和国税务师职业资格证书。该证书在全国范围内有效。取得税务师职业资格证书者，须按规定向所在省（区、市）注册税务师协会申请注册，注册有效期为3年。有效期满前3个月，持证者须按规定到注册机构办理再次注册手续。

加入中国注册税务师协会的会员分为执业会员和非执业会员两种。执业会员必须在税务师事务所专职从事税务鉴证业务，不得在其他机构中任职，以保证其执业的中立性。非执业会员可以在其他机构任职，例如在一般企业里从事税务筹划、咨询等工作，但是不能签署税务鉴证报告。

不论是执业会员还是非执业会员，每年都必须参加一定学时的继续教育，否则将会被注销会员资格。

四、税务师职业发展前景

自从2014年注册税务师更名为税务师后，出现了“税务师的含金量大不如从前”“税务师已经不需要再考了”的声音，然而，每年报考税务师的人数却在不断增多。中税协公布的近三年报考税务师的人数统计结果显示，2016年超过17.6万人，2017年超过22.6万人，2018年超过33.6万人。从报名趋势和国家对于税务领域的重视程度来看，2019年税务师报名人数或将再创新高！

通过上述数据可见，“税务师已经没人考了”的谣言不攻自破。在未来的一段时间里，我们完全可以相信，税务师从业人员的个人职业发展前景是非常乐观的。实际上，它正在成为一个炙手可热的职业资格。

（一）社会发展对于行业的需求

税收是国家财政收入最主要的来源。目前中国发展已经进入了新时代，随着国家对于税制的不断深化改革，不仅激发了众多企业的活力和创造力，同时也使得纳税行业更加规范化、精细化。纳税服务行业作为征税主体和纳税主体之间必不可少的桥梁，将会以其专业的服务水平，为国家发展和企业创新发挥越来越大的作用。

（二）行业发展对于人才的需求

据不完全统计，目前我国涉税服务行业的从业人员大约有200万人，而具有职业资格和职称的专业人员仅在10万人左右，占比还不到10%，尤其在互联网+与传统服务行业相互融合的趋势下，压缩了涉税服务中如代理记账和申报等低端业务的发展空间，但各大企业对于咨询、顾问、策划和国际税收等高端业务的需求大增，随之而来的就是对高水平税务人才的大量需求，这也为拥有税务师职业资格证书的人带来了新的发展机遇。

（三）人才自身的发展需求

每个人在拟定自身职业发展规划时，无一不想从事发展前景广阔、社会认可度高、薪资待遇好，并且能够实现自己人生理想的工作。俗话说："男怕入错行，女怕嫁错郎。"想要登上金字塔，不仅需要自身的努力和坚持，同时也要找对方向，选对路径。随着国家对税务行业的不断重视，相关的从业人员中的高水平人才依旧比较少，那么对于有着理想和抱负的财经领域学生来说，机会自然而来。无论是今后想要成为财务领域的多方面人才，还是想要成为专攻税务领域的精英，考取税务师职业资格证书都是一个非常理想的选择。

第四章

会计科目与账户

为了记录经济业务，提供会计信息，需要将会计对象按照一定的标志划分为若干个项目，这些项目被称为会计要素，这是对会计对象的第一次分类，也是最基本的分类。然而，会计信息使用者在决策过程中除了需要概括性资料外，还需要详细性资料，而按照会计要素分类核算提供的资料满足不了这一要求，于是，就需要在会计要素的基础上进行再分类，为会计信息使用者提供所需要的信息。会计科目就是在把会计对象划分为会计要素的基础上，对会计要素的具体内容所做的进一步分类。

第一节　会计科目

一、会计科目的含义

会计要素有六项，包括资产、负债、所有者权益、收入、费用和利润，这只是对会计对象的基本分类，而每一个会计要素又包含不同的具体内容，仅有六个基本分类，不能满足对经济业务进行全面、系统、分类的核算和监督的需要。因此，在六个会计要素的基础上，按照各会计要素所包含的具体内容进一步细分，并冠以名称，即为会计科目。

所谓会计科目，是对会计要素进行分类所形成的具体项目，是设置会计账户的依据。企业在生产经营过程中，经常要发生各种各样的经济业务。经济业务的发生，必然会引起会计要素的增减变动。而同一会计要素内部的项目不同，其性质和内容也不尽相同。例如，同属资产要素的“固定资产”和“原材料”，其经济内容、在生产中的作用和价值转移方式都不相同；同属负债要素的“应付账款”“短期借款”“长期借款”，其形成原因、债权人、偿还期限等也都不相同。为了全面、系统、分类地核算和监督各项会计要素的增减变化，就必须设置会计科目。

二、会计科目分类

会计科目按其提供指标的详细程度，或者说提供信息的详细程度，可以分为以下两类：

（一）总分类科目

总分类科目亦称一级科目或总账科目，它是对会计要素的具体内容进行总括分类的名称，是进行总分类核算的依据，所提供的是总括指标。总分类科目原则上由财政部统一制定，以会计核算制度的形式颁布实施。

我国制造业企业的常用会计科目见表4－1。

表4－1　我国制造业企业的常用会计科目

编号	会计科目	编号	会计科目
	一、资产类	2211	应付职工薪酬
1001	库存现金	2221	应交税费
1002	银行存款	2231	应付利息
1101	交易性金融资产	2232	应付股利
1121	应收票据	2241	其他应付款
1122	应收账款	2501	长期借款
1123	预付账款	2502	应付债券
1131	应收股利	2701	长期应付款
1221	其他应收款	2801	预计负债
1231	坏账准备		三、所有者权益类
1401	材料采购	4001	实收资本
1402	在途物资	4002	资本公积
1403	原材料	4101	盈余公积
1404	材料成本差异	4103	本年利润
1405	库存商品	4104	利润分配
1411	周转材料		四、成本类
1471	存货跌价准备	5001	生产成本
1511	长期股权投资	5101	制造费用
1512	长期股权投资减值准备		五、损益类
1601	固定资产	6001	主营业务收入
1602	累计折旧	6051	其他业务收入
1603	固定资产减值准备	6101	公允价值变动损益
1604	在建工程	6111	投资收益
1606	固定资产清理	6301	营业外收入
1701	无形资产	6401	主营业务成本
1702	累计摊销	6402	其他业务成本
1703	无形资产减值准备	6403	税金及附加
1801	长期待摊费用	6601	销售费用
1901	待处理财产损益	6602	管理费用
	二、负债类	6603	财务费用
2001	短期借款	6701	资产价值损失
2201	应付票据	6711	营业外支出
2202	应付账款	6801	所得税费用
2203	预付账款		

(二) 明细分类科目

明细分类科目，是对总分类科目所含内容再做详细分类的会计科目，它所提供的是更加详细具体的指标。例如，在“应付账款”总分类科目下再按具体单位分设明细科目，具体反映应付哪个单位的货款。

为了适应管理上的需要，当总分类科目下设置的明细分类科目太多时，可在总分类科目与明细分类科目之间增设二级科目（也称子目）。二级科目所提供指标的详细程度介于总分类科目和明细分类科目之间。例如，在“原材料”总分类科目下，可按材料的类别设置二级科目“原料及主要材料”“辅助材料”“燃料”等。

因此，在设置二级科目的情况下，会计科目即分为三个级次：总分类科目（一级科目）、二级科目（子目）、明细分类科目（三级科目、细目），总分类科目统辖下属若干个二级或明细分类科目。总分类账户提供的是分类核算指标，因而一般只用货币计量；二级或明细分类账户提供的是明细分类核算指标，因而除用货币计量外，有的还用实物计量（如吨、千克、件、台等）。对于经济业务通过总分类账户进行的核算，称为总分类核算；通过有关二级或明细分类账户进行的核算，称为明细分类核算。

三、会计科目设置原则

会计科目必须按照国家统一的会计制度和《企业会计准则——基本准则》的要求进行设置和使用。企业应在满足会计核算要求，不影响会计指标汇总以及对外提供统一会计报表的前提下，根据实际情况自行增设、分拆、合并会计科目。设置会计科目一般应遵循以下原则：

(一) 科学完整地反映会计对象的内容

会计科目是对会计要素进行科学分类的项目，是会计对象的客观反映。因此，会计科目的设置，首先要全面反映会计对象的全部内容，不能遗漏，并按每类要素所发生经济业务的先后次序排列记录，不能混乱。其次，还要考虑各行业会计对象的特点，根据其特点相应设置会计科目。

(二) 满足会计报表编制及会计信息使用者的需要

会计科目设置要以满足会计报表编制为前提，并充分考虑会计信息使用者的需要，使会计科目反映的会计信息可以帮助投资者、债权人分析和判断企业资产结构、权益构成以及偿还债务的能力，有利于政府机关了解企业财务状况，以便进行宏观管理和调控，能够满足企业单位内部管理的需要。

(三) 体现统一性、灵活性和稳定性

首先，会计科目设置应根据《企业会计准则——基本准则》的要求，遵循国家统一的会计制度的规定，保证其统一性；其次，要结合本单位经济活动的特点、业务规模和管理的要求，既不宜过简也不宜过繁，保证其灵活性；最后，为便于会计指标的汇总、对比，会计科目不能经常变动，应保证其一定的稳定性。

(四) 具有可操作性

会计科目的设置，除涉及会计政策的内容以及一些基本概念、定义要与会计准则保持一致以外，还应具有可操作性。这就要求每个会计科目都应有特定的核算内容，使用说明尽量做到简练、明确，会计科目的名称应含义清楚、通俗易懂。

第二节　账户

一、账户的含义

账户是对会计要素的增减变动及其结果进行分类记录、反映的工具。利用账户，可以分类、连续地记录经济业务增减变动的情况，在通过整理和汇总等方法后，反映会计要素的增减变动及其结果，从而提供各种有用的数据和信息。设置账户是会计核算的一种专门方法。

二、账户基本结构

账户是用来记录经济业务，反映会计要素的具体内容增减变化及其结果的。因此，随着会计主体会计事项的不断发生，会计要素的具体内容也必然随之发生变化，企业在某一会计期间内各种有关数据的账户，在结构上应分为两方，即左方和右方，一方登记增加数，另一方则登记减少数。至于哪方登记增加，哪方登记减少，则由所采用的记账方法和所记录的经济内容决定，这就是账户的基本结构。这一基本结构，不会因企业在实际中所使用的账户具体格式不同而发生变化。

当然对于一个完整的账户而言，除了必须有反映增加数和减少数的两栏外，还应包括其他栏目，以反映其他相关内容。一个完整的账户结构应包括以下几项：

（1）账户名称，即会计科目；

（2）会计事项发生的日期；

（3）摘要，即经济业务的简要说明；

（4）凭证号数，即表明账户记录的依据；

（5）金额，即增加额、减少额和余额。

为了说明问题和学习的方便，在会计教学中，通常用一条水平线和一条将水平线平分的垂直线来表示账户，称为“T”形账户（亦称“丁”字形账户）。其格式如图 4－1 所示。

账户名称（会计科目）

左方	右方

图 4－1　“T”形账户

每个账户一般有四个金额要素，即期初余额、本期增加发生额、本期减少发生额和期末余额。账户如有期初余额，首先应当在记录增加额的那一方登记，会计事项发生后，要将增减内容记录在相应的栏内。一定期间记录到账户增加方的数额合计，称为增加发生额；记录到账户减少方的数额合计，称为减少发生额。正常情况下，每个账户四个数额之间的关系如下：

账户期末余额＝账户期初余额＋本期增加发生额－本期减少发生额

账户本期的期末余额转入下期，即为下期的期初余额。每个账户的本期发生额反映的是该类经济内容在本期内变动的情况，而期末余额则反映变动的结果。

三、账户设置原则

会计主体设置账户应遵循以下原则：

（一）必须结合会计要素的特点，全面反映会计要素的内容

账户作为对会计对象具体内容及会计要素进行分类核算的工具，其设置应能保证全面、系统地反映会计要素的全部内容，不能有任何遗漏。同时，账户的设置还必须反映会计要素的特点，各个会计主体除了需要设置各行各业的共性账户外，还应根据本单位经营活动的特点，设置相应的账户。

（二）既要符合对外报告的要求，又要满足内部经营管理的需要

企业会计核算资料应能满足各方面的需要，如满足政府部门加强宏观调控、制定方针政策的需要，满足投资者、债权人及有关方面对企业经营业绩和财务状况作出准确判断的需要，满足企业内部加强经营管理的需要。因此，在设置账户时要兼顾对外报告和企业内部经营管理的需要，并根据需要数据的详细程度分设总分类账户和明细分类账户。

（三）既要适应经济业务发展的需要，又要保持相对稳定

账户的设置要适应社会经济环境的变化和本单位业务发展的需要。例如，随着商业信用的发展，为了核算和监督商品交易中的提前付款或延期交货而形成的债权债务关系，核算中应单独设置“预付账款”和“预收账款”账户，把预收、预付货款的核算从“应收账款”和“应付账款”账户中分离出来。随着技术市场的形成和专利法、商标法的实施，对企业拥有的专利技术、专用权、商标权等无形资产的价值及其变动情况，有必要专设“无形资产”账户予以反映。但是，账户的设置应保持相对稳定，以便在一定范围内综合汇总以及在不同时期对比分析其所提供的核算指标。

（四）统一性与灵活性相结合

统一性是指在设置账户时，要按照国家有关会计制度对账户的名称、会计科目的设置及其核算内容所作的统一规定，以保证会计核算指标可以在一个部门乃至全国范围内综合汇总、分析利用。灵活性是指在保证提供统一核算指标的前提下，各会计主体可以根据本单位的具体情况和经营管理要求，对统一规定的会计科目作必要的增补、分拆或合并。

（五）简明适用，称谓规范

每一个账户都应有特定的核算内容，各账户之间既要有联系，又要有明确的界限，不能含糊不清。所以，在设置账户时，对每一个账户的特定核算内容必须进行严格、明确的界定。

四、账户分类

（一）按照账户反映经济内容的详细程度分类

按照账户反映经济内容的详细程度分类，账户可分为总分类账户和明细分类账户。

1. 总分类账户

总分类账户简称总账，也称一级账户，是按照总分类科目设置的账户。设置总分类账户

的目的是用来提供会计要素某些方面内容的总括信息资料。如库存现金、银行存款、原材料、实收资本等账户。

2. 明细分类账户

明细分类账户简称明细账，是按照明细分类科目设置的账户。设置明细分类账户的目的是用来提供会计要素某些方面内容的详尽信息资料，它是对总分类账户的详细说明。明细分类账户的名称、核算内容及使用方法，由各单位根据经营管理的实际需要和经济业务的具体内容，按多个层次依序称为二级账户、三级账户等。

有的明细分类账户仅以货币计量单位登记，如“应收账款”明细账；而有的明细科目既要以货币计量单位登记，同时还要以实物计量单位进行计量，如“原材料”明细账。

3. 总分类账户与明细分类账户的关系

总分类账户和明细分类账户所记录的经济业务内容是相同的，所不同的是总分类账户提供的核算资料概括，而明细分类账户提供的核算资料具体。因此，总分类账户和明细分类账户的关系如下：

(1) 控制与被控制的关系。总分类账户提供的是总括核算资料，对其所属的明细分类账户起着统驭作用；

(2) 金额相等的关系。总分类账户的金额与其所控制的所属明细分类账户之和相等，而明细分类账户提供的详细核算资料，对总分类账户起着补充说明的作用。正因为二者反映的是同一笔经济业务，区别只在于反映的详细程度不同，所以两者应该平行登记。

(二) 按账户反映的经济内容分类

按照账户反映的经济内容，可将账户分为资产类账户、负债类账户、所有者权益类账户、收入类账户、费用类账户、利润类账户。

按账户的经济内容分类，实质上是按会计对象的具体内容进行分类。企业的会计对象就是资金运动，资金运动可分为静态和动态两种运动形式。资产、负债、所有者权益构成资金静态运动，而收入、费用和利润则构成资金动态运动，于是按经济内容分类建立的账户体系，应包括反映资金运动的静态账户和反映资金运动的动态账户两类。反映资金运动的静态账户应由反映资产、负债和所有者权益的账户所组成；反映资金运动的动态账户应由反映收入、费用和利润的账户所组成。现分别说明如下：

1. 资产类账户

资产类账户是核算企业各种资产增减变动及结余额的账户。资产按流动性不同，分为流动资产和非流动资产两类，因而资产类账户也可分为反映流动资产的账户和反映非流动资产的账户两类。反映流动资产的账户有“库存现金”“银行存款”“应收账款”“其他应收款”“原材料”“库存商品”等账户；反映非流动资产的账户有“长期股权投资”“固定资产”“累计折旧”“在建工程”“无形资产”“长期待摊费用”等账户。

2. 负债类账户

负债类账户是核算企业各种负债增减变动及余额的账户。按照负债的还款期不同，又分为核算流动负债的账户和核算非流动负债的账户两类。核算流动负债的账户有“短期借款”“应付账款”“其他应付款”“应付职工薪酬”“应交税费”“应付利息”“应付股利”等账户；核算非流动负债的账户有“长期借款”“应付债券”“长期应付款”等账户。

3. 所有者权益类账户

所有者权益类账户是核算企业所有者权益增减变动及余额的账户。按照所有者权益的来源和构成，又分为核算所有者原始投资的账户、核算经营积累的账户及核算所有者权益其他来源的账户三类。核算所有者原始投资的账户是“实收资本”（或“股本”）账户；核算经营积累的账户有“盈余公积”账户；核算所有者权益其他来源的账户有“资本公积”账户。

4. 收入类账户

这里的收入是指广义的收入。收入类账户是核算企业在生产经营过程中所取得的各种经济利益的账户。按照收入的不同性质和内容，又分为核算营业收入的账户和核算非营业收入的账户两类。核算营业收入的账户有“主营业务收入”“其他业务收入”账户；核算非营业收入的账户有“营业外收入”账户。

5. 费用类账户

这里的费用是指广义的费用。费用类账户是核算企业在生产经营过程中发生的各种费用支出的账户。按照费用的不同性质和内容，费用类账户又分为核算经营费用的账户和核算非经营费用的账户两类。核算经营费用的账户有“生产成本”“制造费用”“主营业务成本”“税金及附加”“其他业务成本”“销售费用”“管理费用”“财务费用”“资产减值损失”等账户；核算非经营费用的账户有“营业外支出”“所得税费用”等账户。

6. 利润类账户

利润类账户是核算利润的形成和分配情况的账户。可分为核算利润形成情况的账户和核算利润分配情况的账户两类。核算利润形成情况的账户有“本年利润”账户；核算利润分配情况的账户有“利润分配”账户。

（三）按照账户用途和结构分类

按照账户用途和结构，账户可分为基本账户、调整账户、成本账户和损益计算账户。

按照用途和结构分类的账户体系，基本账户具体又可分为盘存账户、投资权益账户、结算账户和跨期摊配账户；调整账户根据调整方式不同，又可分为抵减账户和抵减附加账户；成本账户具体又可分为集合分配账户、成本计算账户和对比账户；损益计算账户具体又可分为收入计算账户、费用计算账户和财务成果计算账户。以下简要说明几类账户的用途、结构和特点。

1. 盘存账户

盘存账户是用来核算、监督各项财产物资和货币资金（包括库存有价证券）的增减变动及其实有数的账户。它是任何企业单位都必须设置的基本账户。在这类账户中，借方登记各项财产物资和货币资金的增加数，贷方登记其减少数，余额总是在借方，表示各项财产物资和货币资金的实有数。这类账户一般都可以通过盘点方式进行清查，核对账实是否相符。

属于盘存账户的有“库存现金”“银行存款”“原材料”“库存商品”“固定资产”等账户。

盘存账户的特点是：可以通过财产清查的方法，即实地盘点和对账的方法，核对货币资金和实物资产的实际结存数与账面结存数是否相符，并检查其经营管理上存在的问题。除“库存现金”和“银行存款”账户外，其他盘存账户普遍运用数量金额式等明细分类账，可以提供实物和价值两种指标。

2. 结算账户

结算账户是用来核算和监督企业与其他单位或个人之间往来账款结算业务的账户。由于结算业务性质的不同，决定了结算账户具有不同的用途和结构，结算账户按用途和结构分类，具体又分为债权结算账户、债务结算账户和债权债务结算账户三类。

1）债权结算账户

债权结算账户也称资产结算账户，是用来核算和监督企业债权的增减变动和实有数额的账户。在这类账户中，借方登记债权的增加数，贷方登记债权的减少数；余额在借方，表示债权的实有数。

属于债权结算账户的有“应收账款”“其他应收款”“应收票据”“预付账款”等账户。

2）债务结算账户

债务结算账户也称负债结算账户，是用来核算和监督本企业债务的增减变动和实有数额的账户。在这类账户中，贷方登记债务的增加数，借方登记债务的减少数；余额在贷方，表示债务的实有数。

属于债务结算账户的有“应付账款”“其他应付款”“应付职工薪酬”“应交税费”“应付股利”“短期借款”“长期借款”“应付债券”“长期应付款”等账户。

3）债权债务结算账户

债权债务结算账户也称资产负债结算账户，是用来核算和监督本企业与其他单位或个人以及企业内部各单位相互往来结算业务的账户。由于这种相互之间的往来结算业务经常发生变动，企业有时处于债权人的地位，有时则处于债务人的地位。为了能在同一个账户中反映本企业与其他单位的债权、债务的增减变化，借以减少会计科目的使用，简化核算手续，在借贷记账法下，可设置同时具有债权债务双重性质的结算账户，在这类账户中，借方登记债权的增加或债务的减少，贷方登记债务的增加或债权的减少；若期末余额在借方，为企业债权减掉债务后的净债权，若期末余额在贷方，为企业债务减掉债权后的净债务。

这类账户所属的各明细账，有时是借方余额，表示尚未收回的净债权；有时是贷方余额，表示尚未偿还的净债务。所有明细账借方余额之和与贷方余额之和的差额，应同有关总账的余额相等。由于在总分类账户中，债权和债务能自动抵减，所以总分类账户的余额不能明显反映企业与其他单位债权债务的实际结余情况。这样，资产负债表的有关项目，必须根据总分类账户所属明细账的余额分析计算填列，将属于债权部分的余额以“应收账款”或“预付账款”项目列在资产负债表的资产方，将属于债务部分的余额以“应付账款”或“预收账款”项目列在资产负债表的负债和所有者权益方，以便如实反映债权债务的实际状况。

如果企业不单独设置“预收账款”账户，而用“应收账款”账户同时核算企业应收账款和预收账款的增减变动情况和结果，这时的“应收账款”账户就是一个债权债务结算账户。同理，如果企业不单独设置“预付账款”账户，而用“应付账款”账户同时核算企业应付账款和预付账款的增减变动情况和结果，则此时的“应付账款”账户就是一个债权债务结算账户。在借贷记账法下，可以将“其他应收款”账户和“其他应付款”账户合并，设置一个“其他往来”账户，用来核算其他应收款和其他应付款的增减变动情况和结果，此时，“其他往来”账户也是一个债权债务结算账户。

结算账户的特点是：按照结算业务的对方单位或个人设置明细分类账户，以便及时进行结算和核对账目；结算账户只提供价值指标；结算账户要根据期末余额的方向来判断其性质，当余额在借方时，是债权结算账户，当余额在贷方时，是债务结算账户。

3. 资本账户

资本账户也称所有者权益账户，是用来核算和监督所有者权益的增减变动和结存情况的账户。这类账户有"实收资本（或股本）""资本公积"和"盈余公积"等账户。

资本账户的结构是：贷方登记所有者权益的增加额，借方登记所有者权益的减少额，期末余额在贷方，表示各项所有者权益的期末实有数。

4. 跨期摊配账户

跨期摊配账户是用来核算和监督应由若干个会计期间共同负担的费用，并将这些费用摊配于各个相应的会计期间的账户。企业在生产经营过程中所发生的费用，有些是应由几个会计期间共同负担的，按照权责发生制的要求，必须严格划分费用的归属期，把应由若干个会计期间共同负担的费用，合理地分摊到各个会计期间。为此，需要设置跨期摊配账户来实现权责发生制的要求。"长期待摊费用"账户是典型的跨期摊配账户。跨期摊配账户的借方用来登记跨期费用的实际支出数，贷方用来登记由各个会计期间负担的费用摊配数。

跨期摊配账户的特点是只提供价值指标。

5. 集合分配账户

集合分配账户是用来汇集和分配经营过程中某一阶段所发生的某种间接费用，借以核算、监督有关间接费用计划执行情况，以及间接费用分配情况的账户。设置这类账户，一方面可以将某一经营过程中实际发生的间接费用和计划指标进行比较，考核间接费用的超支和节约情况；另一方面也便于将这些费用摊配出去。集合分配账户，借方登记费用的发生额，贷方登记费用的分配额，在一般情况下，登记在这类账户中的费用，期末应全部分配出去，通常没有余额。

"制造费用"账户就是典型的集合分配账户。

集合分配账户的特点是：具有明显的过渡性质，平时用它来归集那些不能直接计入某个成本计算对象的间接费用，期末将费用全部分配出去，由有关成本计算对象负担；这类账户期末费用分配后一般应无余额。

6. 成本计算账户

成本计算账户是用来核算和监督企业在经营过程中应计入特定成本计算对象的经营费用，并确定各成本计算对象实际成本的账户。设置和运用成本计算账户，对于正确计算材料采购、产品生产和产品销售的实际成本，考核有关成本计划的执行和完成情况具有重要的作用。成本计算账户的借方归集应计入特定成本计算对象的全部费用（其中，一部分是在费用发生时直接计入的，另一部分是先计入集合分配账户，在会计期末通过一定的分配方法转到成本计算账户），贷方反映转出的某一成本计算对象的实际成本；期末余额一般在借方，表示尚未完成的某一阶段成本对象的实际成本。如"生产成本"账户，借方余额表示尚未完成生产过程的在产品的实际成本。

属于成本计算账户的有："材料采购""在途物资""生产成本"等账户。

成本计算账户的特点是：除了设置总分类账户外，还应按照各个成本计算对象和成本项目设置专栏，分别设置明细分类账户，进行明细分类核算；成本计算账户既提供实物指标，又提供价值指标。

7. 调整账户

调整账户是用来调整有关账户（被调整账户）账面余额而开设的账户。调整账户根据调整方式的不同，可分为备抵调整账户、附加调整账户和备抵附加调整账户。

1）备抵调整账户

备抵调整账户又称抵减账户，是用来抵减被调整账户的余额，以求得被调整账户的实际余额的账户。如“累计折旧”账户（为“固定资产”账户的备抵账户）。其调整方式可用公式表示为：

被调整账户的实际余额 = 被调整账户余额 − 备抵调整账户余额

备抵调整账户结构的特点是：备抵调整账户余额方向与被调整账户余额方向一定相反。

2）附加调整账户

附加调整账户又称附加账户，是用来增加被调整账户的余额，以求得被调整账户实际余额的账户。其调整方式可用公式表示为：

被调整账户的实际余额 = 被调整账户余额 + 附加调整账户余额

附加调整账户结构的特点是：附加调整账户余额方向与被调整账户余额方向一定相同。在实际工作中，单纯的附加调整账户很少设置。

3）备抵附加调整账户

备抵附加调整账户是同时具备抵减和附加调整作用的账户。例如：当企业采用计划成本核算时，“材料成本差异”账户就是“原材料”账户的备抵附加调整账户。其调整方式可用公式表示为：

被调整账户的实际余额 = 被调整账户余额 + 备抵附加调整账户余额

当调整账户余额与被调整账户余额方向一致时，即为“ + ”；方向相反时，即为“ − ”。

备抵附加调整账户结构的特点是：备抵附加调整账户余额方向与被调整账户余额的方向可能相同，也可能相反。

例如：“材料成本差异”账户对“原材料”账户的调整计算如下：

当“材料成本差异”账户为借方期末余额时：

期末材料实际成本 = 期末库存材料的计划成本 + 期末库存材料负担的超支差异额

当“材料成本差异”账户为贷方期末余额时：

期末材料实际成本 = 期末库存材料的计划成本 − 期末库存材料负担的节约差异额

8. 收入计算账户

收入计算账户是用来核算和监督企业在一定时期（月、季或年）内所取得的各种收入和收益的账户。收入计算账户的贷方登记取得的收入和收益，借方登记收入和收益的减少数和期末转入“本年利润”账户的收入和收益额。

由于当期实现的全部收入和收益都要在期末转入“本年利润”账户，所以收入计算账户期末无余额。

属于收入计算账户的有“主营业务收入”“其他业务收入”等账户。

收入计算账户的特点是：除了设置总分类账户外，还应按照业务类别设置明细分类账，进行明细分类核算；收入计算账户只提供价值指标。

9. 费用计算账户

费用计算账户是用来核算和监督企业在一定时期（月、季或年）内所发生的应计入当期损益的各项费用、成本和支出的账户。费用计算账户的借方登记费用支出的增加额，贷方登记费用支出的减少数和期末转入“本年利润”账户的费用支出数。由于当期发生的全部费用支出数都要于期末转入“本年利润”账户，所以该类账户期末无余额。

属于费用计算账户的有“主营业务成本”“税金及附加”“其他业务成本”“销售费用”“管理费用”“财务费用”“营业外支出”“所得税费用”等账户。

费用计算账户的特点是：除了设置总分类账之外，还应按业务内容、费用项目支出等设置明细分类账户，进行明细分类核算；费用计算账户只提供价值指标。

10. 财务成果计算账户

财务成果计算账户是用来核算和监督企业在一定时期（月、季或年）内全部经营活动最终成果的账户。“本年利润”账户属于典型的财务成果计算账户。财务成果计算账户的贷方登记期末从收入计算账户转入的各种收入和收益数，借方登记期末从费用计算账户转入的各种费用支出数。平常月份（1—11 月份），贷方余额表示企业所实现的利润数，借方余额表示企业所发生的亏损数。年终时将实现的利润或亏损转入“利润分配”账户，结转后应无余额。

财务成果计算账户的特点是：借方和贷方所登记的内容，应遵循权责发生制和配比要求。贷方所登记的各项收入、收益数与借方所登记的各项费用支出数，一方面，要与相应的会计期间相配合；另一方面，从事某类业务活动所得的收入与相应的成本费用相配比。也就是说，借方登记的各项费用、成本数是为取得贷方所登记的各项收入、收益而发生的；相反，贷方登记的各项收入、收益数是因为支付了借方所登记的各项费用、成本而取得的，两者在时间和受益关系上相互配比，会计期间的财务成果才是真实准确的。财务成果计算账户只提供价值指标。1—11 月份期末有余额，在贷方就是利润数，在借方则是亏损数，年终结账后无余额。

11. 暂记账户

暂记账户是核算和监督企业内部有些要经过一定批准程序才能转销，或者暂时不能确定应记入账户的业务。显然，暂记账户是一种过渡性账户，如“待处理财产损益”账户。

暂记账户的结构是：借方登记企业财产物资盘亏、毁损的实际数或报经批准转账的财产物资的盘盈数；贷方登记企业财产物资盘盈的实际数或报经批准转账的财产物资的盘亏、毁损数；经批准转销后，该账户无余额。

五、账户与会计科目的关系

会计科目是账户的名称，同时也是各单位设置账户的一个重要依据。会计科目与账户的共同点是都分门别类地反映某项经济内容，即两者所反映的经济内容是相同的。账户是根据会计科目开设的，账户的名称就是会计科目。从理论上来讲，会计科目和账户在会计学中是两个不同的概念，它们之间既有联系又有区别。

会计科目与账户的主要区别是：会计科目通常由国家统一规定，是各单位设置账户、处理账务所必须遵循的依据，而账户则由各会计主体自行设置，是会计核算的一个重要工具；会计科目只表明某项经济内容，而账户不仅表明相同的经济内容，还具有一定的结构格式，并通过账户的结构反映某项经济内容的增减变动情况，即会计科目仅仅是对会计要素具体内容进行分类的项目名称，而账户还具有一定的结构、格式。由于账户是根据会计科目设置的，并按照会计科目命名，也就是说，会计科目是账户的名称，两者的称谓及核算内容完全一致，因而在实际工作中，会计科目与账户常被作为同义语来理解，互相通用，不加区别。

从账户看未来

本章思维导图

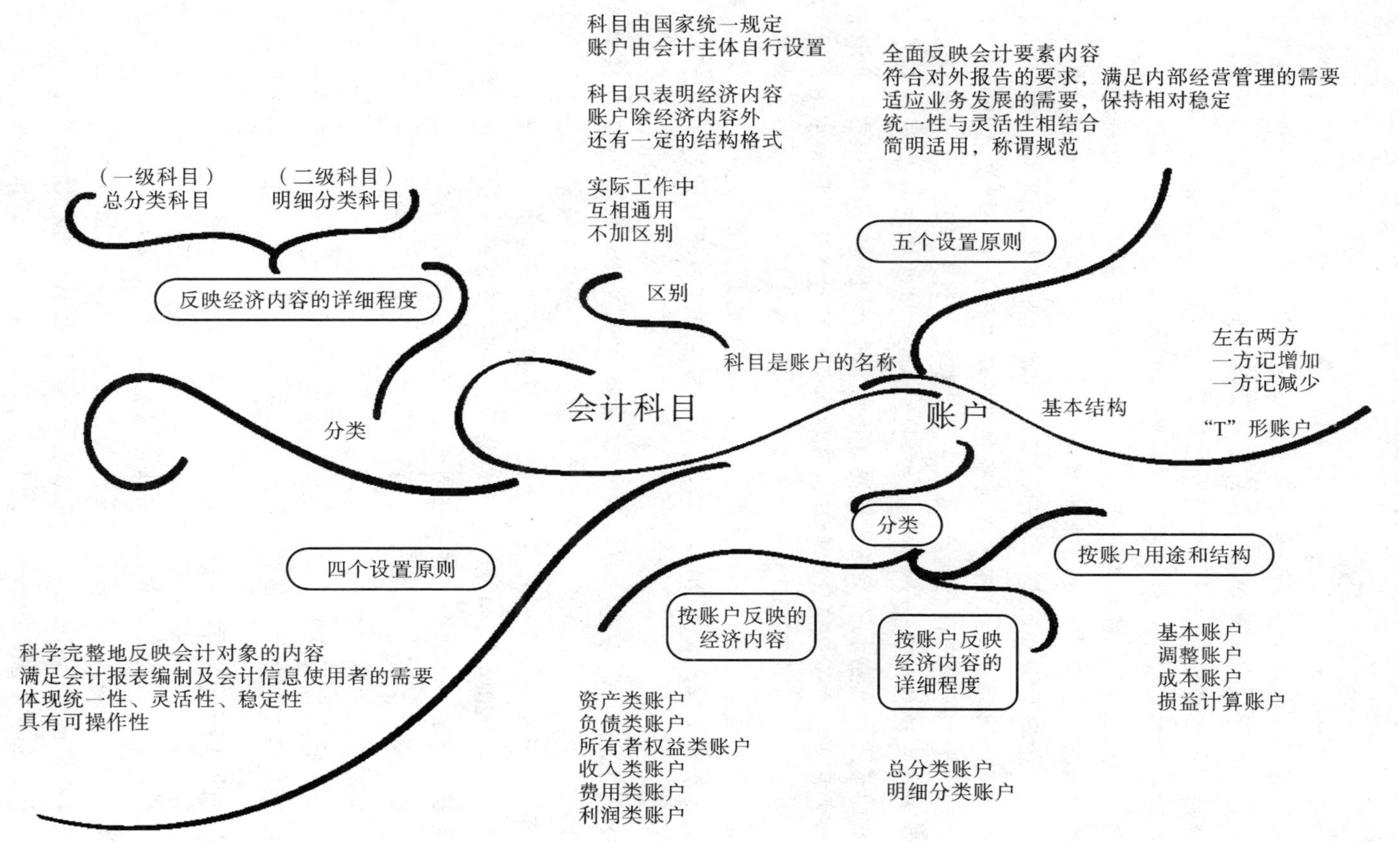
会计科目
账户
科目是账户的名称
区别
科目由国家统一规定
账户由会计主体自行设置
科目只表明经济内容
账户除经济内容外
还有一定的结构格式
实际工作中
互相通用
不加区别
分类
反映经济内容的详细程度
（一级科目）
总分类科目
（二级科目）
明细分类科目
四个设置原则
科学完整地反映会计对象的内容
满足会计报表编制及会计信息使用者的需要
体现统一性、灵活性、稳定性
具有可操作性
五个设置原则
全面反映会计要素内容
符合对外报告的要求，满足内部经营管理的需要
适应业务发展的需要，保持相对稳定
统一性与灵活性相结合
简明适用，称谓规范
基本结构
左右两方
一方记增加
一方记减少
“T”形账户
分类
按账户反映的经济内容
资产类账户
负债类账户
所有者权益类账户
收入类账户
费用类账户
利润类账户
按账户反映经济内容的详细程度
总分类账户
明细分类账户
按账户用途和结构
基本账户
调整账户
成本账户
损益计算账户

专业发展认知教程四

我国资产评估师行业发展概况及职业前景展望

资产评估师是指通过中国资产评估协会（以下简称中评协）组织实施的资产评估师资格全国统一考试的人员，取得资产评估师职业资格证书并经中国资产评估协会登记的资产评估专业管理人员，主要从事资产评估工作。资产评估师同税务师一样，经历了从注册资产评估师到资产评估师的名称转变。注册资产评估师英文为 Certified Public Valuer（CPV）。注册资产评估师执业资格制度属于职业资格证书制度，由国家确认批准。

1995 年 5 月 10 日，为适应我国资产评估工作发展的需要，加强资产评估行业人员的管理，提高资产评估人员的素质，更好地发挥资产评估人员在资产评估工作中的作用，人事部、国家国有资产管理局联合印发《注册资产评估师执业资格制度暂行规定》（以下简称《暂行规定》）及《注册资产评估师执业资格考试实施办法》（人职发〔1995〕54 号）的通知，《暂行规定》对注册资产评估师考试、注册、职权、罚则等进行了详细说明。《暂行规定》要求加强对资产评估人员的执业资格控制，加强和规范资产评估行业人员管理，提高资产评估人员的素质和执业水平，更好地发挥评估在资产流动与重组中的中介服务作用。国家对资产评估人员实行注册登记管理制度。凡按本规定通过考试，取得中华人民共和国注册资产评估师执业资格证书并经注册登记的人员，方可从事资产评估业务。人事部和国家国有资产管理局共同负责全国注册资产评估师执业资格制度的政策制定、组织协调、资格考试、注册登记和监督管理工作。截至 2014 年年底，全国注册资产评估师达 3.3 万人，从业人员 10 万余人。

2014 年 8 月 12 日，国务院发布《关于取消和调整一批行政审批项目等事项的决定》（国发〔2014〕27 号），明确取消了注册资产评估师职业资格许可和认定制度。2014 年 8 月 13 日，人力资源和社会保障部发布《关于做好国务院取消部分准入类职业资格相关后续工作的通知》（人社部〔2014〕144 号），决定将取消的注册资产评估师准入类职业资格调整为水平评价类职业资格。这两个文件使注册资产评估师作为一个存在已久的职业资格并没有被取消，而是被“降级”了，由准入类“降为”水平评价类，其原因在于国务院对其设置的没有法律、法规作为依据的准入类职业资格一律取消，行业管理确有需要且涉及人数较多的职业，可报国务院人力资源和社会保障部门批准后设置为水平评价类职业资格。从此，注册资产评估师的名称改为资产评估师，但无论名称怎样改变，其职能和作用始终不变。

一、资产评估行业发展历史回顾

我国的资产评估行业是伴随着国有企业的改制而产生发展的。1989 年 1 月 19 日，国家体改委、国家计委、财政部、国家国有资产管理局发布《关于出售国有小型企业产权的暂行办法》规定：“被出售企业的资产（包括无形资产）要认真进行清查评估。”在该文件中，提出了资产评估的三种方法。1989 年 2 月 19 日，国家体改委、国家计委、财政部、国家国有资产管理局发布《关于企业兼并的暂行办法》规定：“被兼并方企业的资产包括有形资产和无形资产，一定要进行评估作价……如果兼并方企业在兼并过程中转换成股份制企业，也要进行资产评估。”1989 年 9 月，财政部会议讨论通过国家国有资产管理局拟定的《国有资产评估暂行条例（送审稿）》，并上报国务院。1989 年 10 月 26 日，国家国有资产管理局资产评估管理中心经国务院人事部门批准成立。随着行业的发展，行业自律管理的要求越来越迫切。1993 年 12 月 12 日，中国资产评估协会第一届会员代表大会在北京举行，中国资产评估协会正式成立。

1995 年 5 月 10 日，人事部和国家国有资产管理局联合颁发《注册资产评估师执业资格制度暂行规定》及《注册资产评估师执业资格考试实施办法》。资产评估师考试注册制度从此建立。1996 年 5 月 18 日至 19 日，首次注册资产评估师执业资格考试举行，全国共有 38 000 多人参加考试。

1996 年 5 月 7 日，国家国有资产管理局转发中国资产评估协会制定的《资产评估行业操作规范意见（试行)》(以下简称《规范意见》)。该《规范意见》对资产评估提出了全面的规范性要求，它对保证与提高资产评估行业工作的质量发挥了重要作用。1996 年 7 月，国家国有资产管理局发布《注册资产评估师执业资格注册管理暂行办法》。

1998 年 12 月 17 日，财政部下发《注册资产评估师后续培训制度（试行)》，对注册资产评估师应接受后续培训的内容、课时及组织管理等作出了明确规定，开始将注册资产评估师的后续教育纳入制度化管理的范畴。

1999 年 6 月 25 日，中国资产评估协会颁布《资产评估业务约定书指南》《资产评估业务计划指南》《资产评估工作底稿指南》与《资产评估档案管理指南》四个资产评估操作指南；7 月 25 日，财政部颁布《中国注册资产评估师职业道德规范》与《中国资产评估师后续教育规范》。

2003 年 1 月，厦门大学根据国务院学位办公室与教育部的有关规定，设立了资产评估博士学位。

2004 年 12 月 30 日，中国资产评估协会发布了《企业价值评估指导意见（试行)》，这是继 2004 年 2 月财政部发布《资产评估准则——基本准则》和《资产评估职业道德准则——基本准则》之后，我国资产评估准则体系建设工作的又一重要步骤。

2007 年 7 月 9 日，中国资产评估协会发布实施《资产评估报告报备管理办法》(中评协〔2007〕105 号)，资产评估报告报备制度正式建立；11 月 28 日，财政部和中国资产评估协会在人民大会堂联合举办中国资产评估准则体系发布会，会议发布了包括 8 项新评估准则在内的 15 项评估准则。

2008 年 6 月 11 日至 13 日，吴邦国委员长、温家宝总理、李克强副总理、马凯国务委员先后作出批示，要求财政部会同有关部门，提出加快资产评估立法进程、加强资产评估行业管理、规范资产评估行业的具体办法。

2011 年 12 月 30 日，中国资产评估协会发布了经修订的五项准则和两项新准则，将《企业价值评估指导意见（试行)》修订上升为《资产评估准则——企业价值》（中评协〔2011〕227 号)；将《资产评估准则——评估报告》《资产评估准则——业务约定书》《企业国有资产评估报告指南》和《金融企业国有资产评估报告指南》中有关签章条款进行修订后重新发布（中评协〔2011〕230 号)；发布了《商标资产评估指导意见（中评协〔2011〕228 号)》和《实物期权评估指导意见（试行)》(中评协〔2011〕229 号)。此次修订和新建工作是落实准则动态更新机制的具体体现，从而促进评估准则更好地服务市场、服务行业。

2012年4月11日，中国资产评估协会印发了《中国资产评估协会会员管理办法》（以下简称《办法》）修订后的《办法》，对于进一步加强会员自律管理，促进资产评估行业健康发展，具有十分重要的意义。

2012年9月21日，财政部印发了《关于印发〈预算绩效管理工作规划（2012—2015年）〉的通知》（以下简称《规划》）（财预〔2012〕96号）。《规划》首次提出将发挥资产评估在预算绩效管理中的专业服务作用。这为资产评估行业助力政府加强预算绩效管理提供了发展机遇，也是财政部对资产评估等专业服务行业的肯定和支持。

2012年10月23日，财政部印发《中国资产评估行业发展规划》（以下简称《规划》）（财企〔2012〕330号）文件。《规划》在总结我国资产评估行业已有成就的基础上，从完善社会主义市场经济体制、推动企业改革与发展、促进产业结构调整和转型升级、实施“引进来”和“走出去”战略等需求出发，按照大力发展现代服务业的要求，对我国资产评估行业未来5年的发展进行了全面规划。《规划》指出，资产评估行业是运用专业优势，对市场主体的各类资产价值及相关事项，提供测算、鉴证、评价、调查和管理咨询等各种服务的现代服务业。《规划》提出力争用5年左右时间，实现六项主要发展目标。

一是法律制度基本健全、有效实施。着力推动资产评估立法工作，加强资产评估相关配套制度建设。二是执业范围和服务领域不断拓展。力争实现资产评估行业传统业务收入年递增20%以上，全部收入300亿元的目标。三是资产评估机构规模优化、布局合理。重点培育5家左右年收入超过10亿元、20家左右年收入超过5亿元的特大型资产评估机构。积极扶持50家左右年收入超过1亿元的大型资产评估机构。四是资产评估机构管理科学、核心竞争力增强。资产评估机构健全各项制度，充分运用信息化手段，强化风险管理和质量控制，全面提升核心竞争力。五是从业人员队伍壮大、素质过硬。制定和实施资产评估行业人才规划，努力打造300名左右能够提供高端服务的复合型人才，培养5 000名左右业务骨干，执业人员数量超过10万人，从业人员数量超过30万人。六是执业环境切实改善、规范有序。《规划》要求，资产评估行业人员要适应完善社会主义市场经济体制和转变发展方式的要求，熟悉和掌握股票、债券、基金、期货等现代金融业务，充分发挥专业技术优势，为深化国有企业改革，实现国有经济战略性调整，优化产业布局等提供全方位服务。资产评估协会要发挥行业自律管理作用，加强行业协会组织体系建设，规范注册资产评估师注册管理，完善和发展资产评估准则体系，深化资产评估行业国际交流与合作，完善对会员的管理和服务，并积极协助财政部门做好资产评估行业管理工作。

2013年5月10日，根据党中央、国务院《关于分类推进事业单位改革的指导意见》，按照财政部党组、人教司关于对事业单位分类工作的部署，“国家国有资产管理局资产评估中心”更名为“财政部资产评估中心”。财政部资产评估中心的恢复设立，将进一步理顺评估管理渠道，明确评估管理功能，完善评估管理机制，为下一步建设更为科学的评估体系打下基础。

2013年8月26日，十二届全国人大常委会第四次会议对《资产评估法（草案）》进行了第二次审议，评估立法工作取得重要进展。

2015年8月1日，通过与人社部等单位组成的国家职业大典修订平台沟通协调，最终实现了将“资产评估专业人员”作为一项职业写入国家颁布的职业分类大典；8月27日，第十二届全国人大常委会第十六次会议对《资产评估法（草案）》进行第三次审议；11月

12 日，由中评协和中国财政杂志社共同编撰的《中国会计年鉴（资产评估卷）》首卷本成功发行。《中国会计年鉴（资产评估卷）》全面、准确、客观地记载了 2014 年度全国资产评估工作，实用性强、信息量大，是具有历史性、时代性的专业书籍，彰显了中国资产评估行业在服务国家经济社会建设中取得的辉煌成就和发挥的重要作用，以及资产评估行业管理体制改革的最新进展。11 月 14 日至 15 日，资产评估师职业资格管理方式改革后的首次考试在全国统一举行，全国共有 2 万余人报名参加。此次考试的成功举行，实现了新旧考试制度的有效衔接，提振了行业发展信心。

2016 年 2 月 3 日，中评协发布《资产评估师职业资格证书登记管理办法（试行)》《中国资产评估协会执业会员管理办法（试行)》，为资产评估师从注册管理向登记管理转型奠定了良好的制度基础。

2016 年 7 月 2 日，《中华人民共和国资产评估法》（以下简称《资产评估法》）经十二届全国人大常委会第二十一次会议审议通过，国家主席习近平同日签署第 46 号主席令予以公布，自 2016 年 12 月 1 日起施行。这是我国社会主义市场经济法律体系建设的一项重要成果，是资产评估行业发展的一个重要里程碑，标志着我国资产评估行业进入了依法治理的新时代。

2017 年 5 月 25 日，人社部、财政部联合印发《关于修订印发〈资产评估师职业资格制度暂行规定〉和〈资产评估师职业资格考试实施办法〉的通知》（人社部规〔2017〕7 号)。将资产评估师报考条件调整为：具有高等院校专科以上学历的公民，可以参加资产评估师资格考试；将资产评估师考试科目调整为《资产评估基础》《资产评估相关知识》《资产评估实务（一)》和《资产评估实务（二)》4 个科目。该文件的发布表明资产评估师考试改革进一步深入，拓宽了资产评估行业选择优秀人才的渠道。

多年来，我国的资产评估行业从无到有，行业自身不断发展完善，同时，与国际企业价值评估分析师协会（IACVA)、世界评估组织联合会（WAVO)、国际评估准则理事会(IVSC)、东盟评估师联合会（AVA)、美国评估师协会（ASA)、国际财产税学会（IPTI）等国外相关机构建立了良好的沟通交流机制，提升了我国评估行业的国际影响力。

二、资产评估师行业人才发展现状

2014 年，注册资产评估师准入类职业资格调整为水平评价类职业资格后，2015 年 4 月 27 日，人力资源和社会保障部、财政部关于印发《资产评估师职业资格制度暂行规定》和《资产评估师职业资格考试实施办法》的通知（人社部发〔2015〕43 号)，对资产评估师职业资格制度作出了新的规定，为尽快恢复资产评估师考试、加强行业人才队伍建设奠定了制度基础。

2016 年 10 月 22 日至 23 日，2016 年资产评估师职业资格全国统一考试举行。2016 年资产评估师职业资格全国统一考试是资产评估师职业资格管理方式改革后，首次由中评协全面组织实施的考试，共有 1.5 万余人报名。

2017 年 11 月 4 日至 5 日，2017 年资产评估师资格统一考试在全国举行。2017 年资产评估师资格全国统一考试是《资产评估法》实施后，首次由中评协全面组织实施的考试，全国共有 4.2 万名考生报名。

2018 年 9 月 15 日至 16 日，2018 年资产评估师资格全国统一考试举行。2018 年资产评估师资格全国统一考试共有 67 699 人报名，报考 179 366 科次。

尽管资产评估师的职业资格进行了调整，但巨大的市场需求推动着资产评估师行业的不断发展壮大，市场呼唤资产评估从业人员知识结构的更新和能力的提升，执业范围和服务领域不断拓展和深化。

三、如何取得资产评估师资格

资产评估师职业资格的取得是在参加资产评估师职业资格全国统一考试合格后，由中国资产评估协会颁发，人力资源和社会保障部、财政部监制，中国资产评估协会盖印的中华人民共和国资产评估师职业资格证书。该证书在全国范围有效。

资产评估师职业资格全国统一考试一般在当年的4月至5月报名，当年的第三季度考试(通常在9月的第一个周末)。

同时符合下列条件的中华人民共和国公民，可以报名参加资产评估师资格考试：

(1) 具有完全民事行为能力；

(2) 具有高等院校专科以上（含专科）学历。

符合上述报名条件，暂未取得学历（学位）的大学生可报名参加考试。

考试科目为《资产评估基础》《资产评估相关知识》《资产评估实务（一）》《资产评估实务（二）》4科。试卷满分为100分，合格分数一般设在60分。

考试以4年为一个周期，参加全部科目考试的人员须在连续4个考试年度内通过全部科目的考试，即可取得相应资产评估师职业资格证书。

资产评估师职业资格证书实行登记服务制度。登记服务的具体工作由中国资产评估协会负责。中国资产评估协会定期向社会公布资产评估师职业资格证书的登记情况，建立持证人员的诚信档案，并为用人单位提供取得资产评估师职业资格证书人员的信息查询服务。

四、资产评估师职业发展前景

资产评估行业是智力密集型行业，行业的核心资本就是拥有专业知识和智力的人，是具备专业胜任能力的评估师。目前行业整体高端人才严重短缺。随着国家发展方式和体制机制的进一步转变和完善，生态文明社会的建设，政府和社会管理方式的不断创新，新的评估市场、新的评估业务不断衍生，为资产评估行业充分发挥资产评估价值管理工具的作用带来新的发展机遇。境外评估、海外财务巡查、财政资金绩效评价、内控评价、财务管理评估等新业务领域不断涌现，推动评估行业转型升级，资产评估正在从传统的估价职能发展为提供测算、鉴证、评价、调查和管理咨询等全价值链条管理服务的现代商务服务业，行业发展前景巨大。所以，若成为一名资产评估师，将会有更好的选择机会和更好的发展前途。

第五章

会计记账方法

在会计工作中，为了有效地反映和监督会计对象，各会计主体除了要按照规定的会计科目设置账户外，还应采取一定的方法记载账户。

第一节 记账方法

一、记账方法概述

会计记账方法是指对客观发生的经济业务事项按照一定的规则、使用一定的符号在有关账户中进行记录时所采用的技术方法。采用不同的方法反映会计要素的变动，形成不同的记账方法。

随着社会经济的发展、人们实践认识的提高，会计记账方法逐步改进，经历了一个从单式记账到复式记账的逐渐完善的过程。

二、记账方法种类

（一）单式记账法

单式记账法是指对发生的经济业务只在一个账户中进行记录的记账方法。例如，用银行存款 5 000 元购买材料，这样一笔经济业务发生后，在单式记账法下表现为：只在“银行存款”账户上记录银行存款减少 5 000 元，并不需要同时在“原材料”账户上记录材料增加 5 000元。

这种记账结果不能反映现金减少的原因，采用单式记账法，记账手续简单，易学易懂，在选择单方面记账时，重点考虑的是现金、银行存款以及债权债务方面的经济业务，主要设置“库存现金”“银行存款”“应收账款”“应付账款”等账户，没有一套完整的账户体系，无法通过记账来全面反映经济业务的来龙去脉，各账户记录之间没有直接的联系，不能形成相互对应的关系，不便于检查账户记录的正确性。因此，单式记账法被认为是一种比较简单但不十分科学的记账方法，只能在商品经济不发达、经济业务十分简单的情况下采用。

（二）复式记账法

所谓复式记账法，是指对任何一项经济业务，都必须用相等的金额在两个或两个以上的有关账户中相互联系地进行登记，借以反映会计对象具体内容增减变化的一种记账方法。例如，企业以现金500元支付办公费用，采用复式记账法，这项经济业务除了要在有关“库存现金”账户中作减少500元的登记外，还要在有关费用账户中作增加500元的记录。这样登记的结果表明，企业现金的付出同费用的发生两者之间是相互联系的。又如，企业向某单位购入一批材料，计价1 000元，货已收到，款尚未支付。采用复式记账法，这项经济业务除了要在“结算债务”账户中作增加1 000元的登记外，还要在有关的“材料账户”中作增加1 000元的记录。这样登记的结果，就使得债务的发生同材料的购进两者之间的关系一目了然。

由此可见，复式记账法的主要特征是需要设置完整的账户体系。除了“库存现金”“银行存款”账户外，还要设置实物性资产以及收入、费用和各种权益类账户；不仅记录货币资金的收付和债权债务的发生，而且要对所有财产和全部权益的增减变化，以及经营过程中所发生的费用和获得的收入做全面、系统的反映；对每项经济业务，都要在两个或两个以上的账户中进行等额双重记录，以便反映其来龙去脉；根据会计等式的平衡关系，可以对一定时期所发生的全部经济业务的会计记录进行综合试算，以检查账户记录是否正确。

第二节　复式记账法

会计的对象是资金运动，而企业经营过程中发生的每一项经济业务，都是资金运动的具体过程。只有把企业所有经济业务无一遗漏地进行核算，才能完整地反映企业资金运动的全貌，为信息使用者提供其所需要的全部核算资料。

企业发生的所有经济业务无非涉及资金增加和减少两个方面，并且某项资金在量上的减少或增加，总是与另一项资金在量上的减少或增加相伴而生。换言之，在资金运动中，一部分资金的减少或增加，总是有另一部分资金的增减变动作为变化的原因。这样就要求在会计记账的时候，必须把每项经济业务所涉及的资金增减变化的原因和结果都记录下来，从而完整、全面地反映经济业务所引起的资金运动的来龙去脉。复式记账法恰恰适应了资金运动的这一规律性的客观要求，把每一项经济业务所涉及的资金在量上的增减变化，通过两个或两个以上账户的记录予以全面反映。可见，资金运动的内在规律性是复式记账的理论依据。

一、复式记账法的概念

复式记账法是指以资产与权益平衡关系作为记账基础，对每一笔经济业务都必须用相等的金额，在两个或两个以上相互联系的账户中进行登记，全面系统地反映会计要素增减变化的一种记账方法。

相对于单式记账法来说，复式记账法是一种科学的记账方法。复式记账法能够全面反映经济业务内容和资金的来龙去脉，通过进行试算平衡，可以查账和对账。现代企业的经济业务日益复杂多样，企业委托经营比较普遍，更需要企业对经济业务进行完整、系统的记录，因而，复式记账法应用广泛。

二、复式记账法的基本原则

所有的复式记账法都必须遵循以下几项原则：

（一）以会计等式作为记账基础

会计等式是将会计对象的具体内容，即会计要素之间的相互关系，运用数学方程式的原理进行描述而形成的。它是客观存在的必然经济现象，同时也是资金运动规律的具体化。为了揭示资金运动的内在规律性，复式记账法必须以会计等式作为其记账基础。

（二）对每项经济业务必须在两个或两个以上相互联系的账户中进行等额记录

经济业务的发生，必然要引起资金的增减变动，而这种变动势必导致会计等式中至少有两个要素或同一要素中至少两个项目发生等量变动。为反映这种等量变动关系，就必须在两个或两个以上账户中进行等额双重记录。

（三）必须按经济业务对会计等式的影响类型进行记录

尽管企业单位发生的经济业务复杂多样，但对会计等式的影响无外乎两种类型：一类是影响会计等式等号两边会计要素同时发生变化的经济业务，这类业务能够改变企业资金总额，使会计等式等号两边等额同增或等额同减；另一类是影响会计等式等号某一边会计要素发生变化的经济业务，这类业务不变更企业资金总额，只会使会计等式等号某一边等额地有增有减。这就决定了会计上对第一类经济业务，应在等式两边的账户中等额记同增或同减；对第二类经济业务，应在等式某一边的账户中等额记有增有减。

（四）定期汇总的全部账户记录必须平衡

通过复式记账的每笔经济业务的双重等额记录，定期汇总的全部账户的数据必然会保持会计等式的平衡关系。在复式记账法下，验证这种平衡关系的方法有发生额平衡法和余额平衡法两种。

三、复式记账法的种类

复式记账法从其发展历史看，有借贷记账法、增减记账法、收付记账法等。其中，借贷记账法经过多年实践，已被全世界会计工作者普遍接受，是一种比较成熟、完善的记账方法；从会计实务角度看，统一记账方法为加强企业、事业单位之间横向经济联系和国际交往等带来极大的方便，并且对规范会计核算工作和更好地发挥会计的作用具有重要意义。复式记账法具有单式记账法无可比拟的优势，是目前世界各国公认的一种科学的会计记账方法。我国现行有关制度规定，企业、事业等单位一律采用借贷记账法记账。

四、复式记账法的作用

复式记账法是利用数学方程式的平衡原理来记录经济业务，这样登记的结果，能够把所有经济业务相互联系地、全面地记入有关账户之中，从而使账户能够全面、系统地反映和监督经济活动的过程和结果，提供经营管理所需要的数据资料。同时，由于每笔账户记录都是相互对应地反映每项经济业务所引起的资金运动的来龙去脉，因此，应用复式记账法，可以通过有关账户之间的关系了解经济业务的内容，检查经济业务是否合理、合法。此外，根据复式记账必然相等的平衡关系，通过全部账户记录结果的试算平衡，还可以检查账户记录有无差错。

第三节 借贷记账法

借贷记账法，是指以“借”和“贷”为记账符号，以“有借必有贷，借贷必相等”为记账规则，对发生的每项经济业务都以相等的金额在两个或两个以上的账户中相互联系地进行登记的一种复式记账方法。其理论依据是：资产 = 负债 + 所有者权益。

一、借贷记账法记账符号

借贷记账法的记账符号为“借”和“贷”。“借”“贷”二字最早是有其字面含义的，但是发展到今天，“借”“贷”二字逐渐失去其本来含义，变成了纯粹的记账符号，成为会计上的专业术语，用来标明记账的方向，分别表示账户的左方和右方。“借”代表账户的借方（英文简写 Dr），“贷”代表账户的贷方（英文简写 Cr）。

二、借贷记账法账户结构

在借贷记账法下，任何账户都分为借、贷两方，并把账户的左方称为借方，把账户的右方称为贷方。记账时，账户的借贷两方必须做相反方向的记录，分别记录经济业务引起的会计要素的增加或减少。即对于每一个账户来说，如果借方用来登记增加额，则贷方就用来登记减少额；如果借方用来登记减少额，则贷方就用来登记增加额。一定时期计入账户借方金额之和，叫作本期借方发生额；计入账户贷方金额之和，叫作本期贷方发生额。至于借、贷究竟哪一方记录增加数，哪一方记录减少数，则要视账户的性质而定。

（一）资产类账户的结构

资产类账户是用来记录和反映各项资产增减变动和结余情况的账户，资产类账户的具体结构是：借方登记资产的增加数，贷方登记资产的减少数，余额一般在借方，反映资产的实有数，如：库存现金、原材料、固定资产等账户。其计算公式为：

期末余额 = 期初余额 + 本期借方发生额 – 本期贷方发生额

资产类账户的简化结构如图 5 –1 所示。

借方　　　　资产类账户　　　　贷方

期初余额 增加额	×××× ××××	减少额	××××
本期发生额	××××	本期发生额	××××
期末余额	××××		

图 5 –1　资产类账户的简化结构

（二）负债类账户的结构

负债类账户是用来记录和反映各项负债增减变动和结存情况的账户，负债类账户的具体结构是：贷方登记负债的增加数，借方登记负债的减少数，余额一般在贷方，反映负债的实有数，如：短期借款、应付账款、应付职工薪酬等账户。其计算公式为：

期末余额 = 期初余额 + 本期贷方发生额 – 本期借方发生额

负债类账户的简化结构如图 5－2 所示。

借方	负债类账户		贷方
	××××	期初余额	××××
减少额		增加额	××××
本期发生额	××××	本期发生额	××××
		期末余额	××××

图 5－2　负债类账户的简化结构

（三）所有者权益类账户的结构

所有者权益类账户是用来记录和反映企业自有资本各项目增减变动及结存情况的账户，这类账户的结构与负债类账户的结构相同，账户结构为：贷方登记权益的增加数，借方登记权益的减少数，余额一般在贷方，反映权益的实有数，如：实收资本、资本公积、盈余公积等账户。其计算公式为：

期末余额＝期初余额＋本期贷方发生额－本期借方发生额

所有者权益类账户的简化结构如图 5－3 所示。

借方	所有者权益类账户		贷方
	××××	期初余额	××××
减少额		增加额	××××
本期发生额	××××	本期发生额	××××
		期末余额	××××

图 5－3　所有者权益类账户的简化结构

（四）收入类账户的结构

收入类账户的结构与负债及所有者权益类账户的结构类似，账户的贷方登记收入的增加额，借方登记收入的减少（转销）额，由于贷方登记的收入增加额一般要通过借方转出，所以这类账户通常没有期末余额。如主营业务收入、其他业务收入、营业外收入等账户。

收入类账户的简化结构如图 5－4 所示。

借方	收入类账户		贷方
减少或转销额	××××	增加额	××××
本期发生额	××××	本期发生额	××××

图 5－4　收入类账户的简化结构

（五）费用类账户的结构

企业在生产经营中所发生的各种耗费，大多由资产转化而来，所以费用在抵消收入之前，可以将其视为一种特殊资产。因此，费用类账户的结构与资产类账户基本相同，账户的借方登记费用的增加额，贷方登记费用的减少（转销）额。由于借方登记的费用增加额一般都要通过贷方转出，所以费用类账户通常没有期末余额。如主营业务成本、其他业务成本、营业外支出等账户。

费用类账户的简化结构如图 5－5 所示。

借方	费用类账户		贷方
增加额	××××	减少或转销额	××××
本期发生额	××××	本期发生额	××××

图 5－5 费用类账户的简化结构

（六）利润类账户的结构

利润类账户的结构与负债及所有者权益类账户的结构大致相同，账户的贷方登记利润的增加额，借方登记利润的减少额，期末余额一般在贷方。

利润类账户的简化结构如图 5－6 所示。

借方	利润类账户		贷方
	××××	期初余额	××××
减少额		增加额	××××
本期发生额	××××	本期发生额	××××
		期末余额	××××

图 5－6 利润类账户的简化结构

根据上述内容，可将借贷记账法下各类账户的结构归纳为表 5－1。

表 5－1 借贷记账法下各类账户的结构

账户类别	借方	贷方	余额方向
资产类	增加	减少	余额在借方
负债类	减少	增加	余额在贷方
所有者权益类	减少	增加	余额在贷方
收入类	减少（转销）	增加	一般无余额
费用类	增加	减少（转销）	一般无余额
利润类	减少	增加	一般在贷方

从表 5－1 中可以看出，借贷记账法下各类账户的期末余额都在记录增加额的一方，即资产类账户的期末余额在借方，负债及所有者权益类账户的期末余额在贷方。基于此，可以得出一个结论：根据账户余额所在方向，也可判断账户的性质。账户若是借方余额，则为资产（包括有余额的费用）类账户；账户若是贷方余额，则为负债或所有者权益类账户。借贷记账法的这一特点，决定了它可以设置双重性质账户。

所谓双重性质账户，是指既可以用来核算资产、费用，又可以用来核算负债、所有者权益和收入的账户，如“其他往来”“待处理财产损溢”“投资收益”等账户。由于任何一个双重性质账户都是把原来的两个有关账户合并在一起，并具有合并前两个账户的功能，所以设置双重性质账户，有利于简化会计核算手续。

三、借贷记账法记账规则

记账规则是采用一定的记账方法记录经济业务时必须遵循的规律性的原则。借贷记账法的记账规则是“有借必有贷，借贷必相等”。即对发生的每项经济业务，都要以相等的金额和相反的借贷方向，记入两个或两个以上相互联系的账户，一个账户记入借方，另一个账户必然记入贷方，而且借方与贷方的金额必须相等。下面通过实例来说明借贷记账法记账规则的运用。

【例5－1】

收到投资者追加投资100 000元，存入银行。

这项经济业务的发生，一方面使企业的资产增加了100 000元，另一方面使所有者权益项目增加了100 000元。资产类账户的增加记在借方，所有者权益类账户的增加记在贷方，因此这笔业务应分别记入“银行存款”账户的借方和“实收资本”账户的贷方。如图5－7所示。

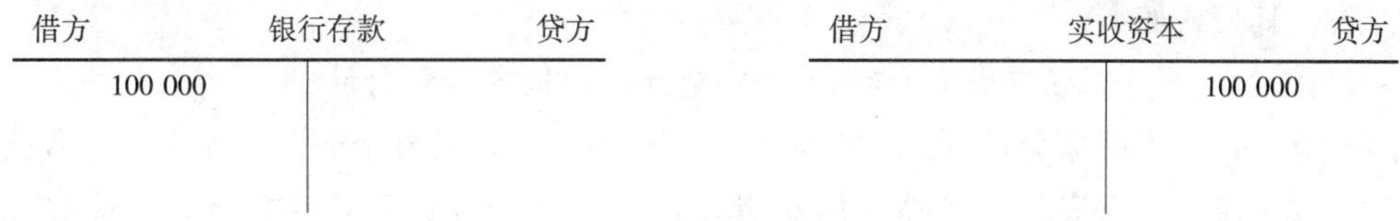

图5－7　记账实例1

【例5－2】

企业用银行存款30 000元偿还短期借款。

这项经济业务的发生，一方面使企业的资产减少了30 000元；另一方面使负债减少了30 000元。涉及资产类账户“银行存款”和负债类账户“短期借款”，应分别记入“短期借款”账户的借方和“银行存款”账户的贷方。如图5－8所示。

图5－8　记账实例2

通过以上例题可以看出，虽然经济业务多种多样，但在借贷记账法下，每一笔经济业务发生后，必然记入一个账户的借方，同时记入另一个（或几个）账户的贷方；或者记入一个账户的贷方，同时记入另一个（或几个）账户的借方，而且记入借方和贷方的金额必然相等。这一规律也就是借贷记账法的记账规则“有借必有贷，借贷必相等”。

四、借贷记账法的试算平衡

会计人员在运用借贷记账法记录经济业务时，难免会发生差错。为此，还必须有检查、验证账户记录是否正确的方法，以便找出错误，查明原因，发现后及时加以改正。这种检查和验证账户记录正确性的方法，在会计上称为试算平衡。

借贷记账法的试算平衡是指根据会计等式的平衡原理，按照记账规则的要求，通过汇总计算和比较，来检查账户记录的正确性、完整性，借贷记账法的试算平衡法有发生额试算平衡法和余额试算平衡法两种方法。

（一）发生额试算平衡法

账户发生额试算平衡法是用来检查本期每一个或全部账户的借贷方发生额是否相等的方法。其公式如下：

全部账户借方本期发生额合计 = 全部账户贷方本期发生额合计

上述平衡公式的依据是借贷记账法的记账规则“有借必有贷，借贷必相等”，不仅体现在每笔经济业务在记账中的借、贷双方金额相等，而且体现在全部账户中的借、贷方发生额的合计数都应相等。

（二）余额试算平衡法

账户余额试算平衡法是用来检查所有账户的借方期末余额合计和贷方期末余额合计是否相等的方法。其公式如下：

全部账户借方余额合计 = 全部账户贷方余额合计

上述平衡公式的依据是会计等式。在期末，资产类账户为借方余额，负债或所有者权益类账户为贷方余额。根据资产 = 负债 + 所有者权益的原理，所有账户借方余额合计数（即资产总额）必定等于所有账户贷方余额合计数（即负债和所有者权益总额）。

账户的发生额和余额试算平衡法，一般是在月末结出各账户本期发生额和期末余额后，通过编制试算平衡表进行。所谓试算平衡表是指在会计核算中，期末根据账户记录编制，用以检查和验证账户记录有无错误的一种计算表，其格式见表 5－2 和表 5－3。

表 5－2 总分类账户发生额试算平衡表

2×18 年 11 月 30 日　　元

账户名称	本期发生额	
	借方	贷方
银行存款	800 000	380 000
原材料	30 000	
固定资产	200 000	
短期借款	40 000	
应付账款	160 000	10 000
应付票据		40 000
实收资本		960 000
资本公积	160 000	
合计	1 390 000	1 390 000

表 5－3 总分类账户余额试算平衡表

2×18 年 11 月 30 日　　元

账户名称	期末余额	
	借方	贷方
银行存款	1 020 000	
原材料	30 000	
固定资产	1 200 000	
短期借款		160 000
应付账款		10 000
应付票据		40 000
实收资本		1 960 000
资本公积		80 000
合计	2 250 000	2 250 000

在实际工作中，为了方便起见，还可将总分类账户发生额试算平衡表和总分类账户余额试算平衡表合并在一起，并结合各账户的期初余额数编制总分类账户发生额及余额试算平衡表（见表5－4）。这样，在一张表上既可进行总分类账户借贷发生额平衡的试算，又能进行总分类账户借贷余额平衡的试算。

表 5－4 总分类账户发生额及余额试算平衡表

2×18 年 11 月 30 日　　元

账户名称	期初余额		本期发生额		期末余额	
	借方	贷方	借方	贷方	借方	贷方
库存现金	2 000		300		2 300	
银行存款	298 000		10 000	30 300	277 700	
应收账款	50 000				50 000	
短期借款		60 000	30 000			30 000
应付账款		50 000				50 000
实收资本		160 000		30 000		190 000
资本公积		80 000	20 000			60 000
合计	350 000	350 000	60 300	60 300	330 000	330 000

需要说明的是，即使试算平衡表中借贷金额相等，也不足以说明账户记录完全没有错误，因为有些错误并不影响借贷双方的平衡，通过试算也就无法发现，如漏记或重记某项经济业务、借贷记账方向彼此颠倒或方向正确，但记错了账户等。因此，根据试算平衡的结果，只能确认账户记录是否基本正确。

五、会计分录

运用复式记账法处理经济业务，一笔业务所涉及的几个账户之间必然存在着某种相互依存的对应关系，这种关系称为账户对应关系。存在着对应关系的账户，称为对应账户。由于账户对应关系反映了每项经济业务的内容，以及由此而引起的资金运动的来龙去脉。因此，在采用借贷记账法登记某项经济业务时，应先通过编制会计分录来确定其所涉及的账户及其对应关系，从而保证账户记录的正确性。

会计分录简称分录，是根据经济业务的内容，在登记有关账户之前预先确定应当登记的账户名称、登记方向（借贷方向）及登记金额的一种记录。编制会计分录的目的是保证会计记录的正确性。会计分录的基本格式如下：

借：会计科目　　金额

　　贷：会计科目　　金额

借方科目在上，贷方科目在下；借贷金额分行错开，借方靠前，贷方退后；金额后不必写“元”字。

编制会计分录是会计工作的初始阶段，在实际工作中，这项工作一般是通过编制记账凭证或登记日记账来完成的。编制会计分录意味着对经济业务做会计确认，为经济业务数据记入账户提供依据。所以，为了确保账户记录的真实和正确，必须严格把好会计分录这一关。

在会计实务中，会计分录是根据各项经济业务的原始凭证编制的，在记账凭证上记录的完整的会计分录还应包括编制日期、业务编号、经济业务的简要说明等内容。编制会计分录的步骤包括确定账户名称、判断账户性质、确定借贷方向、检查借贷金额是否平衡。

依前例，可编制出相应的会计分录如下：

【例 5-3】

收到投资者追加投资 100 000 元，存入银行。

借：银行存款　　100 000

　　贷：实收资本　　100 000

【例 5-4】

企业用银行存款 30 000 元偿还短期借款。

借：短期借款　　30 000

　　贷：银行存款　　30 000

【例 5-5】

购入原材料一批，货款 60 000 元，用银行存款支付 30 000 元，余下货款暂欠，应编制如下分录：

借：原材料　　60 000

　　贷：银行存款　　30 000

　　　　应付账款　　30 000

【例 5-6】

从银行存款中支付 50 000 元，其中：30 000 元用于支付前欠货款，20 000 元用于偿还前期借款，应编制如下分录：

借：应付账款　　30 000

　　短期借款　　20 000

　　贷：银行存款　　50 000

会计分录按照其涉及对应账户的多少又可分为简单会计分录和复合会计分录两种。简单会计分录，是指一项经济业务发生后，只需在两个账户中登记的会计分录，即“一借一贷”

的分录。这种分录，其会计科目的对应关系比较简单、清楚，如前两笔分录。

复合会计分录，是指一项经济业务发生后，需要在两个以上的账户中登记的会计分录，包括“一借多贷”和“一贷多借”的分录，如后两笔分录。

一个复合会计分录可以分解为几个简单的会计分录。如例 5－6 可以拆分成如下两个简单的会计分录：

借：应付账款　　30 000
　　贷：银行存款　　30 000
借：短期借款　　20 000
　　贷：银行存款　　20 000

编制复合会计分录，有利于集中反映某项经济业务的全貌，简化记账工作，提高会计工作效率。但在编制复合会计分录时，应尽量避免编制多借多贷的会计分录，以免账户间的对应关系不清晰。

六、账户平行登记

平行登记是指对发生的每项经济业务，既要在有关的总分类账户中进行总括登记，又要在其所属的明细分类账户中进行详细登记的方法。

（一）总分类账户与明细分类账户平行登记要点

总分类账户与明细分类账户进行平行登记，要注意以下几点：

1. 同内容

即登记的是同一笔经济业务，对于企业发生的每项经济业务，一方面要在总分类账户中进行登记，另一方面要在总分类账户所属的各个明细分类账户中进行登记。

2. 同方向

即在总分类账户及其所属的明细分类账户中记录经济业务时，其登记方向必须相同，同为借记或贷记。

3. 同金额

即总分类账户中涉及的经济业务的金额必须与所属的明细分类账户中涉及的经济业务的金额（或金额合计）相等。

另外，总分类账户和其所属的明细分类账户，对同一笔经济业务的登记应该在同一个会计期间内完成。

（二）总分类账户与明细分类账户平行登记的方法

下面将以“应付账款”账户为例，说明如何进行总分类账户与明细分类账户平行登记。

【例 5－7】

某企业 2016 年 4 月初“应付账款”总分类账户及所属明细分类账户金额如表 5－5 所示。

表 5－5　“应付账款”总分类账户及所属明细分类账户金额

总分类账户	金额	明细分类账户	金额
应付账款	15 000	甲单位 乙单位	8 000 7 000

该企业2016年4月份发生下列与“应付账款”有关的结算业务：

（1）4月8日，向甲单位购进原材料8 000元，材料验收入库，货款尚未支付。

（2）4月16日，用银行存款偿还前欠乙单位货款6 000元。

（3）4月18日，向甲、乙两单位购进材料26 000元，其中：向甲单位购入10 000元，向乙单位购入16 000元，货款尚未支付。

（4）4月26日，用银行存款偿还前欠甲单位部分货款22 000元。

根据上述经济业务编制会计分录：

①借：原材料 8 000
　　贷：应付账款——甲单位 8 000

②借：应付账款——乙单位 6 000
　　贷：银行存款 6 000

③借：原材料 26 000
　　贷：应付账款——甲单位 10 000
　　　　　　　——乙单位 16 000

④借：应付账款——甲单位 22 000
　　贷：银行存款 22 000

根据会计分录，在“应付账款”总分类账户及所属甲、乙单位明细分类账户中进行平行登记，并分别结出本期发生额和期末余额。平行登记结果如表5－6～5－8所示。

表5－6　总分类账户

账户名称：应付账款　　元

2016年		凭证号数	摘要	借方	贷方	借或贷	余额
月	日						
4	1		期初余额			贷	15 000
	8		向甲单位购进材料		8 000	贷	23 000
	16		偿还乙单位货款	6 000		贷	17 000
	18		向甲、乙两单位购进材料		26 000	贷	43 000
	26		偿还甲单位部分货款	22 000		贷	21 000
	30		本期发生额及余额	28 000	34 000	贷	21 000

表5－7　“应付账款”明细分类账户

单位名称：甲单位　　元

2016年		凭证号数	摘要	借方	贷方	借或贷	余额
月	日						
4	1		期初余额			贷	8 000
	8		购进材料		8 000	贷	16 000
	18		购进材料		10 000	贷	26 000

续表

2016年		凭证号数	摘要	借方	贷方	借或贷	余额
月	日						
	26		偿还前欠部分货款	22 000		贷	4 000
	30		本期发生额及余额	22 000	18 000	贷	4 000

表5-8 “应付账款”明细分类账户

单位名称：乙单位　　元

2016年		凭证号数	摘要	借方	贷方	借或贷	余额
月	日						
4	1		期初余额			贷	7 000
	16		偿还前欠款	6 000		贷	1 000
	18		购进材料		16 000	贷	17 000
	30		本期发生额及余额	6 000	16 000	贷	17 000

为保证账簿记录的正确性，必须对总分类账户和明细分类账户的结果进行相互核对，即核对总分类账户与其所属的明细分类账户的发生额和期末余额是否相等。一般在月末编制明细分类账户本期发生额和余额表，如表5-9所示。

表5-9 “应付账款”明细分类账户本期发生额及余额表

2016年4月30日　　元

明细账户名称	期初余额		本期发生额		期末余额	
	借方	贷方	借方	贷方	借方	贷方
甲单位		8 000	22 000	18 000		4 000
乙单位		7 000	6 000	16 000		17 000
合计		15 000	28 000	34 000		21 000

由表5-9可以看出，表中合计栏各项数额分别与“应付账款”总分类账户的期初余额、本期发生额、期末余额相等，表明“应付账款”总分类账户与其所属明细分类账户的平行登记未发生差错。

感受会计理念

本章思维导图

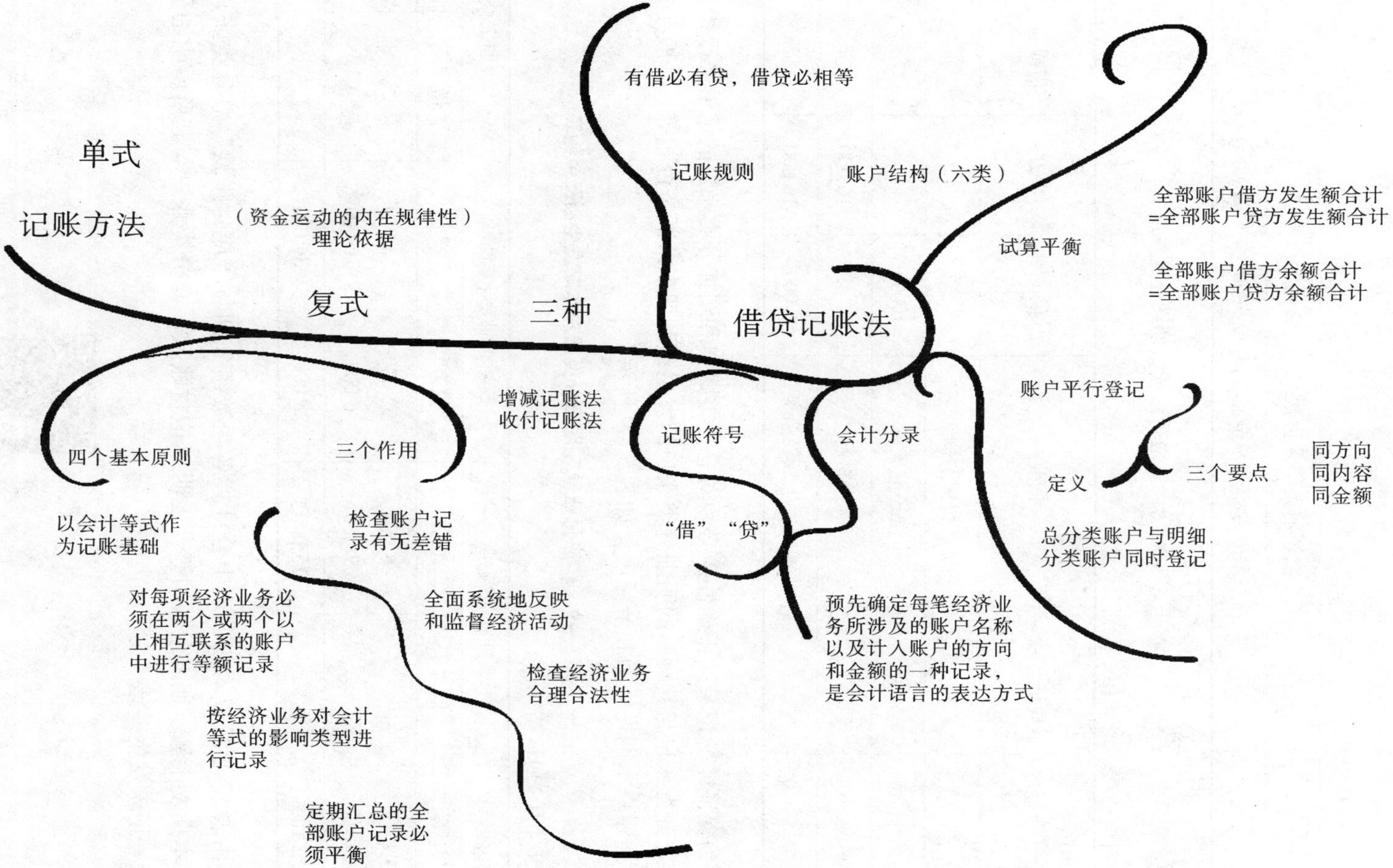

记账方法

单式

复式

（资金运动的内在规律性）
理论依据

四个基本原则

以会计等式作为记账基础

对每项经济业务必须在两个或两个以上相互联系的账户中进行等额记录

按经济业务对会计等式的影响类型进行记录

定期汇总的全部账户记录必须平衡

三个作用

检查账户记录有无差错

全面系统地反映和监督经济活动

检查经济业务合理合法性

三种

增减记账法
收付记账法

借贷记账法

记账规则

有借必有贷，借贷必相等

账户结构（六类）

试算平衡

全部账户借方发生额合计
=全部账户贷方发生额合计

全部账户借方余额合计
=全部账户贷方余额合计

记账符号

“借” “贷”

会计分录

预先确定每笔经济业务所涉及的账户名称以及计入账户的方向和金额的一种记录，是会计语言的表达方式

账户平行登记

定义

总分类账户与明细分类账户同时登记

三个要点

同方向
同内容
同金额

专业发展认知教程五

我国管理会计师行业发展概况及职业前景展望

2013 年 11 月，财政部提出管理会计是中国会计改革发展的重点方向。2016 年 10 月，财政部印发的《会计改革与发展“十三五”规划纲要》里明确提出“到 2020 年培养 3 万名精于理财、善于管理和决策的管理会计人才”的总体目标。2017 年 8 月 17 日，财政部召开《会计法》修订工作领导小组第一次会议中，提出修订后正式取消会计从业资格证。同时增加管理会计的内容，明确管理会计的定位。

目前，我国经济正处于经济发展方式转变的重要时期，传统会计已不能满足企业建立和完善现代企业制度、实现管理升级的要求，需要通过强化管理会计的职能，促进经济转型升级，增强企业核心竞争力和价值创造力。2014 年 10 月，财政部颁布《关于全面推进管理会计体系建设的指导意见》(财会〔2014〕27 号)，2016 年 6 月，财政部发布了《管理会计基本指引》。这一系列政策的颁布使得我国管理会计获得了前所未有的发展机遇。

我国自 20 世纪 80 年代引进西方管理会计以来，在理论和实践应用上，都取得了一些成功经验。但是，无论在研究的广度和深度上，还是在实践中的应用程度上，同西方发达国家相比都有较大差距，难以适应我国市场经济进一步发展和深化改革的需要。造成这种现状的原因有两方面：一方面，现阶段我国管理会计人员整体管理水平偏低，难以承担管理会计师在企业管理中所应承担的领导者、组织者、顾问、规划与整合专家等多重角色；另一方面，国内目前持证会计人员达 1 500 万之多，但高级会计人才不足 40 万 ，且以传统的财务会计知识体系为主要专业技能，真正的管理会计人才缺口已达 560 万。

为适应市场发展需求，行业协会引进或推出了相应的管理会计职业资格认证体系，目前，在我国推广范围比较广的有四个，分别是国际财务管理师（IFM）、管理会计师(MAT)、国际管理会计师（FIMA）和注册管理会计师（CMA）。

一、国际财务管理师（IFM）

国际财务管理师是国际财经管理专业领域的一套职业资格认证体系，是人力资源和社会保障部职业资格鉴定中心引进的仅有的三个金融类证书之一，由国际财务管理协会创建并在全球推行。国际财务管理协会（International Financial Management Association，IFMA）是一家专门从事财务管理理论和应用研究、推动财务管理全球化、研究和推广财务管理职业标准的全球性财经专业团体，其前身为国际管理会计师协会。IFMA 一贯秉承的宗旨是推动财务管理全球化，研究和推广全球适用的财务管理职业知识体系和认证标准，为各国培养现代企业管理所必需的财务管理、资本运作、企业决策、企业管理、专业理财、风险管理、投资决策等方面的中高级专业人才。

为提高中国财务管理人员的素质，加速中高级国际型财务管理人才的培养，满足各类企业及机构的人才需求，2004 年 5 月，经中华人民共和国劳动和社会保障部审核批准，IFM 资格认证获准进入中国（注册号：劳引字〔2004〕001 号），这标志着国际财务管理协会与其中方合作单位可以合法地在华开展考试和发证活动，所颁发的 IFM 证书与国家职业资格证书具有同等的效力，并被纳入国家职业资格证书统一管理体系。

IFM 体系的科学性与实用性，以及对财务管理职业领域的促进作用得到了中国各行各业及企事业单位的广泛认可。中国总会计师协会与国际财务管理协会于 2005 年 6 月在北京正式启动了国际财务管理师（IFM）联合认证，双方共同组建了国际财务管理师（IFM）职业资格联合认证委员会，负责对中国地区的考试成绩合格者进行资格认证。同时，由各省人力资源和社会保障厅职业技能鉴定指导中心配发相应的国家职业资格证书；该资格证书是目前我国财经管理领域最具权威性的国际职业资格证书之一，分为初级、助理级、中级、高级四个级别。

对于财务从业者来讲，获得 IFM 证书，表明持证人具备胜任现代财务管理工作所需的观念、知识、经验和技能。业界、雇主、客户和同行都将 IFM 证书看作财务高管人员职业能力水平的象征。IFM 证书表明了持证人具有专业的财务管理知识、经验、背景，意味着持证人能够为企业或客户提出合理的财务管理方案，并具有切实执行的能力。

据相关资料显示，取得国际财务管理师（IFM）职业资格的人员，在职场表现不俗，业绩卓著。在全球500 强企业中，超过四分之一企业的财务部门有 IFM 持证人任职；在香港上市公司中，超过三分之一的财务总监由 IFM 持证人担任；在 IFM 持证人中，在企业和金融机构担任财务经理、财务总监（CFO）、副总裁、总裁等高管职位的比例超过 60%。

那么，如何考取国际财务管理师相应的资格证书呢？下面将进行详细介绍。

（一）初级财务管理师（EIFM）

申请初级国际财务管理师（Elementary International Finance Manager）需满足以下条件之一：

（1）中专、中职及职高财经、管理相关专业在校生和应届毕业生；

（2）高等学校非财经管理专业大专应届毕业生、在校生。

初级国际财务管理师申请人要通过 1 个考试科目——专业知识综合考试（I）（共 3 个知识模块，含 1 个自学模块，占比为 A：20%；B：40%；C：40%）。机考，60 分合格。

初级国际财务管理师考试内容如表 5 - 10 所示。

表 5 - 10　初级国际财务管理师考试内容

<table>
<tr><th colspan="3">培训科目</th><th colspan="2">考试/
考核科目</th><th colspan="3">试卷构成</th><th colspan="2">考试时间</th></tr>
<tr><th>模块
代码</th><th>模块
名称</th><th>培训时间</th><th>科目
代码</th><th>科目
名称</th><th>题型</th><th>题量</th><th>分值/分</th><th>时长</th><th>时间
安排</th></tr>
<tr><td>A</td><td>财务管理
职业道德</td><td>自学</td><td rowspan="3">01</td><td rowspan="3">专业知识
综合考试</td><td rowspan="3">单选</td><td rowspan="3">50</td><td rowspan="3">2</td><td rowspan="3">100
分钟</td><td rowspan="3">8:30—
10:10</td></tr>
<tr><td>B</td><td>财务分析工具</td><td>16 课时</td></tr>
<tr><td>C</td><td>全面预算管理</td><td>16 课时</td></tr>
</table>

（二）助理级国际财务管理师（AIFM）

申请助理级国际财务管理师（Assistant International Finance Manager）需满足以下条件之一：

（1）高等院校财经管理相关专业本科在校生和应届毕业生；

（2）高等学校非财经管理专业本科应届毕业生和在校研究生；

（3）高等院校财经管理相关专业专科在校生和应届毕业生；

（4）高等职业专科院校财经管理专业在校生和应届毕业生。

助理级国际财务管理师申请人要通过4个知识模块的考试，具体考试内容如表5－11所示。

表5－11　助理级国际财务管理师考试内容

培训科目		考试/考核科目		试卷构成			考试时间	
模块代码	模块名称	科目代码	科目名称	题型	题量	分值/分	时长	时间安排
A	财务管理法规及职业素养	01	专业知识综合考试	单选	50	2	180分钟	8:30—11:30
B	证券分析			单选				
C	财务管理概论	02		单选	50	2		
D	财务报表分析			单选				

（三）中级国际财务管理师（IFM）

申请中级国际财务管理师（International Finance Manager）需满足以下条件之一：

（1）大专学历（或同等学力），从事相关专业工作3年以上（含）；

（2）大学本科学历（或同等学力），从事相关专业工作1年以上（含）；

（3）在校财经及工商管理类专业研究生或已取得研究生学历（或同等学力）者；

（4）取得国家注册会计师、注册审计师、经济师、精算师、项目管理师、统计师、税务师、律师、会计师等资格者；

（5）取得财经、经济、管理相关专业中级专业技术职称或职业资格者；

（6）大专学历（或同等学力），担任企业财务、会计主管、部门经理、内审机构负责人或同等职务者；

（7）大专学历（或同等学力），金融或投资机构管理人员、专业人员。

（注：大学财经及工商管理类本科在校生，可报名参加考试，成绩合格者可获IFM考试合格证书，工作一年后可申请IFM职业资格证书。）

中级国际财务管理师申请人至少需要通过2个考试科目——专业知识综合考试（Ⅰ）和专业知识综合考试（Ⅱ）（共8个知识模块），以展示其专业知识水平和职业实践能力。此外，参加考试科目的学员还需参加工作业绩评估，以证实其实际工作能力水平。

（四）高级国际财务管理师（SIFM）

申请高级国际财务管理师（Senior International Finance Manager）需满足以下条件之一：

（1）大专学历（或同等学力），从事专业工作8年以上。

（2）大学本科学历（或同等学力），从事专业工作6年以上。

（3）硕士，从事专业工作3年以上。

（4）博士，从事专业工作1年以上。

（5）获得IFM（中级）证书，连续从事相关专业工作3年以上。

（6）大专以上学历，在金融或投资机构担任高级专业技术或经营管理职务1年以上。

（7）取得财会、经济、管理等相关专业中级专业技术职称或职业资格后，连续从事相关专业工作5年以上。

（8）取得财会、经济、管理等相关专业高级专业技术职称或职业资格后，连续从事相关专业工作1年以上。

（9）大专以上学历，在大中型企业、事业单位或政府机构担任财务总监、总会计师、总经济师或同级或更高级别职务1年以上。

高级国际财务管理师的申请人至少需要通过3个考试科目（共9个知识模块）以展示其专业知识水平和职业实践能力，其中2个考试科目——专业知识综合考试（Ⅰ）和专业知识综合考试（Ⅱ）的内容设置与IFM级别相同。此外，参加考试科目的学员还需参加职业能力评估，以证实其实际工作能力水平。

中、高级国际财务管理师考试内容如表5－12和表5－13所示。

表5－12　中、高级国际财务管理师考试内容①

科目代码		IFM	SIFM
考试科目	01	专业知识综合考试（Ⅰ）	专业知识综合考试（Ⅰ）
	02	专业知识综合考试（Ⅱ）	专业知识综合考试（Ⅱ）
	03		Corporate Financing（英文）
考评科目	04	工作业绩评估	
	05		职业能力评估

表5－13　中、高级国际财务管理师考试内容②

代码	考试内容		试题			合格成绩	考试时间
	考试科目名称	培训模块	类型	数量	分数/分		
1	专业知识综合考试（Ⅰ）	A. 财务管理职业道德	简述＋单选	2＋120	40＋120	90	210分钟 第一天上午 08:30—12:00
		B. 公司治理					
		C. 财务分析					
		D. 金融工具					

续表

<table>
<tr><th rowspan="2">代码</th><th colspan="2">考试内容</th><th colspan="3">试题</th><th rowspan="2">合格成绩</th><th rowspan="2">考试时间</th></tr>
<tr><th>考试科目名称</th><th>培训模块</th><th>类型</th><th>数量</th><th>分数</th></tr>
<tr><td rowspan="4">2</td><td rowspan="4">专业知识综合考试（Ⅱ）</td><td>E. 公司战略与财务</td><td rowspan="4">单选</td><td rowspan="4">160</td><td rowspan="4">160</td><td rowspan="4">90</td><td rowspan="4">210 分钟
第一天下午
14:00—17:30</td></tr>
<tr><td>F. 全面预算管理</td></tr>
<tr><td>G. 内部控制与风险管理</td></tr>
<tr><td>H. 企业上市并购与重组</td></tr>
<tr><td>3</td><td>Corporate Financing</td><td>I. Corporate Financing</td><td>单选</td><td>100</td><td>100</td><td>60</td><td>180 分钟
第二天上午
08:30—11:30</td></tr>
<tr><td>4</td><td>工作业绩评估</td><td colspan="6">在 5 个工作日内完成《工作业绩报告表》</td></tr>
<tr><td>5</td><td>职业能力评估</td><td colspan="6">在 10 个工作日内完成《职业能力评估表》</td></tr>
</table>

考虑到各国的实际情况，国际财务管理协会允许各国使用本国语言进行初级、助理级、中级国际财务管理师考试，但对于高级国际财务管理师特有的考试科目——高级财务管理课程则必须采用英文进行考试。

二、管理会计师（MAT）

管理会计师证是中国总会计师协会（简称中总协）根据《关于印发管理会计基本指引的通知》（财会〔2016〕10 号）及《财政部关于全面推进管理会计体系建设的指导意见》（财会〔2014〕27 号）等文件要求，积极发挥中总协在推动管理会计应用推广方面的作用而设置的专业资格证中。自 2015 年 11 月开始，中总协积极开展管理会计师专业能力培训工作，为来自企业、行政事业单位的财务管理人员提供了系统规范的管理会计专业能力培训，帮助企业、行政事业单位财务管理人员了解和掌握管理会计最新理论工具方法，促进企业转型升级，加强行政事业单位内部管理，提升财务管理人员的履职能力。逐步摸索建立管理会计师专业能力培训体系，以提高管理会计师的工作能力和专业水平，推动我国管理会计师职业体系建设和发展。

管理会计师专业能力培训工作由中国总会计师协会统一领导，为加强此项工作的开展，协会成立管理会计师专业能力培训工作领导小组，由管理会计师专业能力培训考试管理办公室具体组织实施。中总协在培养管理会计人才队伍的同时，集全国知名科研院所、高等院校和企业的管理会计专家、学者、企业管理者，在国内外管理会计研究成果和企业实践案例的基础上，形成具有中国特色的管理会计培训与教学体系，为进一步推动管理会计人才培养工作，满足行业发展需求，促进经济社会发展，在管理会计师专业能力培训项目试点工作成功开展的基础上，中总协自 2017 年 6 月 1 日起将管理会计师专业能力培训项目提升为管理会计师专业能力认证项目，并将管理会计分为初级、中级、高级、特级四个级别。

（一）初级管理会计师

申请初级管理会计师需满足以下条件之一：

(1) 具备国家教育部门认可的大专及以上学历（含在校生）；

(2) 中专学历，具备3年及以上企业、行政事业单位财务类、管理类、统计类、计算机、工程类等岗位工作经验的人员；

(3) 获得会计、审计、统计、计算机、工程类、经济类、管理类上岗证的人员。

管理会计师（初级）专业能力认证项目采用全程在线学习形式，学员能通过PC端和手机端进行课程的学习，包括六个学习科目：管理会计职业道德、管理会计概论、预算实务（含预算编制、预算执行、预算控制与分析）、成本管理（含成本控制方法、成本责任、标准成本系统、作业成本分配等）、预算实操、成本实操。

考试形式如表5－14所示。

表5－14　管理会计师（初级）考试形式

管理会计师（初级）专业能力考试				
考试时间	考试内容	考试形式	考试题型	合格标准
09:00—11:30	管理会计职业道德 管理会计概论 预算实务 成本管理 预算实操、成本实操	闭卷 机考	单项选择题 多项选择题	满分100分 60分及格

（二）中级管理会计师

申请中级管理会计师需满足以下条件之一：

(1) 具备财会类、经济类、管理类、统计类、计算机、工程类等中级专业技术职称之一；

(2) 大专以下学历，从事财会类、经济类、管理类、统计类、计算机、工程类等专业领域工作满8年或在部门以上领导岗位任职满3年；

(3) 财会类、管理类相关专业大专学历，具备6年及以上企业、行政事业单位财务类、管理类、统计类、计算机、工程类等岗位之一工作经验的人员；

(4) 财会类、管理类相关专业本科以上学历，具备5年以上企业、行政事业单位财会类、管理类、统计类、计算机、工程类等岗位之一工作经验的人员；

(5) 财会类、管理类相关专业在校研究生；硕士以上学历，工作满3年的企业、行政事业单位财务类、管理类、统计类、计算机、工程类等岗位之一工作经验的人员；

(6) 财会类、管理类相关专业取得硕士学位，工作满2年的企业、行政事业单位财务类、管理类、统计类、计算机、工程类等岗位之一工作经验的人员；

(7) 获得管理会计师（初级）专业能力证书满3年的人员。

管理会计师（中级）专业能力认证项目培训课程分面授课程和网络课程。课程涉及八个模块，涵盖国家政策法规和管理会计职业道德基本规范、管理会计概论（中级）、战略管理、风险管理、营运管理、绩效管理、税务筹划、管理会计信息化等内容。培训方式采用集中面授与网络学习相结合的方式。

管理会计师（中级）专业能力认证考试分为专业知识水平考试和能力水平考试。专业知识水平考试以管理会计师应掌握的重点专业知识为内容进行考试，包含的知识模块为企业战略管理与风险防范+互联网、内部控制与审计实务、经营分析与企业绩效提升、管理会计与信息技术应用、全面预算管理的理论与实务、企业税务管理与数据应用等。能力水平考试通过案例和背景材料，考查应试人员综合运用管理会计专业知识与工具进行分析、判断和处理实际问题的能力。案例编写要结合本人单位或工作环境实际情况。

专业知识水平考试为闭卷，机考，题型为单项选择题和多项选择题，测试时间180分钟，试卷满分100分；能力水平考试包括管理会计师专业能力考试案例指导及问答和管理会计案例撰写两部分，试卷满分100分（其中管理会计师专业能力考试案例指导及问答部分5分，管理会计案例撰写部分95分）。管理会计师专业能力考试案例指导及问答为闭卷，机考，测试时间180分钟；管理会计案例撰写为开卷考试，要求考试结束后10个工作日后提交，案例编写一定要结合本人单位或工作环境实际情况。专业知识水平考试和能力水平考试两个科目考试成绩总计120分为考试成绩合格。

目前，中国总会计师协会尚未开展高级管理会计师认证培训。特级管理会计师采用的是评审方式。

三、国际管理会计师（FIMA）

管理会计专业资格（Finance & Investment Management Accounting，FIMA）国际认证项目，是国际管理会计领域的一套专业资格认证体系，是由美国财务（金融）与投资协会（Finance & Investment Association，FIA）创建推行的，具有创新性、实用性、适用性的专业人员水平评价标准。在中国，由中国中小企业协会引进并在全国推行。主要针对不同行业、企业、岗位以及高校财经类相关专业在校生的需求，旨在结合国际先进的管理会计专业标准和中国管理会计制度，培养一大批管理会计高级人才，以适合新形势下企业和社会的需求。

FIMA学术标准（中国）委员会是中国中小企业协会财务和投资工作委员会与FIA在中国地区共同授权、发起成立的专业标准研究和执行机构，承担FIA中国地区管理会计专业资格（Finance & Investment Management Accounting，FIMA）培训、考试项目的中国地区本土化研发、评价、市场规划及推广工作。负责FIMA专业资格国际认证项目在中国技术体系的更新和专业技术支持。目前在中国开展基础级和运营级的认证。

管理会计专业能力培训基础级项目采取以线上为主的人才培养模式，课程体系按照国际管理会计评价标准设置，培训对象主要为在校大学生及企事业单位职能部门执行岗人员。培训体系包含专业知识、实战案例模块。采取综合运用讲授+案例教学的教学模式。如表5-15所示。

表 5－15　管理会计专业能力培训基础级项目培训体系

<table>
<tr><th>课程名称</th><th>课程内容</th><th>培训</th><th>课程时长</th></tr>
<tr><td rowspan="4">专业知识模块</td><td>商业组织与运营环境概览</td><td rowspan="4">线上授课</td><td>2 课时</td></tr>
<tr><td>管理会计导论</td><td>16 课时</td></tr>
<tr><td>中国财政部管理会计指引体系框架解读</td><td>2 课时</td></tr>
<tr><td>管理会计工具与方法（中英文对照）</td><td>6 课时</td></tr>
<tr><td rowspan="4">实战案例模块</td><td>成本管理案例实操</td><td rowspan="4">线上授课</td><td>1 课时</td></tr>
<tr><td>预算管理案例实操</td><td>1 课时</td></tr>
<tr><td>差量分析案例实操</td><td>1 课时</td></tr>
<tr><td>资本决策案例实操</td><td>1 课时</td></tr>
</table>

考核测评采用专业综合测评与职业能力评估相结合的方式，专业综合测评全国统一机考，职业能力评估开卷定时测评。考试时间：每年安排四次，每季度末各一次。通过培训及职业能力评估合格后，获得财务（金融）与投资协会颁发的中英文管理会计师（基础级）专业能力证书，同时获得中国中小企业协会颁发的初级经理资质证书。

管理会计专业能力培训运营级项目采取线上与线下相结合的人才培养模式，课程体系按照国际管理会计评价标准设置，培训对象主要为企事业单位财务、会计、审计、投融资等部门基础管理岗人员。培训体系包含专业知识模块、实战案例模块。采取综合运用讲授＋案例教学的教学模式。如表 5－16 所示。

表 5－16　管理会计专业能力培训运营级项目培训体系

<table>
<tr><th>课程名称</th><th>课程内容</th><th>培训</th><th>课程时长</th></tr>
<tr><td rowspan="2">专业知识模块</td><td>财务会计与管理会计应用比较</td><td rowspan="2">线上授课</td><td>4 课时</td></tr>
<tr><td>成本性态分析与比较</td><td>4 课时</td></tr>
<tr><td rowspan="4">实战案例模块</td><td>管理预算与内控案例实操</td><td rowspan="4">面授培训</td><td>1 天</td></tr>
<tr><td>资金管理案例实操</td><td>1 天</td></tr>
<tr><td>企业价值链与价值创造案例实操</td><td>1 天</td></tr>
<tr><td>涉税风险与税负优化案例实操</td><td>1 天</td></tr>
</table>

考核测评采用专业综合测评与职业能力评估相结合的方式，专业综合测评全国统一机考，职业能力评估开卷定时测评。考试时间：每年安排四次，每季度末各一次。通过培训及职业能力评估合格后，获得财务（金融）与投资协会颁发的中英文管理会计师（运营级）专业能力证书，同时获得中国中小企业协会颁发的中级经理资质证书。

四、注册管理会计师（CMA）

注册管理会计师（Certified Management Accountant，CMA）是美国管理会计师协会（Institute of Management Accountants，IMA）创立的专业资格。美国管理会计师协会是从美国国家会计协会（NAA）派生出来的，已有 103 年的历史，是美国最大的会计师协会之一。IMA

目前会员超过10万，主要分布在美国和加拿大及世界经济发达国家，CMA与AICPA（美国注册会计师）是美国两个最主要、最权威的会计师资格，也是全球最权威的会计师资格，国际上的会计准则和管理标准，主要是以AICPA和CMA为准。

报名CMA考试没有限制性要求，只是在通过考试之后，申请CMA证书时，需要具备两大条件：

（一）学历要求

教育部认可的证书（满足其中之一即可）：①三年全日制大专毕业证书；②学士学位证书；③硕士研究生毕业证书、硕士学位证书、博士研究生毕业证书、博士学位证书，或者持有以下几种证书（其中一本即可）：①CPA证书；②中高级会计职称证书；③ACCA证书。

（二）工作经验认证

必须拥有连续两年的相关财务工作经验。如果没有，也可以在7年内去完成，也就是说，考试成绩会被保存7年，超过时间，成绩就会被自动取消。

相比于ACCA14门的课程和CPA的6+1来说，CMA考试科目只有两门（两部分），分别是第一部分（以下简称P1）：财务报告、规划、绩效与控制；第二部分（以下简称P2）：财务决策，主要内容如表5-17所示。

表5-17 注册管理会计师考试内容

第一部分 财务报告、规划、绩效与控制	第二部分 财务决策
A. 外部财务报告决策（15%） 1. 财务报告 2. 确认、计量、评估与披露	A. 财务报告分析（25%） 1. 基本财务报告分析 2. 财务比率 3. 盈利能力分析 4. 特殊问题
B. 规划、预算与预测（30%） 1. 战略规划 2. 预算概念 3. 预测技术 4. 预算方法论 5. 年度利润计划与明细附表 6. 顶层规划与分析	B. 公司理财（20%） 1. 风险与回报 2. 长期财务管理 3. 筹资 4. 营运资本管理 5. 公司重组 6. 国际财务
C. 绩效管理（20%） 1. 成本与差异计量 2. 责任中心与报告分部 3. 绩效计量	C. 决策分析（20%） 1. 本量利分析 2. 边际分析 3. 定价
D. 成本管理（20%） 1. 计量概念 2. 成本系统 3. 间接费用 4. 供应链管理 5. 业务流程改进	D. 风险管理（10%） 1. 企业风险

续表

第一部分 财务报告、规划、绩效与控制	第二部分 财务决策
E. 内部控制（15%） 1. 治理、风险与合规 2. 内部审计 3. 系统控制与安全措施	E. 投资决策（15%） 1. 资本预算流程 2. 贴现现金流分析 3. 回收期与贴现回收期 4. 资本投资中的风险分析
	F. 职业道德（10%） 1. 管理会计与财务管理专业人士的道德考量 2. 组织的道德考量

注意：

（1）CMA 两门科目承上启下，紧密相连。如：P1 外部财务报表决策与 P2 财务报告分析，P1 内部控制与 P2 风险管理和职业道德，P1 成本管理与 P2 决策分析等，都是紧密相连的。

（2）CMA 考试两门科目没有顺序，两个部分可自由选择，你可以先考 P2，再考 P1。也可以先考 P1 再考 P2。

（3）CMA 考试的单科总分 500 分，360 分及以上即为通过考试。从第一个科目合格算起，3 年内所有科目没有全部合格的情况下，第一次合格的科目就会失效，需要重新参加考试。

（4）CMA 考试每门科目分两个模块，分别为 100 道单项选择题和 2 道主观题，答题时间为 4 小时。

目前，上述四个管理会计职业资格认证采用的都是将认证培训工作委托给社会培训机构，可以通过网站查到相关培训机构。

第六章

会计凭证与账簿

第一节　会计凭证

会计凭证，简称凭证，是记录经济业务、明确经济责任，据以登记账簿的书面证明。

会计主体办理任何项经济业务，都必须办理凭证手续，由执行和完成该项经济业务的有关人员取得或填制会计凭证，记录经济业务的发生日期、具体内容以及数量和金额，并在凭证上签名或盖章，对经济业务的合法性、真实性和正确性负完全责任。所有会计凭证都要由会计部门审核无误后才能作为记账的依据。因此，填制和审核会计凭证，是会计信息处理的重要方法之一，同时，也是整个会计核算工作的起点和基础。

一、会计凭证概述

（一）会计凭证的种类

会计凭证按其填制程序和用途的不同，可以分为原始凭证和记账凭证两大类。

原始凭证俗称单据，它是证明经济业务已经发生，明确经济责任，并据以记账的原始依据。原始凭证一般是在经济业务发生时直接取得或填制的，它又是记录经济业务的内容和完成情况的具有法律效力的书面证明。

记账凭证是根据原始凭证或原始凭证汇总表的经济内容，应用会计科目和复式记账法确定会计分录，并作为记账依据的一种会计凭证。

有些会计事项如更正错账、期末转账等，因无法取得原始凭证，也可由会计人员根据账簿提供的数据编制记账凭证。

（二）会计凭证的作用

会计凭证具有以下几个方面的作用：

1. 会计凭证是提供原始资料、传导经济信息的工具

会计信息是经济信息的重要组成部分，它一般是通过数据，以凭证、账簿、报表等形式反映出来的。随着生产的发展，及时准确的会计信息在企业管理中的作用越来越重要。任何一项经济业务的发生，都要编制或取得会计凭证。会计凭证是记录经济活动的最原始资料，是经济信息的载体。通过会计凭证的加工、整理和传递，可以直接取得和传导经济信息，既协调了会计主体内部各部门、各单位之间的经济活动，保证生产经营各个环节的正常运转，又为会计分析和会计检查提供了基础资料。

2. 会计凭证是登记账簿的依据

任何单位，每发生一项经济业务，如现金的收付、商品的进出以及往来款项的结算等，都必须通过填制会计凭证来如实记录经济业务的内容、数量和金额，然后经过审核无误，才能登记入账。如果没有合法的凭证作依据，任何经济任务都不能登记到账簿中去。因此，做好会计凭证的填制和审核工作，是保证会计账簿资料真实性、正确性的重要条件。

3. 会计凭证是加强经济责任制的手段

由于会计凭证记录了每项经济业务的内容，并要由有关部门和经办人员签章，这就要求有关部门和有关人员对经济活动的真实性、正确性、合法性负责。这样，无疑会增强有关部门和有关人员的责任感，促使他们严格按照有关政策、法令、制度、计划或预算办事。如有发生违法乱纪或经济纠纷事件，也可借助会计凭证确定各经办部门和人员所负的经济责任，并据以进行正确的裁决和处理，从而加强经营管理的岗位责任制。

4. 会计凭证是实行会计监督的条件

通过会计凭证的审核，可以查明各项经济业务是否符合法规、制度的规定，有无贪污盗窃、铺张浪费和损公肥私行为，从而发挥会计的监督作用，保护各会计主体所拥有资产的安全完整，维护投资者、债权人和有关各方的合法权益。

（三）会计凭证的传递

会计凭证的传递，是指会计凭证从编制、办理业务手续、审核、整理、记账，到装订保管的全过程。会计凭证的传递程序，是会计制度的一个组成部分，应在制度里明确规定。由于各种会计凭证记载的经济业务不同，所涉及的部门和人员不同，所要据以办理的业务手续也不尽相同，所以应当为每种会计凭证规定合理的传递程序，即会计凭证填制以后，应交到哪个部门、哪个工作岗位上，由谁接办业务手续，直到归档保管为止。

正确组织会计凭证的传递，对及时处理和登记经济业务，加强会计监督具有重要的作用。为组织好会计凭证的传递，在确定会计凭证的传递程序和传递时间时应考虑以下几点：

（1）应根据经济业务的特点，考虑凭证的联数和传递程序；根据企业内部机构的设置和人员分工情况，注意流程的合理性，避免不必要的环节，以免影响传递的速度。

（2）应根据有关部门和人员办理必要业务手续的需要，确定凭证在各个环节上的停留时间。时间过紧或过松都会带来不利的影响。

（3）应通过调查研究，协商制定会计凭证的传递程序和传递时间。会计部门要在调查研究的基础上会同有关部门和人员共同协商确定其传递程序和时间。会计凭证的传递程序和传递时间确定后，可分别为若干主要业务绘成流程图或流程表，供有关人员遵照执行。在执行中遇到不协调和不合理的地方，可随时根据实际情况加以修改。

（四）会计凭证的保管

会计凭证是一个单位的重要经济档案，必须妥善保管，防止丢失毁损，以备日后随时查阅。

会计部门根据会计凭证登记账簿以后，应将各种记账凭证按照编号顺序连同所附原始凭证，定期装订成册，以防散失。为了便于查阅，每册凭证都应加具封面，载明单位名称，记账凭证的种类、张数、起讫号数及其所属的年度、月份、起讫日期。装订成册的会计凭证应加粘封签，并由会计主管人员盖章。对某些数量过多，或今后需要抽出利用的原始凭证，也可另行装订或单独保管，但应在记账凭证中注明。如遇特殊情况，需要某项凭证作证时，应予复制，避免抽出原始凭证而致原册残缺。

会计凭证要集中保管，并按年和月的顺序排列，以便查阅。查阅时应有一定的手续制度，一般不得出借。

会计凭证应按会计制度规定的保管期限归档保管，保管期满后，必须按规定手续，报经批准后才能销毁。

二、原始凭证

原始凭证是进行会计核算的原始资料和重要依据，一切经济业务发生时都必须填制原始凭证。会计工作中应用的原始凭证种类很多，如收货单、发货单、领料单、各种报销凭证、银行结算凭证等都属于原始凭证。此外，对于一些经常重复发生的经济业务，还可以根据同类原始凭证编制原始凭证汇总表，作为记账依据，以简化会计核算工作，如根据发货单编制发货汇总表等。

（一）原始凭证的种类

原始凭证按其来源不同，可分为自制原始凭证和外来原始凭证。

自制原始凭证是由本单位经办业务的部门和人员，在执行或完成某项经济业务时所填制的凭证。自制原始凭证按其反映业务的方法不同，又可分为一次凭证和累计凭证。

一次凭证只是反映一项经济业务或同时反映若干项同类经济业务的凭证，凭证填制手续是一次完成的。大多数的原始凭证都是一次凭证，如领料单、现金收据、银行结算凭证等。领料单如图6－1所示。

领料单

领料单位：　　　　　　　　　　　　　　　　　　　　　　　　编号：

用　　途：　　　　　　　　　　年　月　日　　　　　　　　　仓库：

材料类别	材料编号	材料名称	规格	计量单位	数量		单价	金额
					请领	实发		

记账：　　　　　　发料：　　　　　　领料单位负责人：　　　　　　领料：

图6－1　领料单

累计凭证是为了便于加强管理，简化手续，用来连续反映一定时期内若干项不断重复发生的同类经济业务的原始凭证。这种凭证的填制手续不是一次完成的，而是把经常发生的同类业务连续登记在一张凭证上，可以随时计算发生额累计数，便于同定额、计划、预算数比较，可以起到控制有关费用的作用。限额领料单如图 6-2 所示。

限额领料单

仓库：2 号

领料单位：加工车间　　　　计划产量：2 000 台

用途：制造甲产品　　　　20××年×月×日　　　　单位消耗定额：0.5 千克/台

材料类别	材料编号	材料名称	规格	计量单位	单价	领料限额	全月实领	
							数量	金额
黑色金属	303	圆钢	Φ3 mm	千克	2	1 000	950	1 900

日期	请领			实发		代用材料			限额结余
	数量	领料单位负责人签字	领料人签章	数量	发料人签章	数量	单价	金额	
5	500	王一	李明	500	刘中				500
15	200	王一	李明	200	刘中				300
25	100	王一	李明	100	刘中				200
30	150	王一	李明	150	刘中				50

仓库负责人：李斯　　　　生产计划部门负责人：张庆

图 6-2　限额领料单

外来原始凭证是指在经济业务发生时，从外单位取得的原始凭证，如从供应单位取得的购货发票等。外来原始凭证一般都是一次凭证。

原始凭证的来源广泛，种类繁多，格式不一，而且不能清楚地表明应记入账户的名称和方向，不经过必要的归纳和整理，难以达到记账的要求，所以在记账前，必须根据原始凭证编制记账凭证，这对于保证账簿记录的正确性是十分必要的。

（二）原始凭证的填制

经济业务是多种多样的，记录经济业务的各种原始凭证其具体内容和格式也不尽相同。正确填制原始凭证，是保证账簿记录能够如实地反映经济活动情况的关键。因此，完整的原始凭证必须具备下列基本内容：填制单位的名称、原始凭证的名称、填制凭证的日期、接受凭证单位名称、经济业务的内容摘要、经济业务所涉及的财产物资数量和金额，以及填制单位、填制人员、经办人员、验收人员的签字盖章。

原始凭证的填制必须符合下列要求：

1. 记录真实

凭证上填列的所有内容和数字，必须真实可靠，应按照经济业务的实际发生情况进行填制，不能以估算和匡算的数字填列。

2. 填制及时

凭证必须按经济业务的执行和完成情况及时填制，这对于保证会计资料的时效是非常重要的，否则时过境迁，记忆模糊，容易出现差错。

3. 内容齐全

凭证中的基本内容和补充内容都要填写齐全，不可缺漏。项目填写不全的原始凭证，不能作为经济业务的合法证明，也不能作为有效的会计凭证。

4. 手续完备

原始凭证的填制手续，必须符合企业内部控制的要求。有关经办人员都要在原始凭证上签名或盖章，表示对该项业务的真实性和正确性负责，以贯彻经济责任制。

5. 书写规范

原始登记要用蓝色或黑色笔书写，文字说明和数字要填写清楚、整齐、易于辨认。数量、单价、金额等的计算要正确无误，不得任意涂改、刮擦或挖补。填写支票必须用碳素笔；需要套写的凭证，必须一次套写清楚，合计小写金额前加币值符号，如“￥”；大写金额有分的，后面不加“整”字，否则一律在末尾加“整”字；大写金额前加注币值单位，如注明“人民币”字样；对预先印有编号的各种凭证，在填写错误后，要加盖“作废”戳记，并单独保留。

（三）原始凭证的审核

原始凭证的审核，一般从以下三个方面进行：

1. 合法性、合规性、合理性审核

审核原始凭证所记录的经济业务是否符合国家的有关方针、政策、法规、法律，是否符合会计准则及会计制度的要求，审批手续是否完备。如发现违反财经纪律和制度的情况，会计人员有权拒绝付款、报销或执行；对于弄虚作假、营私舞弊、伪造涂改凭证等违法乱纪行为，应立即扣留凭证，及时向领导汇报，以便进行严肃处理。

2. 完整性审核

审核原始凭证的内容是否填写齐全，有关经办人员是否都已签名或盖章，是否经过主管人员审批同意，手续是否完备，书写是否清晰。对于内容填列不全、手续不完备、书写不清楚的原始凭证应退回补办手续或更正后，才能据以办理有关业务并登记入账。

3. 正确性审核

审核原始凭证的摘要和数字是否填写清楚、正确，数量、单价、金额、合计数等有无差错，大写与小写金额是否相符等。对于数字填写有差错的凭证，应退还经办人员进行更正后，才能据以入账。

三、记账凭证

记账凭证是根据原始凭证进行归类、整理、编制，用来确定会计分录并据以登记账簿的一种凭证。

（一）记账凭证的分类

记账凭证分为通用记账凭证和专用记账凭证两种。专用记账凭证分为收款凭证、付款凭证、转账凭证。

收款凭证和付款凭证用于现金、银行存款的收付款业务，具体又可分为现金收入凭证、现金付出凭证、银行存款收入凭证、银行存款付出凭证等。

转账凭证则用于不涉及现金收付和银行存款收付的其他经济业务，即所谓转账业务。

通用记账凭证的格式和填制方法与专用记账凭证中的转账凭证相同。

收款凭证如图 6-3 所示，付款凭证如图 6-4 所示，转账凭证如图 6-5 所示。

收款凭证

借方科目：　　　　年　月　日　　　　收字第　号

摘要	贷方科目		金额	记账
	一级科目	二级或明细科目		
合计				

会计主管：　　记账：　　出纳：　　审核：　　填制：

（附件　张）

图 6-3　收款凭证

付款凭证

贷方科目：　　　　年　月　日　　　　付字第　号

摘要	借方科目		金额	记账
	一级科目	二级或明细科目		
合计				

会计主管：　　记账：　　出纳：　　审核：　　填制：

（附件　张）

图 6-4　付款凭证

转账凭证

年　月　日　　　　转字第　号

摘要	一级科目	二级或明细科目	借方金额	贷方金额	记账
合计					

会计主管：　　记账：　　出纳：　　审核：　　填制：

（附件　张）

图 6-5　转账凭证

但也有一些企业不分收款、付款和转账业务，都是用一种记账凭证，这种记账凭证称为通用记账凭证，其格式与专用记账凭证中的转账凭证格式大体相同。

在实际业务工作中，一些大中型企业经济业务繁杂，记账凭证数量较多，为了简化登记总分类账的手续，可以在月内分数次把记账凭证进行汇总，编制汇总记账凭证或科目汇总表，然后据以登记总分类账。

汇总记账凭证分为汇总收款凭证、汇总付款凭证和汇总转账凭证三种。

科目汇总表是根据收款凭证、付款凭证和转账凭证，按照相同的会计科目归类，定期汇总填制。科目汇总表的一般格式如图6-6所示。

科目汇总表

年　　月　日至　日

账户名称	总账页数	本期发生额		记账凭证起讫号数
		借方	贷方	

图6-6　科目汇总表

（二）记账凭证的填制

记账凭证可以根据每一张原始凭证编制，也可根据原始凭证汇总表编制。它的作用是便于登记账簿，保证账簿记录的质量。

作为记账凭证，必须具备下列基本内容：

（1）填制单位的名称；

（2）记账凭证的名称；

（3）凭证的编制日期和编号；

（4）经济业务的内容摘要；

（5）应借、应贷的账户名称，包括总分类账户、二级账户和明细分类账户的名称和金额；

（6）所附原始凭证张数和其他有关资料；

（7）填制人员、复核人员、记账人员、会计主管或其他指定人员审核签章。

收、付款凭证还要有出纳人员的签名盖章。收款凭证和付款凭证是根据有关现金和银行存款收付款业务的原始凭证填制的，它不仅是登记有关账簿的依据，也是出纳人员收付款项的根据。

对于现金和银行存款之间相互划转的款项，如从银行提取现金，或以现金存入银行，只填制一张付款凭证，即从银行提取现金时只填制银行存款付款凭证，以现金存入银行时只填制现金付款凭证。这样就可以避免重复记账。

收款凭证的摘要栏应填列经济业务的简要说明。左上方借方账户应填列“银行存款”或“现金”账户。贷方账户栏应填列与上述“现金”“银行存款”相对应的一级账户及其明细账户。各一级账户的应贷金额应填入本账户同一行的一级账户金额栏中。所属明细账户应贷金额应填入各明细账户同一行的明细账户金额栏中。各一级账户应贷金额应等于所属各明细账户应贷金额之和。借方账户应借金额应为合计行的合计金额。记账栏注明记入总账、日记账、明细账的页次，也可以用“*”表示已登记入账。

各种记账凭证都必须按照规定的格式和内容，及时、完整地填制。记账凭证中的数字和文字都必须填写清楚。此外，还应符合以下两项基本要求：一是根据有关经济业务的内容，按照会计制度的规定，确定应借、应贷账户，不得任意改变账户的名称和核算内容。这样，才能使会计记录的口径一致，保证提供统一的核算资料，便于上级综合汇总。在采用账户编号的情况下，凭证中要同时填写账户的编号和名称，不得只填写账户的编号。二是在记账凭证中，应借、应贷的账户名称必须保持清晰的对应关系。只有这样，才能通过记账凭证了解经济业务的内容。

总之，记账凭证在填制过程中，要做到摘要简明、会计科目运用准确、连续编号、附件齐全。

（三）记账凭证的审核

记账凭证须在记账前经过专人审核，审核的主要内容包括三个方面：

1. 记账凭证是否附有原始凭证，所附原始凭证的内容和张数是否与记账凭证相符

所附原始凭证的经济内容应与记账凭证核对一致，其金额合计也应与记账凭证的金额核对一致。

2. 记账凭证所确定的会计分录

包括应借、应贷的账户名称是否正确，对应关系是否清楚，所记金额有无错误，借方金额与贷方金额是否相等，一级账户金额与所属明细账户金额是否相符。所用的账户名称、账户的核算内容，必须符合会计准则和会计制度的规定。

3. 记账凭证中的有关项目是否填列齐全，有无错误，有关人员是否签名或盖章

记账凭证经过审核，如有错误，应及时查明原因，予以更正，并在更正处由更正人员盖章以示负责。只有经过审核无误的记账凭证，才能作为记账的依据。

第二节　会计账簿

在会计核算工作中，每项经济业务发生以后，首先要取得或填制会计凭证，并加以审核确认，然后据以在有关账户中进行登记。账户是按照规定的会计科目在账簿中分别设立的，根据会计凭证把经济业务记入有关的账户，就是指把经济业务记入设立在会计账簿中的账户。

一、会计账簿概述

账簿是指以会计凭证为依据，序时、连续、系统、全面地记录和反映企业、机关和事业等单位经济活动全部过程的簿籍。这种簿籍是由若干具有专门格式，又相互联结的账页组成的。账页一旦标明某个会计科目，这个账页就成为用来记录该科目所核算内容的账户。也就是说，账页是账户的载体，账簿则是若干账页的集合。根据会计凭证在有关账户中进行登记，就是指把会计凭证所反映的经济业务内容记入设立在账簿中的账户，即通常所说的登记账簿，也称记账。

（一）会计账簿的基本内容

会计账簿由于记录的经济业务不同，账簿格式也多种多样，但不管是哪种账簿，都应具备以下基本内容：

1. 封面

主要列明账簿名称和记账单位名称。

2. 扉页

主要载明账簿启用及交接表、账户目录等。

账簿启用及交接表格式见表6－1。

表6－1　账簿启用及交接表格式

<table>
<tr><td colspan="3">机构名称</td><td colspan="6"></td><td colspan="4">印鉴</td></tr>
<tr><td colspan="3">账簿名称</td><td colspan="6"></td><td colspan="4" rowspan="4"></td></tr>
<tr><td colspan="3">账簿编号</td><td colspan="6"></td></tr>
<tr><td colspan="3">账簿页数</td><td colspan="6">本账簿共计　页</td></tr>
<tr><td colspan="3">启用日期</td><td colspan="6">年　月　日至　年　月　日</td></tr>
<tr><td rowspan="3">经管人员</td><td colspan="2">部门领导</td><td colspan="2">主管会计</td><td colspan="4">复核</td><td colspan="4">记账</td></tr>
<tr><td>姓名</td><td>印鉴</td><td>姓名</td><td>印鉴</td><td colspan="2">姓名</td><td colspan="2">印鉴</td><td colspan="2">姓名</td><td colspan="2">印鉴</td></tr>
<tr><td></td><td></td><td></td><td></td><td colspan="2"></td><td colspan="2"></td><td colspan="2"></td><td colspan="2"></td></tr>
<tr><td rowspan="6">交接记录</td><td colspan="2">监交人员</td><td colspan="2">经管人员</td><td colspan="4">接管</td><td colspan="4">交出</td></tr>
<tr><td>姓名</td><td>印鉴</td><td>姓名</td><td>印鉴</td><td>年</td><td>月</td><td>日</td><td>印</td><td>年</td><td>月</td><td>日</td><td>印</td></tr>
<tr><td></td><td></td><td></td><td></td><td></td><td></td><td></td><td></td><td></td><td></td><td></td><td></td></tr>
<tr><td></td><td></td><td></td><td></td><td></td><td></td><td></td><td></td><td></td><td></td><td></td><td></td></tr>
<tr><td></td><td></td><td></td><td></td><td></td><td></td><td></td><td></td><td></td><td></td><td></td><td></td></tr>
<tr><td></td><td></td><td></td><td></td><td></td><td></td><td></td><td></td><td></td><td></td><td></td><td></td></tr>
<tr><td>备注</td><td colspan="12"></td></tr>
</table>

账户目录是由记账人员在账簿中开设账页户头后，按顺序将每个账户的名称和页数编写的目录，以便于登记和查阅账簿。

3. 账页

账页因其反映的经济业务不同，格式也不同，但一般应包括以下主要内容：账户名称（总账科目、二级或明细科目）、日期栏、凭证种类和号数栏、摘要栏（经济业务的简要说明）、金额栏（记录经济业务的增减变动及结余情况）、总页次和分户页次。

（二）会计账簿的种类

会计核算中使用的账簿，其种类和结构是多种多样的，记录和反映的内容也不完全一样。为了便于人们了解、掌握和使用各种账簿，需要对账簿进行分类。

1. 会计账簿按照用途分类

会计账簿的用途是指会计账簿在记录经济业务过程中的基本作用。会计账簿按用途分类可以分为序时账簿、分类账簿和备查账簿三种。

1）序时账簿

序时账簿又称为日记账，是按照经济业务发生时间的先后顺序，逐日逐笔连续登记全部经济业务的账簿。按其记录的内容不同，又分为普通日记账和特种日记账。为了加强对货币资金的监督和管理，特种日记账又分为现金日记账和银行存款日记账。

（1）普通日记账。

普通日记账是用来登记全部经济业务的日记账。它的特点是将每天发生的全部经济业务，按其发生的先后顺序，逐笔编制记账凭证，作为登记分类账的依据。这种日记账也叫分录簿、通用日记账或原始分录簿。在会计实务中，由于要登记全部经济业务，工作量较大，也不利于记账分工，因此在手工记账下已很少采用。普通日记账账页样式如图 6－7 所示。

普通日记账

年份		凭证号数	摘要	对应账户	金额		过账
月	日				借方	贷方	

图 6－7　普通日记账账页样式

（2）特种日记账。

特种日记账是专门登记某一类经济业务的序时账簿。它的特点是对某一类重要的、发生频繁的经济业务进行序时登记，如库存现金和银行存款的收付业务。特种日记账兼有序时和分类两种作用，可以反映、监督某类经济业务的情况。为了加强对货币资金的管理，提供货币资金收付业务的详细资料，任何单位都必须设置现金日记账和银行存款日记账。

2）分类账簿

分类账簿是对全部经济业务进行分类登记的账簿。分类账簿按其反映会计核算指标的详细程度不同，可以分为总分类账簿和明细分类账簿两种。总分类账簿是按照总分类账户进行分类登记的账簿，简称总账；明细分类账簿是按照明细分类账户进行分类登记的账簿，简称明细账。总账记录反映经济业务的概括情况，是对明细账的汇总、统驭；明细账详细记载了经济业务的具体内容，是对总账的补充。

3）备查账簿

备查账簿也称辅助账簿或备查簿，它是对某些序时账、分类账中未能记载或记载不全的经济事项进行补充登记的账簿。备查账簿可以根据各单位经营管理的需要自行设置，其特点是格式灵活，登记时可不依据记账凭证，主要栏目可以不记录金额，而是用文字说明。

2. 会计账簿按外表形式分类

会计账簿的外表形式是指会计账簿的外观，会计账簿按外表形式可以分为订本式账簿、活页式账簿和卡片式账簿三种。

1）订本式账簿

订本式账簿简称订本账，是在启用之前就把一定数量的账页按顺序编号固定装订成册的账簿。其优点是由于账页固定并已按页次顺序编号，因此可以避免账页散失，防止随意抽换账页，保证账簿资料的安全完整。缺点是订本账不便于分工记账，也不能增减账页，所以容易造成预留账页不够或预留过多，影响账簿记录的连续性或造成账页浪费。因此，我们在使用订本账前一定要准确地估算出一定时期内对账页的需求量。在会计实务中，企业对比较重要的账簿采用订本式账簿。如总分类账、银行存款日记账、现金日记账等。

2）活页式账簿

活页式账簿简称活页账，是指将零散的账页存放在账夹中，启用和使用过程中可随时增加或减少账页的会计账簿。活页账和订本账相比具有以下优点：一是有利于分工记账，二是可以根据记账内容的多少选择账页的数量，避免账页的浪费。活页账的缺点是账页容易散失或被人为抽换，难以保证账簿资料的安全完整。为了克服这一缺点，需要将已经登记的账页及时编号，并由会计主管人员和记账人员签章。在年末登记完毕后，将活页账整理归类装订成册，分类连续编号，妥善保管。活页账一般适用于明细分类账的登记。

3）卡片式账簿

卡片式账簿简称卡片账，是一种由纸制的、具有专门格式的卡片所组成的账簿。卡片账一般存放于卡片箱中保管，其优缺点与活页账相同。在年末使用完毕后，需要归类整理，装订成册，妥善保管。卡片账一般适用于财产物资的实物登记。

3. 会计账簿按账页格式分类

会计账簿按照账页格式分类可分为三栏式账簿、多栏式账簿、数量金额式账簿三种。

1）三栏式账簿

三栏式账簿是由三栏式账页组成的账簿。这种账簿的账页格式一般设“借方”“贷方”“余额”三栏或“收入”“发出”“结存”三栏。三栏式账簿一般适用于只需要进行金额核算的经济业务。总分类账、日记账和债权、债务等的明细分类账采用这种格式。如“应收账款”“应付账款”“短期借款”“长期借款”等明细分类账通常采用三栏式账簿。三栏式账页样式如图 6－8 所示。

三栏式账页

年份		凭证号数	摘要	对方科目	借方	贷方	余额
月	日						

图 6－8　三栏式账页样式

2）多栏式账簿

多栏式账簿是由多栏式账页组成的账簿。这种账簿的账页格式一般设“借方”“贷方”

"余额"三栏或"收入""发出""结存"三栏，在"借方""贷方"或"收入""发出"栏下再分别设置若干栏，来详细记载某一小类经济业务的活动情况。多栏式账簿一般适用于需要进行分项目具体反映的成本、费用、收入和利润等账户的明细分类核算。如"生产成本""制造费用""管理费用"等明细分类账通常采用多栏式账簿。多栏式账页样式如图 6－9 所示。

生产成本明细账（借方多栏式账页）

年份		凭证号数	摘要	借方				贷方	借或贷	余额
月	日			原材料	薪酬	制造费用	合计			

图 6－9　多栏式账页样式

3）数量金额式账簿

数量金额式账簿是由数量金额式账页组成的账簿。这种账簿的账页格式同样设"借方""贷方""余额"三栏或"收入""发出""结存"三栏，然后在三栏下分别再设"数量""单价""金额"三栏，用来详细记载经济业务的发生情况。数量金额式账簿一般适用于既需要金额核算又需要数量核算的财产物资明细账。数量金额式账页样式如图 6－10 所示。

数量金额式明细账

年份		摘要	收入			发出			结存		
月	日		数量	单价	金额	数量	单价	金额	数量	单价	金额

图 6－10　数量金额式账页样式

（三）会计账簿的作用

设置和登记会计账簿是进行会计核算的专门方法之一，也是会计核算的中心环节，在经济管理活动中具有重要的意义。

1. 会计账簿是对会计凭证资料的系统总结

我国《会计法》明确规定，各单位在生产经营活动中，对发生的每一项业务，都必须通过会计凭证进行记录反映。但会计凭证数量多而且分散，所提供的信息不能连续、系统、全面地把各单位在一定时期内的全部经营活动完整地反映出来。通过账簿记录，则可以将会计凭证提供的资料进行整理、归类、汇总，为企业管理提供连续、系统、全面的信息资料。

2. 会计账簿是监督企业财产物资安全完整的重要工具

通过账簿记录可以随时掌握企业财产物资的增减变化情况，通过财产清查可以取得财产物资的实际结余情况，将财产物资的账簿记录与实际结存数进行核对，可以监督检查账实是否相符，从而保证企业财产物资的安全完整。

3. 会计账簿是财务会计报告资料的主要来源

企业定期编制的主要会计报表中，大部分项目的数据都直接来源于会计账簿记录。企业在编制财务情况说明书时，对于生产经营状况、利润实现及分配情况等的说明也必须以账簿记录为依据。因此，会计账簿记录是否真实可靠，直接影响着各单位财务会计报告的质量。

二、会计账簿使用规则

（一）会计账簿的启用规则

为了保证账簿记录的合法性和会计资料的完整性，明确记账责任，在启用会计账簿时，应在账簿封面上写明账簿名称和记账单位名称。在账簿扉页上载明账簿启用及交接表，其主要内容包括单位名称、账簿名称、账簿册数、账簿页数、启用日期、截止日期、记账人员和会计机构负责人、会计主管人员签名及盖章，并加盖单位公章。

启用订本式账簿，从第一页到最后一页应按顺序编写页数，不得跳页、缺号。启用活页式账簿，应按账户顺序编号，并定期装订成册。装订后再按实际使用的账页顺序编写页码，并另加账户目录，记明每个账户的名称和页次。

（二）会计账簿的交接规则

记账人员或会计机构负责人、会计主管人员调动工作或因故离职，应办理交接手续，在账簿启用及交接表的交接记录中注明交接日期、交接人员和监管人员姓名，并由交接双方和监管人员签名或盖章，以明确有关人员的经济责任，而不得另立新账。

（三）会计账簿的登记规则

会计人员在登记会计账簿时要遵循以下基本要求：

1. 准确完整

会计人员应依据审核无误的记账凭证登记会计账簿。登记时，要将会计凭证日期、编号、业务内容摘要、金额和其他有关资料逐项记入账内，做到数字准确、摘要清楚、登记及时、字迹工整。登记完毕后，要在记账凭证专门的栏目中注明所记账簿的页数，或划“√”符号，表示已经记账，以免发生重记或漏记。登记完毕后，记账人员要在记账凭证上签名或者盖章，以明确责任。

2. 书写规范

摘要文字紧靠左线，数字要写在金额栏内，不得越格错位、参差不齐，文字、数字字体大小适中，紧靠下线书写，上面要留有适当空距，一般应占行高的1/2，以备按规定的方法改错。记录金额时，如为没有角分的整数，应分别在角分栏内写上“0”，不得省略不写，或以“－”号代替。阿拉伯数字一般可自左向右适当倾斜，以使账簿记录整齐、清晰。

3. 用笔规范

登记账簿要用蓝黑墨水或者碳素墨水书写，不得使用圆珠笔（银行的复写账簿除外）

或者铅笔书写。

下列情况，可以用红色墨水记账：

（1）按照红字冲账的记账凭证，冲销错误记录；

（2）在不设借、贷栏的多栏式账页中，登记减少数；

（3）在三栏式账户的余额栏前，如未印明余额方向的，在余额栏内登记负数余额；

（4）根据国家统一会计制度的规定可以用红字登记的其他会计记录。

4. 顺序连续登记

各种账簿按页次顺序连续登记，不得跳行、隔页。如果发生跳行、隔页，更不得随便更换账页和撤出账页，作废的账页也要留在账簿中；如果发生跳行、隔页，应当将空行、空页画红线注销，或者注明“此行空白”“此页空白”字样，并由记账人员签名或者盖章。

5. 结计余额

凡需要结出余额的账户，结出余额后，应当在“借或贷”等栏内写明“借”或者“贷”字样。没有余额的账户，应当在“借或贷”栏内写“平”字，并在余额栏内用“Q”表示。现金日记账和银行存款日记账必须逐日结出余额。一般说来，对于没有余额的账户，在余额栏内标注的“Q”应当放在“元”位。

6. 过次承前

每一账页登记完毕结转下页时，应当结出本页合计数及余额，写在本页最后一行和下页第一行有关栏内，并在摘要栏内注明“过次页”和“承前页”字样，也可以将本页合计数及金额只写在下页第一行有关栏内，并在摘要栏注明“承前页”字样。

7. 正确更正

会计人员在登记账簿过程中发生错误时，必须按照规定的方法予以更正，严禁刮、擦、挖、补或使用化学药物清除字迹。一旦发现差错，必须根据差错的具体情况采用划线更正、红字更正、补充登记等方法进行更正。

三、记账

记账即会计账簿的登记。

（一）序时账簿登记

1. 现金日记账的登记

我国《会计法》规定，现金日记账应采用订本式账簿，其账页格式有三栏式和多栏式两种，其中三栏式结构最常见，账页设有“借方（或收入）”“贷方（或支出）”“余额（或结余）”三栏。

现金日记账由出纳人员每天根据审核无误的现金收款凭证、现金付款凭证、银行存款付款凭证或通用记账凭证逐笔登记，并结出余额，每日终了应将余额数与库存现金进行核对，来检查账实是否相符，做到日清月结。具体登记方法如下：

（1）日期栏：根据记账凭证的日期登记；

（2）凭证编号栏：为登记现金日记账所依据的记账凭证的种类和号数；

（3）摘要栏：是对经济业务的简要说明；

（4）对方科目栏：根据记账凭证中现金科目的对应科目填制；

（5）金额栏：借方金额栏根据现金收款凭证或银行存款付款凭证中的合计金额填列；贷方金额栏根据现金付款凭证中的合计金额填列；余额栏根据借方、贷方金额计算填列。

2. 银行存款日记账的登记

我国《会计法》规定，银行存款日记账应采用订本式账簿，其账页格式和现金日记账的账页格式相似，也有三栏式和多栏式两种。

银行存款日记账由出纳人员根据审核无误的银行存款收款凭证、银行存款付款凭证、现金付款凭证或通用记账凭证，按照经济业务发生的时间先后顺序，逐日逐笔进行登记。具体登记方法如下：

（1）日期栏：根据记账凭证的日期登记；

（2）凭证编号栏：为登记银行存款日记账所依据的记账凭证的种类和号数；

（3）摘要栏：是对经济业务的简要说明；

（4）结算方式栏：根据所发生的经济业务的结算凭证的种类和编号填写；

（5）对方科目栏：根据记账凭证中银行存款科目的对应科目填列；

（6）金额栏：借方栏根据银行存款收款凭证或现金付款凭证合计金额填列；贷方栏根据银行存款付款凭证合计金额填列；余额栏根据借方、贷方金额计算填列。

期末，银行存款日记账要与银行对账单进行逐笔核对，来检验银行存款日记账的记录是否正确，如核对不相符要查明原因。

（二）分类账簿登记

1. 总分类账的登记

总分类账是按总分类账户开设账页，进行分类登记的账簿，它能总括地反映各会计要素具体内容的增减变动和变动结果，为编制会计报表提供依据。因此，所有单位都必须设置总分类账。目前一般企业的总分类账多采用订本账的形式，账页格式一般采用三栏式账页格式。

总分类账的登记方法很多，可以根据各种记账凭证逐笔登记，也可以先把各种记账凭证汇总编制成科目汇总表或汇总记账凭证，再据以登记总分类账。

2. 明细分类账的登记

明细分类账是按照明细分类账户进行分类登记的账簿。它所提供的是有关经济活动的详细资料，是对总分类账的必要补充，同时也是编制会计报表的依据。我国《会计法》规定，明细分类账可采用订本账或活页账，目前一般企业多采用活页账。明细分类账的格式应根据各单位经营业务的特点和管理需要来确定，常用的格式主要有以下几种：

1）三栏式明细分类账的登记

三栏式明细分类账的账页格式同总分类账的格式基本相同，它只设“借方”“贷方”“余额”三栏。三栏式明细账只登记金额，因此适用于“应收账款”“应付账款”“长期借款”等只需进行金额核算的经济业务。

三栏式明细分类账由会计人员根据审核无误的记账凭证和原始凭证，按照经济业务发生的时间先后顺序进行登记。

2）数量金额式明细分类账的登记

数量金额式明细分类账的账页，其基本结构为“借方”“贷方”“余额”三栏，在这三栏内再分别设“数量”“单价”“金额”三栏，来分别登记实物的数量和金额。这种格式的明细账适用于既要进行金额明细核算，又要进行数量明细核算的财产物资项目。如“原材料”“库存商品”等账户的明细核算。它能提供各种财产物资收入、发出、结存的数量和金额资料，便于全面记录经济业务和加强对财产物资的管理。

数量金额式明细分类账由会计人员根据审核无误的记账凭证及其所附原始凭证上记载的具体内容，登记明细科目的增减数量、单价，并计算出总金额，然后按照选定的核算方法计算出结余的数量、单价、金额。

3）多栏式明细分类账的登记

多栏式明细分类账，是根据经济业务的特点和经营管理的需要，在账页上按照明细项目分设若干专栏，集中反映有关明细项目的核算资料。

多栏式明细账由会计人员根据审核无误的记账凭证及其所附原始凭证上的内容，详细记录各项成本、费用的发生金额以及收入的实现金额。

（三）备查账簿及登记

备查账簿的登记和前面的几种会计账簿不同，它不需要依据记账凭证进行登记，并且更注重用文字记叙经济业务的发生情况。

四、对账、错账更正及结账

（一）对账

对账就是核对账簿记录。在实际工作中，由于各种主客观原因，可能会造成账簿记录的错记、漏记。为了保证各种账簿记录的完整和正确，为编制会计报表提供真实可靠的数据资料，必须做好对账工作。保证账证相符、账账相符、账实相符。

对账主要包括以下内容：

1. 账证核对

账证核对是指各种账簿记录与有关会计凭证相互核对。包括：会计凭证所记载的业务内容、金额和分录是否与账簿中的记录一致，借贷方向是否一致。账证相符是保证账账相符、账实相符的基础。

2. 账账核对

账账核对是指核对各种会计账簿之间的记录是否相符。其核对的主要内容包括：

（1）将总分类账各账户本期借方发生额合计数与本期贷方发生额合计数进行核对；将总分类账各账户期末借方余额合计数与期末贷方余额合计数进行核对，检查记账和结账是否有错误；

（2）将总分类账与其所属的明细分类账进行核对，检查总账和明细账之间的记录是否相符；

（3）将“现金日记账”“银行存款日记账”的期末余额与总账中“现金”“银行存款”账的期末余额进行核对，检查日记账与总账记录是否相符。

（4）将财会部门有关财产物资明细分类账的期末余额与财产物资保管部门或使用部门

的明细分类账的期末结存数进行核对，检查其记录是否相符。

账账核对一般是通过编制总分类账户发生额及余额表和明细账户发生额及余额表进行的。

3. 账实核对

账实核对就是将会计账簿的记录与财产物资的实存数进行核对，检查其是否一致。账实核对的主要内容包括：

（1）将“现金日记账”的账面余额与库存现金实际结存数进行核对；

（2）将“银行存款日记账”账面余额与银行转来的银行对账单上的余额进行核对；

（3）将各项财产物资明细分类账的账面余额与该项财产物资的实际结存数额进行核对；

（4）将各种应收、应付款项的明细分类账账面余额与有关债权、债务单位或个人进行核对。

账实核对一般是通过财产清查进行。

（二）错账更正

发现错账后，应视其错误的具体情况，采用不同的方法进行更正。错账更正方法一般有划线更正法、红字冲销法和补充登记法三种。

1. 划线更正法

划线更正法适用于记账凭证正确，过账时由于笔误造成会计账簿中数字或文字错误的更正。具体更正方法为：在错误的数字或文字上画一条红线，表示注销，然后在红线上方空白处填写正确的数字或文字，并在更正处加盖更正人员的印鉴。

2. 红字冲销法

红字冲销法又称为红字更正法，主要用于更正以下两种错误：一是由于记账凭证中会计科目写错或应借应贷方向记错，导致会计账簿记录错误；二是由于原记账凭证中记载的金额大于经济业务实际金额，从而导致会计账簿记录错误。具体更正方法视错误情况而定。

（1）当记账凭证中会计科目写错或应借应贷方向写错导致会计账簿记录发生错误时，首先用红字填制一张和原错误记账凭证内容一致的记账凭证，并在凭证的“摘要”栏内注明“注销某月某日某字某号凭证”，并根据这张红字凭证用红笔登记入账，在账簿的“摘要”栏注明“冲销某月某日错账”，将原有错误的账簿记录冲销。然后用蓝字重新填制一张内容正确的记账凭证，并根据此蓝字凭证用蓝笔登记入账。

（2）当原记账凭证中记载的金额大于经济业务实际金额导致会计账簿记录错误时，首先用红字填制一张和原来错误记账凭证内容一致的记账凭证，但是金额为多记金额，将原账簿记录中多计金额冲销。

3. 补充登记法

补充登记法适用于原记账凭证中记载的金额小于经济业务实际金额，从而导致会计账簿记录错误的更正。具体更正方法如下：

用蓝字填制一张会计科目、应借应贷方向和原记账凭证一致的记账凭证，但是金额为少记金额，并在记账凭证“摘要”栏注明“补充某月某日某字某号凭证少记金额”，并根据此蓝字凭证用蓝笔登记入账。

(三) 结账

结账是在将本期内所发生的经济业务全部登记入账的基础上，按照规定的方法对该期内的账簿记录进行小结，结算出本期发生额合计数和余额，并将其余额结转下期或者转入新账。

1. 结账前的准备工作

(1) 检查本期内发生的所有经济业务是否均已填制或取得了会计凭证，并据以登记入账。

(2) 按照权责发生制原则，对有关应计的收入和费用进行调整，并检查各种成本、费用和收入是否均已与有关账户之间完成了结转。

(3) 完成上述工作后，计算出各账户的本期发生额及期末余额，并根据总分类账和明细分类账的本期发生额和期末余额记录，分别进行试算平衡。

2. 结账的方法

结账按照不同的会计期间可分为月度结账、季度结账和年度结账三种。具体方法如下：

1) 月度结账

月度结账，即在每个月的月末进行的结账。月结时，在当月的最后一笔记录的下面画一条通栏的单红线，结出本月发生额和余额，并在摘要栏内注明“本月合计”或“本月发生额及余额”字样，然后在此行下面再画一条通栏单红线，表示本月借方发生额合计、贷方发生额合计和期末余额结算完毕。

2) 季度结账

季度结账，即在每个季末进行的结账。季度结账时，在每季度最后一个月的月结的下一行摘要栏内注明“本季度累计”或“本季度发生额及余额”字样，并计算出本季度的借方发生额合计、贷方发生额合计和本季度期末余额，然后在此行下面画条通栏单红线，表示本季度结算完毕。

3) 年度结账

年度结账，即在每个会计年度末进行的结账。年度结账时，在 12 月份第四季度结账记录的下一行摘要栏内注明“本年累计”或“本年发生额及年末余额”字样，并计算填列全年 12 个月的借方、贷方发生额合计数和年末余额，然后在此行下面画两条通栏红线，表示本年经济业务的登账工作已全部完成。年度结账后，将年末余额转入下年，结束各账户。

五、会计账簿的更换和保管

(一) 会计账簿的更换

会计账簿的更换是指在会计年度终了时，将上年度会计账簿更换为下年度新账簿，并将本年度的全部账簿整理归档。

更换会计账簿的方法如下：

1. 结转旧账簿年度余额

在旧账簿中最后一笔记录（即本年累计）的下一行“摘要”栏内注明“结转下年”字

样，将计算出的年末余额记入与余额方向相反的“借方”（或贷方）栏内。

2. 启用新账簿

在新账簿中登记第一笔经济业务之前，要首先将上年余额列示出来，在新账簿账页的第一行“摘要”栏注明“上年结转”字样，将上年结转的余额填入“余额”栏，并标明余额的借贷方向，余额方向应和上年旧账的余额方向相同。

（二）会计账簿的保管

会计账簿是企业重要的会计核算专业资料，是记录和反映企业经济业务的重要史料和证据。企业必须重视会计账簿的管理工作，认真建立会计账簿的立卷、归档、保管、查阅和销毁等管理制度，保证会计账簿妥善保管、有序存放、方便查阅，严防毁损、散失和泄密。

1. 会计账簿保管的机构

企业每年形成的会计账簿，应当由会计机构按照归档要求，负责整理，装订成册，登记在会计档案保管清册中，当年形成的会计账簿，在会计年度终了后，可暂由会计机构保管一年，期满之后，应当由会计机构编制移交清册，移交企业档案机构统一保管；未设立档案机构的，应当在会计机构内部指定专人保管。出纳人员不得兼管会计账簿。

2. 会计账簿的保管期限

会计账簿的保管期限，从会计年度终了后的第一天算起。各类会计账簿的最低保管期限如下：总账（包括日记总账）、明细账、日记账及辅助账簿为 15 年；现金和银行存款日记账为 25 年；固定资产卡片，在固定资产报废清理后保管 5 年。

3. 会计账簿的销毁

保管期满的会计账簿，可以按照以下程序销毁：

（1）由企业档案机构会同会计机构提出销毁意见，编制会计档案销毁清册，列明销毁会计档案的名称、卷号、册数、起止年度和档案编号、应保管期限、已保管期限、销毁时间等内容；

（2）单位负责人在会计档案销毁清册上签署意见；

（3）销毁会计档案时，档案机构和会计机构需共同派人监销；

（4）监销人在销毁会计档案前，应当按照会计档案销毁清册所列内容清点核对所要销毁的会计档案，销毁后应当在会计档案销毁清册上签名盖章，并将监销情况报告企业负责人。

4. 会计账簿保管的其他规定

企业保存的会计账簿不得借出。如有特殊需要，经本单位负责人批准，可以提供查阅或者复制，并办理登记手续。查阅或者复制会计账簿的人员，严禁在会计账簿上涂画、拆封和抽换。我国境内所有单位的会计账簿不得携带出境。

凭证账簿电算化

本章思维导图

- 会计凭证
  - 含义：记录经济业务、明确经济责任，据以登记账簿的书面证明
  - 四个作用：
    - 提供原始资料，传导经济信息的工具
    - 登记账簿的依据
    - 加强经济责任制的手段
    - 实行会计监督的条件
  - 种类
    - 原始凭证
      - 经济业务发生时取得或填制的载明经济业务内容和完成情况的书面证明
      - 填制：记录真实、填制及时、内容齐全、手续完备、书写规范
      - 合法、合规、合理、完整、正确
      - 种类
        - 自制凭证：一次凭证、累计凭证
        - 外来凭证
    - 记账凭证
      - 根据原始凭证进行归类、整理、编制，用来确定会计分录并据以登记账簿的一种凭证
      - 审核：与原始凭证相符、分录正确、金额无误、项目填列齐全
      - 填制：摘要简明、科目准确、连续编号、附件齐全
      - 专用记账凭证
        - 收款凭证——汇总收款凭证
        - 收款凭证——汇总付款凭证
        - 收款凭证——汇总转账凭证
      - 通用记账凭证——科目汇总表
  - 传递
  - 保管
  - 登记依据
- 会计账簿
  - 含义：以会计凭证为依据，序时、连续、系统、全面地记录和反映企业、机关和事业等单位经济活动全部过程的簿籍
  - 作用：
    - 对会计凭证资料的系统总结
    - 监督企业财产物资安全完整的重要工具
    - 财务会计报告资料的主要来源
  - 种类
    - 用途
      - 序时账簿：普通日记账、特种日记账
      - 分类账簿：总分类账、明细分类账
      - 备查账簿
    - 外表形式：订本式账簿、活页式账簿、卡片式账簿
    - 账页格式：三栏式账簿、多栏式账簿、数量金额式账簿
  - 基本内容
    - 封面：账簿名称、记账单位名称
    - 扉页：载明账簿启用及交接表、账户目录等
    - 账页：账户名称、日期栏、凭证种类和号数栏、摘要栏、金额栏、总页次、分户页次
  - 启用、交接、更换、保管
  - 记账：准确完整、书写规范、用笔规范、顺序连续登记、结计余额、过次承前、正确更正
  - 错账更正：划线更正、红字冲销、补充登记
  - 结账
    - 月结、季结、年结
    - 检查结账日止以前所发生的全部经济业务是否都已人账
    - 编制结账分录
    - 计算发生额和余额
  - 对账：账证核对、账账核对、账实核对

专业发展认知教程六

国际注册会计师相关介绍及发展前景

国际注册会计师英文缩写为ACCA。ACCA是特许公认会计师公会（The Association of Chartered Certified Accountants）的英文首字母，是世界上领先的专业会计师团体，是英国的注册会计师协会之一（英国有多家注册会计师协会），是英国具有特许头衔的4家注册会计师协会之一，是国际学员最多、学员规模发展最快的专业会计师组织，也是当今知名的国际性会计师组织之一。ACCA是国际会计准则委员会（IASC）的创始成员，也是国际会计师联合会（IFAC）的主要成员。ACCA在欧洲会计专家协会（FEE）、亚太会计师联合会（CAPA）和加勒比特许会计师协会（ICAC）等会计组织中起着非常重要的作用。英国立法许可ACCA会员从事审计、投资顾问和破产执行的工作。ACCA会员资格得到欧盟立法以及许多国家公司法的承认。

英国特许公认会计师公会成立于1904年，总部设在伦敦，在美国洛杉矶、加拿大多伦多、澳大利亚悉尼建有分会，在世界上70多个城市均设有办事处。1988年进入中国，目前在国内学员和会员人数已分别超过10万人和8 000人（不包括香港），并在北京、上海、成都、广州、深圳、沈阳、青岛、武汉、长沙、香港以及澳门设有共11个办事处。

ACCA为全世界有志投身于财务、会计以及管理领域的专才提供首选的资格认证，一贯坚持最高的标准，提高财会人员的专业素质、职业操守以及监管能力，并秉承为公众利益服务的原则。

一、ACCA在中国现状

1988年，国务院引进国外智力领导小组决定引进ACCA，自1990年开始，ACCA积极参与中国会计专业人才培训工作。已在全国13个城市开设了17个考点，每年都有过千名学生参加ACCA考试。

目前中国法律不承认ACCA会员资格，即ACCA会员不能替代中注协会员签署中国企业的审计报告，但ACCA会员资格在国际上得到广泛认可，尤其是得到欧盟立法以及许多国家公司法的承认。ACCA的会员可以在工商企业财务部门，会计师事务所、金融机构和财政、税务部门从事财务和财务管理工作，许多会员在世界各地大公司担任高级职位（财务经理、财务总监甚至总裁），中国大陆的不少ACCA会员也已担任许多大公司的重要职位。

作为财务管理的高端复合型人才，企业和市场对于ACCA的需求量是极大的。有人通过调查发现，各大招聘网站上企业发布的招聘启事中，财务总监、总经理助理、董事长助理以及首席财务官等职位都会附上对职业资格证书的要求，其中就包括ACCA证书。企业要求这些职位的应聘者不仅有财务方面的专业实操知识，还需要具备财务分析、部门配合以及作出专业的报告让非财务人员理解并执行的能力。绝大多数外企都要求财务工作者具备中英文两种语言能力，在这一点上，ACCA符合其要求，相对于CPA，ACCA更偏重于管理以及统筹、预测及规划企业。

随着 ACCA 在国内的普及以及国内引进外企的加速，越来越多的外企扎根在国内，ACCA 在国内的认可度也随之越来越高。特别对于四大会计师事务所和外资企业的财务岗位来说，ACCA 证书就显得很重要。

随着我国改革开放不断深入，走出去的企业越来越多，在这样的发展态势下，通晓国际会计准则以及国外税法商法的 ACCA 就显得尤为重要，ACCA 迎合了我国改革开放的趋势。

二、如何取得 ACCA 资格

要成为 ACCA 的会员，必须通过 ACCA 专业考试并获取三年财务及会计相关工作经验。此三年相关工作经验可在考试之前、中、后累积，并且不限地域、行业、公司、机构性质等。

参加 ACCA 考试，先要申请成为其学员。凡是具有教育部认可的大专以上学历或者教育部认可的高等院校在校生，顺利通过第一年所有课程考试且年龄在 18 岁以上，即可报名成为 ACCA 正式学员。ACCA 考试大纲，强调学员掌握核心专业知识，首先成为能胜任业务的会计师，同时要求知识面广，成为通才型人才，而且要掌握战略财务管理技能，适应现代商务的发展。

（一）考试课程

ACCA 共设置了 15 门课程，考生要求通过其中的 13 门（11 门必修科目及 2 门选修科目）。ACCA 专业资格考试全世界统一标准，教材、试卷、答题全部用英语。

第一部分为基础阶段，主要分为知识课程和技能课程两个部分。知识课程主要涉及财务会计和管理会计方面的核心知识，也为接下去进行技能阶段的详细学习搭建了一个平台。技能课程共有六门课程，广泛地涵盖了一名会计师所涉及的知识领域及必须掌握的技能。具体课程为：

1. 知识课程

F1 会计师与企业（Accountant in Business）（AB）。

F2 管理会计（Management Accounting）（MA）。

F3 财务会计（Financial Accounting）（FA）。

2. 技能课程

F4 公司法与商法（Corporate and Business Law）（CL）。

F5 业绩管理（Performance Management）（PM）。

F6 税务（Taxation）（TX）。

F7 财务报告（Financial Reporting）（FR）。

F8 审计与认证业务（Audit and Assurance）（AA）。

F9 财务管理（Financial Management）（FM）。

第二部分为专业阶段，主要分为核心课程和选修（四选二）课程。该阶段的课程相当于硕士阶段的课程难度，是对第一部分课程的引申和发展。该阶段课程引入了作为未来的高级会计师所必需的更高级的职业技能和知识技能。选修课程为从事高级管理咨询或顾问职业的学员设计了解决更高级和更复杂问题的技能。具体课程为：

3. 职业核心课程

战略商业领袖（Strategic Business Leader）（SBL）。

战略商业报告（Strategic Business Reporting）（SBR）。

4. 职业选修课程

（1）高级财务管理（Advanced Financial Management）（AFM）。

（2）高级业绩管理（Advanced Performance Management）（APM）。

（3）高级税务（Advanced Taxation）（ATX）。

（4）高级审计与认证业务（Advanced Audit and Assurance）（AAA）。

ACCA 考试于每年的 6 月及 12 月举行。学员注册后，在 2 月、3 月、8 月、9 月会收到 ACCA 的考试报名通知，学员根据考试规则和个人准备情况选择报考科目和考试地点。学员须按科目的先后次序报考，每次最多报考四门。每门考试时间为 3 小时，及格成绩为 50 分，满分 100 分。学员须于注册后 10 年内完成所有考卷。

为使学生能学以致用，ACCA 为不同国家的学生就税务和法律增设了选择课程。中国学生自 1998 年起可选考中国税务和法律（包括法律架构和税务架构），亦可选考英国税务和法律，所作选择与其考试获得的资格与英国及其他国家等同。

（二）免试政策

这里需要说明的是，ACCA 对中国学员有一定的免试政策，具体如下：

1. 教育部认可的高校毕业生

会计学专业（获得学士学位）免试 5 门课程（F1 ~ F5），金融专业免试 5 门课程（F1 ~ F5），法律专业免试 1 门课程（F4），商务及管理专业免试 1 门课程（F1）。

MPAcc（专业会计硕士）专业（获得 MPAcc 学位或完成 MPAcc 大纲规定的所有课程、只有论文待完成）原则上免试九门课程（F1 ~ F9），其中 F6（税务）的免试条件是：CICPA 全科通过或 MPAcc 课程中专业方向课选修了“中国税制”课程。

MBA 学位免试 3 门课程（F1 ~ F3）。

2. 教育部认可的高校在校生

会计学专业，完成第一学年课程可以注册为 ACCA 正式学员，无免试。

会计学专业，完成第二学年课程免试 3 门课程（F1 ~ F3）。

会计学专业，完成第三学年课程免试 3 门课程（F1 ~ F3）。

3. 拥有中国注册会计师资格

CICPA 全科通过，免试 5 门课程（F1 ~ F4 和 F6）。

另外，ACCA 和牛津布鲁克斯大学达成了学分互认协议，根据协议规定，通过 ACCA 前 9 门课程后，提交一篇论文通过后，就有可能获得该校应用会计学学士学位。英国牛津布鲁克斯大学是英国国立大学，在校生超过 1.7 万名。该大学名列中国教育部承认的英国大学名单。无论在北京还是在英国学习 ACCA，都可以拿到该大学学位。成为 ACCA 会员后，则可申请英国牛津布鲁克斯大学 MBA 硕士学位。

ACCA 对报考 ACCA 专业资格考试人员的英语水平没有硬性要求，不要求提供英语水平证书，只要申请人认为自己的英语水平可以胜任 ACCA 的考试就可以。但是，如果学员在注册时选择参加牛津布鲁克斯大学学位项目（即希望在通过前 9 门课程后申请该大学的应用会计理学士学位），则应按该大学的要求提供 ACCA 认可的英语水平证明，如 CET－6（大学英语六级考试，英文全称为 College English Test－6）、TOEFL（托福考试，英文全称为 Test of English as a Foreign Language）、GMAT（美国经济管理专业研究生入学考试，英文全称为 Graduate Management Admission Test）或 IELTS（雅思考试，英文全称为 International English Language Testing System）证书。注册时没有提交英语水平证明的，会影响原先可能获得的免试科目。

三、ACCA 发展前景

ACCA 在全球拥有大量认可雇主企业，在中国有超过 400 家的国际国内知名企业是 ACCA的认可雇主企业。参加考试的学员及会员无论是在 ACCA 认可雇主企业还是其他国际企业中，如联合利华、可口可乐、空客公司等世界性大企业中都拥有无与伦比的职业发展机遇及优势！据调查，大多数 ACCA 会员年收入在 30 万元以上，21% 的 ACCA 会员收入在 50 万～100 万元，最高可到 200 万元！有 40% 的 ACCA 会员一年内被 HR（人力资源顾问）“挖角”6 次以上，58% 的 ACCA 会员年薪增长超过 10%，20% 的 ACCA 会员年薪增长超过 30%；42% 的 ACCA 准会员年薪涨幅超过 30%。

ACCA 是进军国际人才高地的职场黄金文凭，中国尚需要超过 20 万拥有 ACCA 或其他国际资质的国际会计师和金融人才，缺口极大，职业前景广阔。

第七章

主要经济业务核算

不同企业的经济业务各有特点，生产经营业务流程也不尽相同，但为了独立开展生产经营活动，企业都必须拥有一定数量的资金，作为从事经济活动的基础。企业的这些资金都是从一定的渠道取得的，并在经营过程中被具体运用，表现为不同的占用形态，如货币资金、固定资金、储备资金、生产资金、成品资金等，企业资金随着生产经营活动的进行不断转化，周而复始，形成资金的循环与周转。

企业的经营过程主要包括如下五个：

一、资金筹集过程

企业要从各种渠道筹集生产经营所需要的资金，筹资渠道主要包括接受投资者的投资和向债权人借入各种款项。完成筹资任务即接受投资或形成负债，资金筹集业务的完成意味着资金投入企业，因而，企业就可以运用筹集到的资金开展正常的经营业务，进入供、产、销过程。企业筹集到的资金最初一般表现为货币资金形态，也可以说，货币资金形态是资金运动的起点。

二、生产供应过程

企业筹集到的资金首先进入生产供应过程，供应过程是企业产品生产的准备过程，在这个过程中，企业用货币资金购买机器设备等劳动资料，形成固定资金，购买原材料等劳动对象，形成储备资金，为生产产品做好物资上的准备。

三、产品生产过程

生产过程是制造业企业经营过程的中心环节。在生产过程中，劳动者借助劳动资料对劳动对象进行加工，生产出各种各样的产品。生产过程既是产品的制造过程，又是费用、成本的发生过程。具体而言，为生产产品耗费材料就形成材料费用，耗费人力就形成工资及福利等人工费用，使用厂房、机器设备等劳动资料就形成折旧费用等。生产过程中发生的这些生产费用总和构成产品的生产成本，企业的资金形态从固定资金、储备资金和货币资金形态转化为生产资金形态，随着生产过程的不断进行，产成品生产出来并验收入库之后，其资金形态又转化为成品资金形态。

四、产品销售过程

销售过程是产品价值的实现过程。企业通过销售产品，收回货款，从而使得成品资金形态转化为货币资金形态，回到了资金运动的起点状态，完成了一次资金循环。

五、利润形成与分配过程

企业在生产经营过程中所获得的各项收入遵循配比的要求抵偿了各项成本、费用之后的差额，形成企业的利润。企业实现的利润，一部分要以所得税的形式上缴国家，形成国家的财政收入；另一部分即税后利润，要按照规定的程序在各有关方面进行合理的分配，如果发生亏损，还要按照规定的程序进行弥补。通过利润分配，一部分资金要退出企业，一部分资金要以公积金等形式继续参加企业的资金周转。

本章主要介绍企业的筹资业务、采购业务、生产业务、销售业务、财务成果等经济业务的账务核算处理。

第一节　企业筹资业务核算

一个企业的生存和发展，离不开资产要素，资产是企业进行生产经营活动的物质基础。对于任何一个企业而言，形成其资产的资金来源主要有两条渠道：一是投资者的投资及其增值，形成投资者的权益，该部分业务可以称为所有者权益资金筹集业务；二是向债权人借入的资金形成债权人的权益，该部分业务可以称为负债资金筹集业务。投资者将资金投入企业进而对企业资产所形成的要求权为企业的所有者权益，债权人将资金借给企业进而对企业资产所形成的要求权为企业的负债。

所有者权益是指企业资产扣除负债后由所有者享有的剩余权益。公司的所有者权益又称为股东权益。在会计上，我们虽然将债权人的要求权和投资者的要求权统称为权益，但由于二者存在着本质上的区别，所以这两种权益的会计处理也有着显著的差异。

一、所有者权益资金筹集业务核算

企业从投资者处筹集到的资金形成企业所有者权益的重要组成部分，企业的所有者权益的来源包括所有者投入的资金、直接计入所有者权益的利得和损失、留存收益等。所有者投入的资本包括实收资本（或股本）和资本公积；直接计入所有者权益的利得和损失，是指不应计入当期损益的、会导致所有者权益发生增减变动的、与所有者投入资本或者与向所有者分配利润无关的利得或损失；留存收益是企业在经营过程中所实现的利润留存于企业的部分，包括盈余公积和未分配利润。

（一）实收资本业务核算

企业的投资者按照企业章程或合同、协议的约定，实际投入企业的资本，称为实收资本，它是企业所有者权益的主要组成部分。企业的资本按照投资主体的不同，可以分为国家投入资本、法人投入资本、个人投入资本和外商投入资本等；根据投入资本的不同物资形态，可以分为货币投资、实物投资、证券投资和无形资产投资等。

1. 账户设置

1）“实收资本”账户

“实收资本”账户用来核算企业的投资人投入企业的资本金的增减变动过程及结果。该账户属于所有者权益类，贷方登记投资人投入企业资本的增加额，借方登记投资人投入企业资本的减少额，期末余额在贷方，表示期末企业实际拥有的资本金数额。该账户应按投资人设置明细账，进行明细分类核算。

2）“资本公积”账户

“资本公积”账户用来核算企业收到投资者的超出其在企业注册资本（或股本）中所占份额的投资，以及直接计入所有者权益的利得和损失等。该账户属于所有者权益类，贷方登记资本公积的增加额，借方登记资本公积的减少额，期末余额在贷方，表示资本公积的结存数额。

2. 账务处理

企业收到的所有者投入资本应按实际投资额入账。以货币资金投资的，应按实际收到的货币资金数额入账；以实物资产和无形资产投资的，按双方认可的估价数额作为实际投资额入账。

【例 7－1】

12 月 1 日，企业收到国家投入的货币资金 500 000 元存入企业银行账户。

这笔经济业务的发生，引起了资产和所有者权益两个要素发生同增变化，涉及“银行存款”和“实收资本”两个账户。“银行存款”账户是资产类账户，增加记借方；“实收资本”账户是所有者权益类账户，增加记贷方。应编制会计分录为：

借：银行存款　　500 000
　　贷：实收资本——国家　　500 000

【例 7－2】

12 月 3 日，企业收到新科公司投入的一台全新设备和一项专利技术，经双方确认，全新设备价值 40 000 元，专利权 100 000 元。已办完各种手续，设备交付使用。

这笔经济业务的发生，引起了资产和所有者权益两个要素发生同增变化，涉及“固定资产”“无形资产”和“实收资本”三个账户。“固定资产”账户和“无形资产”账户均为资产类账户，增加记借方；“实收资本”是所有者权益类账户，增加记贷方。应编制会计分录为：

借：固定资产　　400 000
　　无形资产　　100 000
　　贷：实收资本——新科公司　　500 000

（二）资本公积业务核算

1. 资本公积的含义

资本公积是投资者或者他人投入到企业、所有权归属投资者并且金额上超过法定资本部分的资本，是企业所有者权益的重要组成部分。由此可见，资本公积从本质上讲属于投入资本的范畴，其形成的主要原因是由于我国采用注册资本制度，限于法律的规定而无法将资本公积直接以实收资本（或股本）的名义入账。所以，资本公积从其实质上看是一种准资本，它是资本的一种储备形式。但是，资本公积与实收资本（或股本）又有一定的区别，实收资本（或股本）是公司所有者（股东）为谋求价值增值而对公司的一种原始投入，从法律上讲属于公司的法定资本，实收资本无论是在来源上还是在金额上，都有比较严格的限制。而资本公积可以来源于投资者的额外投入，也可以来源于除投资者之外的其他企业或个人等的投入，不同来源形成的资本公积归所有投资者共同享有。

2. 资本公积的来源

由于资本公积是所有者权益的重要组成部分，而且它通常会直接导致企业净资产的增加，因此，资本公积对于投资者、债权人等会计信息使用者作出正确的决策十分重要。企业资本公积的主要来源是所有者投入资本中超过法定资本份额的部分和直接计入资本公积的各种利得或损失等。

3. 资本公积的用途

公司在经营过程中出于种种考虑，诸如增加资本的流动性，改变公司所有者投入资本的结构，体现公司稳健、持续发展的潜力等，对于形成的资本公积可以按照规定的用途予以使用。资本公积的主要用途就在于转增资本，即在办理增资手续后用资本公积转增实收资本，按所有者原有投资比例增加投资者的实收资本。

4. 资本公积的核算

公司的资本公积一般都有其特定的来源。不同来源形成的资本公积，其核算的方法不同。为了反映和监督资本公积的增减变动及其结余情况，会计上应设置“资本公积”账户，并设置“资本（或股本）溢价”“其他资本公积”等明细账户。“资本公积”属于所有者权益类账户，其贷方登记从不同渠道取得的资本公积即资本公积的增加数，借方登记用资本公积转增资本等资本公积的减少数，期末余额在贷方，表示资本公积的期末结余数。

【例7－3】

12月6日，为扩大经营规模，企业接受某企业的货币投资1 000 000元，其中800 000元作为实收资本，另200 000元作为资本公积，已存入银行。

这是一笔接受投资超过法定资本份额的业务，属于法定份额的部分计入实收资本，超过部分作为资本公积。它会引起资产和所有者权益两个要素发生同增变化，涉及“实收资本”“资本公积”“银行存款”三个账户。“实收资本”“资本公积”账户是所有者权益类账户，增加记贷方；“银行存款”账户是资产类账户，增加记借方。应编制会计分录为：

借：银行存款　　1 000 000

　　贷：实收资本——某企业　　800 000

　　　　资本公积　　200 000

二、负债筹集资金业务核算

企业在生产经营过程中，有时会出现资金不足，为弥补周转资金的不足，可以向银行或其他金融机构借入资金。企业借入的归还期在1年以内（含1年）的借款为短期借款，它属于流动负债。企业借入的归还期在1年以上的借款为长期借款，它属于长期负债。企业借入的各种款项必须按规定的用途使用，定期支付利息，按期偿还借款本金。

（一）账户设置

1.“短期借款”账户

“短期借款”账户用来核算借入期限在1年以内（含1年）的各种借款的取得及偿还情况。该账户属于负债类，贷方登记短期借款的借入金额，借方登记短期借款的归还金额，期末余额在贷方，表示尚未归还的短期借款的本金。该账户应按债权人设置明细账，进行明细分类核算。

2.“长期借款”账户

“长期借款”账户用来核算借入期限在1年以上的各种借款的取得及偿还情况。该账户属于负债类，贷方登记企业借入的各种长期借款本金和应付的利息，借方登记到期清还的借款本金和利息，期末余额在贷方，表示企业尚未归还的长期借款本金和利息。该账户应按债权人和借款种类设置明细账，进行明细分类核算。

3.“财务费用”账户

“财务费用”账户用来核算企业为筹集资金而发生的各种筹资费用。该账户属于损益类，借方登记财务费用的增加额，包括利息支出（减利息收入）、汇兑损失（减汇兑收益）以及相关的手续费等，贷方登记财务费用的减少（结转）额，账户期末无余额。

（二）账务处理

1. 短期借款业务核算

1）取得借款的核算

【例7-4】

企业于7月1日向银行借入80 000元，期限6个月，年利率6%，款项已存入开户银行。

这笔经济业务的发生，引起了资产和负债两个要素发生同增变化，涉及“银行存款”和“短期借款”两个账户。“银行存款”账户属于资产类账户，增加记借方；“短期借款”账户属于负债类账户，增加记贷方。应编制会计分录为：

借：银行存款　　80 000

　　贷：短期借款　　80 000

2）利息的核算

企业从银行借入的短期借款应支付的利息，一般采用按季结算的办法，在支付期记入财务费用。为均衡各月的利息负担，也可以根据权责发生制原则，采用按月计息的方法。承上例：

（1）按季结算时，企业每季度应支付利息1 200（80 000×6%÷4）元。一方面使银行存款减少，另一方面使财务费用增加。企业在第三季度和第四季度应编制相同的会计分录为：

借：财务费用　　1 200
　　贷：银行存款　　1 200

（2）按月计息时，企业每月应承担利息400（80 000×6%÷12）元，一方面使财务费用增加，另一方面由于不能支付，同时使负债增加。涉及“应付利息”和“财务费用”两个账户，企业在7月至12月，每月应编制相同的会计分录为：

借：财务费用　　400
　　贷：应付利息　　400

在第三季度和第四季度末支付利息时，都应编制会计分录：

借：应付利息　　1 200
　　贷：银行存款　　1 200

（3）还本付息的核算。

借：短期借款　　80 000
　　财务费用　　1 200
　　贷：银行存款　　81 200

或：

借：短期借款　　80 000
　　应付利息　　1 200
　　贷：银行存款　　81 200

2. 长期借款业务核算

一般情况下，借入长期借款在申请手续、借款费用、还款要求等方面，都比短期借款严格得多。以下仅介绍长期借款取得的账务处理。

【例7－5】

12月10日，企业向银行借入长期借款400 000元，期限为两年，年利率10%。款项存入银行账户。

这笔经济业务的发生，引起了资产和负债两个要素发生同增变化，涉及“银行存款”和“长期借款”两个账户。“银行存款”账户属于资产类账户，增加记借方；“长期借款"账户属于负债类账户，增加记贷方。应编制会计分录为：

借：银行存款　　400 000
　　贷：长期借款　　400 000

第二节　企业采购业务核算

工业企业的采购过程（即生产供应过程，也叫储备过程）是工业企业生产经营过程的第一个阶段，也是生产准备阶段。为了生产产品，就要做好多方面的物资准备工作，其中较为重要的就是准备劳动资料，即购建固定资产、购买原材料等。

一、固定资产购置业务核算

（一）固定资产的含义与特征

固定资产是企业经营过程中使用的长期资产，包括房屋建筑物、机器设备、运输车辆以及工具、器具等。我国《企业会计准则第4号——固定资产》中对固定资产的定义如下：固定资产是指同时具有下列两个特征的有形资产：为生产商品、提供劳务、出租或经营管理而持有的；使用寿命超过1个会计年度的。这里的使用寿命是指企业使用固定资产的预计期间，或者该固定资产所能生产产品或提供劳务的数量。从固定资产的定义可以看出，固定资产具有以下三个特征：

(1) 固定资产是为生产商品、提供劳务、出租或经营管理而持有；

(2) 固定资产的使用寿命超过1个会计年度；

(3) 固定资产为有形资产。

固定资产的确认应考虑以下两个因素：一是该固定资产包含的经济利益很可能流入企业；二是该固定资产的成本能够可靠地计量。固定资产是企业的劳动资料，从其经济用途来看，固定资产是用于生产经营活动的而不是为了出售，这一特征是区别固定资产与商品、产品等流动资产的重要标志。由于固定资产要长期参加企业的生产经营活动，因而其价值周转与其实物补偿并不同步，固定资产的这一特点显然也不同于流动资产。固定资产的价值一部分随其磨损，脱离其实物形态，而另一部分仍束缚在使用价值形态上，这一特点使得固定资产的计价可以按取得时的实际成本和经磨损之后的净值同时表现。

(二) 固定资产入账价值的确定

我国《企业会计准则第4号——固定资产》规定，固定资产应当按照成本进行初始计量。固定资产取得时的实际成本是指企业购建固定资产达到预定可使用状态前所发生的一切合理的、必要的支出，它反映的是固定资产处于预定可使用状态时的实际成本。对于所建造的固定资产已达到预定可使用状态，但尚未办理竣工决算的，会计准则规定应自达到预定可使用状态之日起，根据工程决算、造价或工程实际成本等相关资料，按估计的价值转入固定资产，并计提折旧。这就意味着是否达到"预定可使用状态"是衡量可否作为固定资产进行核算和管理的标志，而不再拘泥于"竣工决算"这个标准，这也是实质重于形式原则的一个具体应用。企业的固定资产在达到预定可使用状态前发生的一切合理的、必要的支出中，既有直接发生的，如支付的固定资产的买价、包装费、运杂费、安装费等，也有间接发生的，如固定资产建造过程中应予以资本化的借款利息等，这些直接的和间接的支出对形成固定资产的生产能力都有一定的作用，理应计入固定资产的价值。一般来说，构成固定资产取得时实际成本的具体内容包括买价、运输费、保险费、包装费、安装成本等。

由于企业可以从各种渠道取得固定资产，不同的渠道形成的固定资产，其价值构成的具体内容可能不同，因而固定资产取得时的入账价值应根据具体情况和涉及的具体内容分别确定。其中，外购固定资产的成本，包括购买价款、进口关税和其他税费（购买机器设备涉及的增值税应作为进项税额记入"应交税费"账户），使固定资产达到预定可使用状态前所发生的可归属于该项资产的场地整理费、运输费、装卸费、安装费和专业人员服务费等（以一笔款项购入多项没有单独标价的固定资产，应当按照各项固定资产公允价值比例对总成本进行分配，分别确定各项固定资产的成本）。购买固定资产的价款超过正常信用条件而延期支付，实质上具有融资性质，固定资产的成本以购买价款的现值为基础确定，实际支付的价款与购买价款之间的差额除应予以资本化的以外，应当在信用期间内计入当期损益；自行建造完成的固定资产，按照建造该项固定资产达到预定可使用状态前所发生的一切合理的、必要的支出作为其入账价值。

（三）固定资产购置业务处理

1. 账户设置

为了核算企业购买和自行建造完成固定资产价值的变动过程及其结果，需要设置以下账户：

1）“固定资产”账户

“固定资产”账户的性质属于资产类，用来核算企业拥有或控制的固定资产原价的增减变动及其结余情况。该账户的借方登记固定资产原价的增加，贷方登记固定资产原价的减少，期末余额在借方，表示固定资产原价的结余额。该账户应按照固定资产的种类设置明细账户，进行明细分类核算。在使用该账户时，必须注意只有固定资产达到预定可使用状态时，其原价已经形成，才可以记入“固定资产”账户。

2）“在建工程”账户

“在建工程”账户的性质属于资产类，用来核算企业为进行固定资产基建、安装、技术改造以及大修理等工程而发生的全部支出（包括安装设备的支出），并据以计算确定该工程成本的账户。该账户的借方登记工程支出的增加，贷方登记结转完工工程的成本，期末余额在借方，表示未完工工程的成本。“在建工程”账户应按工程内容，如建筑工程、安装工程、在安装设备、待摊支出以及单项工程等设置明细账户，进行明细核算。

企业购置的固定资产，对于其中需要安装的部分，在交付使用之前，也就是达到预定可使用状态之前，由于没有形成完整的取得成本（原始价值），因而必须通过“在建工程”账户进行核算。在购建过程中所发生的全部支出，都应归集在“在建工程”账户，待工程达到预定可使用状态形成固定资产之后，方可将该工程成本从“在建工程”账户转入“固定资产”账户。

企业购买的固定资产，有的购买完成之后当即可以投入使用，也就是当即达到预定可使用状态，因而可以立即形成固定资产；而有的固定资产，在购买之后，还需要经过安装过程，安装之后方可投入使用，这两种情况在核算上是有区别的，所以我们在对固定资产进行核算时，一般将其区分为不需要安装的固定资产和需要安装的固定资产分别进行处理。

2. 账务处理

【例 7－6】

2017 年 12 月 1 日某公司购入一台不需要安装的生产用设备，该设备的买价为 125 000 元，增值税 21 250 元，包装运杂费等 2 000 元，全部款项使用银行存款支付，设备当即投入使用。

这是一台不需要安装的设备，购买完成之后就意味着达到了预定可使用状态，在购买过程中发生的货款和包装运杂费支出合计为 127 000（125 000 + 2 000）元，形成固定资产的取得成本，增值税应作为进项税额记入应交税费账户。这项经济业务的发生，一方面使得公司固定资产取得成本增加 127 000 元，增值税进项税额增加 21 250 元，另一方面使得公司在银行存款减少 148 250 元，因此该项经济业务涉及“固定资产”“应交税费”“银行存款”三个账户，固定资产的增加是资产的增加，应记入“固定资产”账户的借方，增值税进项税额的增加是负债的减少，应记入“应交税费”账户的借方，银行存款的减少是资产的减少，应记入“银行存款”账户的贷方，这项经济业务应编制的会计分录如下：

借：固定资产　　127 000
　　应交税费——应交增值税（进项税额）　　21 250
　　贷：银行存款　　148 250

【例7-7】

2018年1月10日某公司用银行存款购入一台需要安装的设备，发票不含税价格为480 000元，增值税81 600元，包装运杂费等5 000元，设备投入安装。

由于这是一台需要安装的设备，因而购买过程中发生的货款和包装运杂费支出构成购置固定资产安装工程成本，在设备达到预定可使用状态前的这些支出，应先在在建工程账户中进行归集。这项经济业务的发生，一方面使得公司的在建工程支出增加485 000（480 000+5 000）元，增值税进项税额增加81 600元，另一方面使得公司的银行存款减少566 600元，因此该项经济业务涉及“在建工程”“应交税费”和“银行存款”三个账户。在建工程支出的增加是资产的增加，应记入“在建工程”账户的借方，增值税进项税额的增加是负债的减少，应记入“应交税费”账户的借方，银行存款的减少是资产的减少，应记入“银行存款”账户的贷方。所以这项经济业务应编制的会计分录如下：

借：在建工程　　485 000
　　应交税费——应交增值税（进项税额）　　81 600
　　贷：银行存款　　566 600

【例7-8】

承例7-7，上述设备在安装过程中发生的安装费如下：领用本企业的原材料价值12 000元，应付本企业安装工人的薪酬22 800元。

设备在安装过程中发生的安装费也构成固定资产安装工程支出，这项经济业务的发生，一方面使得公司固定资产安装工程支出增加34 800（12 000+22 800）元，另一方面使得公司的原材料成本减少12 000元、应付职工薪酬增加22 800元，因此该项经济业务涉及“在建工程”“原材料”“应付职工薪酬”三个账户。在建工程支出的增加是资产的增加，应记入“在建工程”账户的借方，原材料的减少是资产的减少，应记入“原材料”账户的贷方，应付职工薪酬的增加是负债的增加，应记入“应付职工薪酬”账户的贷方，所以这项经济业务应编制的会计分录如下：

借：在建工程　　34 800
　　贷：原材料　　12 000
　　　　应付职工薪酬　　22 800

【例7-9】

承例7-7和7-8，上述设备安装完毕，达到预定可使用状态，并经验收合格，办理竣工决算手续，现已交付使用，结转工程成本。

工程安装完毕，交付使用，意味着固定资产已达到预定可使用状态，就可将该工程全部支出转入固定资产账户，工程全部成本为519 800（485 000+34 800）元。这项经济业务的发生，一方面使得公司固定资产取得成本增加519 800元，另一方面使得公司在建工程成本减少519 800元，因此该项经济业务涉及“固定资产”和“在建工程”两个账户。固定资产取得成本的增加是资产的增加，应记入“固定资产”账户的借方，在建工程成本的结转是资产的减少，应记入“在建工程”账户的贷方，这项经济业务应编制的会计分录如下：

借：固定资产　　519 800

　贷：在建工程　　519 800

二、材料采购业务核算

企业要进行正常的产品生产经营活动，就必须购买和储备一定品种和数量的原材料，原材料是制造企业生产产品不可缺少的物质要素，制造企业要有计划地采购材料，以满足生产上的需要。

按照《企业会计准则第 1 号——存货》中的规定，存货应当按照成本进行初始计量，存货的成本包括采购成本、加工成本和其他成本，其中存货的采购成本是指在采购过程中所发生的支出，包括购买价款、相关税费、运输费、装卸费、保险费以及其他可归属于存货采购成本的费用。原材料的核算中一个非常重要的问题就是原材料成本的确定，包括取得原材料成本的确定和发出原材料成本的确定。不同方式取得的原材料，成本的确定方法不同，构成的内容也不同。

企业购入的原材料，实际采购成本由以下几项内容组成：

（1）购买价款，是指购货发票所注明的货款金额；

（2）采购过程中发生的运杂费，包括运输费、包装费、装卸费、保险费、仓储费等，不包括按规定根据运输费的一定比例计算的可抵扣的增值税税额；

（3）材料在运输途中发生的合理损耗；

（4）材料入库之前发生的整理挑选费用，包括整理挑选中发生的人工费支出和必要的损耗，并减去回收的下脚废料价值；

（5）按规定应计入材料采购成本中的各种税金，如为国外进口材料支付的关税、购买材料发生的消费税以及不能从增值税销项税额中抵扣的进项税额等；

（6）其他费用，如大宗物资的市内运杂费等（这里需要注意，市内零星运杂费、采购人员的差旅费以及采购机构的经费等不构成材料的采购成本，而是计入期间费用）。

以上第（1）项应当直接计入所购材料的采购成本，第（2）（3）（4）（5）（6）项，凡能分清是某种材料直接负担的，可以直接计入材料的采购成本，不能分清的，应按材料的重量等标准分配计入材料采购成本。

按照我国现行会计规范的规定，企业的原材料可以按照实际成本计价方法组织收发核算，也可以按照计划成本计价方法组织收发核算，具体采用哪种方法，由企业根据具体情况自行决定。

（一）原材料按实际成本计价的核算

当企业的经营规模较小，原材料的种类不是很多，而且原材料的收发业务的发生也不是很频繁的情况下，企业可以按照实际成本计价方法组织原材料的收发核算。

原材料按照实际成本计价方法进行日常的收发核算，其特点是从材料的收发凭证到材料的明细分类账和总分类账全部按实际成本计价。

购入材料的实际采购成本 = 实际买价 + 采购费用

原材料按实际成本计价方法组织收发核算时应设置以下几个账户：

1. “在途物资”账户

该账户的性质属于资产类，用来核算企业采用实际成本进行材料物资日常核算时，外购材料的买价和各种采购费用，据以计算、确定购入材料的实际采购成本。借方登记购入材料的买价和采购费用（实际采购成本），贷方登记结转完成采购过程、验收入库材料的实际采购成本，期末余额在借方，表示尚未运达企业或者已经运达企业但尚未验收入库的在途材料的成本。“在途物资”账户应按照供应单位和购入材料的品种或种类设置明细账户，进行明细分类核算。

“在途物资”账户的结构如图 7－1 所示。

在途物资	
购入材料 买价 采购费用	结转验收入库材料的实际采购成本
期末余额：在途材料成本	

图 7－1　“在途物资”账户的结构

“在途物资”账户，在具体使用时，要注意两个问题：一是企业对于购入的材料，不论是否已经付款，一般都应该先记入该账户，在材料验收入库结转成本时，再将其成本转入“原材料”账户；二是购入材料过程中发生的除买价之外的采购费用，如果能够分清是某种材料直接负担的，可直接计入该材料的采购成本，否则就应进行分配。分配时，首先根据材料的特点确定分配的标准，一般来说，可以选择的分配标准有材料的重量、体积、买价等，然后计算材料采购费用分配率，最后计算各种材料的采购费用负担额，即：

材料采购费用分配率＝共同性采购费用额/分配标准的合计数

某材料应负担的采购费用额＝该材料的分配标准×材料采购费用分配率

2. “原材料”账户

该账户的性质属于资产类，用来核算企业库存材料实际成本的增减变动及其结存情况。借方登记已验收入库材料实际成本的增加，贷方登记发出材料的实际成本（即库存材料实际成本的减少），期末余额在借方，表示库存材料实际成本的期末结余额。“原材料”账户应按照材料的保管地点、材料的种类或类别设置明细账户，进行明细分类核算。

“原材料”账户的结构如图 7－2 所示。

原材料	
验收入库材料实际成本的增加	库存材料实际成本的减少
期末余额：库存材料实际成本	

图 7－2　“原材料”账户的结构

3. “应付账款”账户

该账户的性质属于负债类，用来核算企业因购买原材料、商品和接受劳务供应等经营活动应支付的款项。贷方登记应付供应单位款项（买价、税金和代垫运杂费等）的增加，借方登记应付供应单位款项的减少（即偿还），期末余额在贷方，表示尚未偿还的应付款的结余额。“应付账款”账户应按照供应单位的名称设置明细账户，进行明细分类核算。

“应付账款”账户的结构如图7-3所示。

应付账款	
应付供应单位款项的减少	应付供应单位款项的增加
	期末余额：尚未偿还的应付款

图7-3 “应付账款”账户的结构

4. “预付账款”账户

该账户的性质属于资产类，用来核算企业按照合同规定，向供应单位预付购货款而与供应单位发生的结算债权的增减变动及结余情况。借方登记结算债权的增加，即预付款的增加，贷方登记收到供应单位提供的材料物资而应冲销的预付款债权，即预付款的减少，期末余额一般在借方，表示尚未结算的预付款的结余额，如果该账户期末余额出现在贷方，则表示企业尚未补付的款项。该账户应按照供应单位的名称设置明细账户，进行明细分类核算。

“预付账款”账户的结构如图7-4所示。

预付账款	
预付单位款项的增加	冲销预付供应单位的款项
期末余额：尚未结算的预付款	

图7-4 “预付账款”账户的结构

5. “应付票据”账户

该账户的性质属于负债类，用来核算企业采用商业汇票结算方式购买材料物资等而开出、承兑商业汇票的增减变动及其结余情况。贷方登记企业开出、承兑商业汇票的增加，借方登记到期商业汇票的减少，期末余额在贷方，表示尚未到期的商业汇票的期末结余额。该账户应按照债权人设置明细账户，进行明细分类核算，同时设置“应付票据备查簿”，详细登记商业汇票的种类、号数、出票日期、到期日、票面金额、交易合同号和收款人姓名或收款单位名称以及付款日期和金额等资料。应付票据到期结清时，在备查簿中注销。

“应付票据”账户的结构如图7-5所示。

应付票据	
到期应付票据的减少	开出、承兑商业汇票的增加
	期末余额：尚未到期商业汇票的结余额

图7-5 “应付票据”账户的结构

6. “应交税费”账户

该账户的性质属于负债类，用来核算企业按税法规定应缴纳的各种税费的计算与实际缴纳情况。贷方登记计算出的各种应交而未交税费的增加，包括计算出的增值税、消费税、城市维护建设税、所得税、资源税、房产税、城镇土地使用税、车船税、教育费附加、矿产资源补偿费等，借方登记实际缴纳的各种税费，包括支付的增值税进项税额等，期末余额方向不固定，如果在贷方，表示未交税费的结余额，如果在借方，表示多交的税费。“应交税费”账户应按照税费品种设置明细账户，进行明细分类核算。

“应交税费”账户的结构如图 7－6 所示。

应交税费	
实际缴纳的各种税费（包括增值税进项税） 期末余额：多交的税费	计算出的应交而未交的税费（包括增值税销项税） 期末余额：未交的税费

图 7－6　“应交税费”账户的结构

【例 7－10】

2017 年 12 月 10 日，向光明工厂购入甲材料 20 吨，每吨 4 000 元，买价共计 80 000 元，增值税发票注明的进项税额为 13 600（80 000 × 17%）元，货款及税金已通过银行付讫，材料尚未收到。

因购入材料尚未收到，应按买价记入“在途物资”账户的借方，进项税额应记入“应交税费——应交增值税”账户的借方。价款及税金均通过银行存款支付，所以价税合计应记入“银行存款”账户的贷方。应编制会计分录：

借：在途物资——甲材料　　80 000
　　应交税费——应交增值税（进项税额）　　13 600
　　贷：银行存款　　93 600

【例 7－11】

2017 年 12 月 10 日，用银行存款支付上述甲材料的运费 3 000 元。

购入材料的运杂费是材料成本的组成部分，所以应记入“在途物资”账户的借方，用银行存款支付，应记入“银行存款”账户的贷方。应编制会计分录为：

借：在途物资——甲材料　　3 000
　　贷：银行存款　　3 000

【例 7－12】

2017 年 12 月 20 日，收到 12 月 10 日购买的甲材料，验收入库。

这项经济业务涉及“原材料”和“在途物资”两个账户。库存材料实际成本的增加是资产的增加，应记入“原材料”账户的借方，材料采购支出的结转是资产的减少，应记入“在途物资”账户的贷方，编制的会计分录如下：

借：原材料——甲材料　　83 000
　　贷：在途物资——甲材料　　83 000

【例 7 – 13】

2017 年 12 月 15 日，企业向光明工厂购入甲种原材料 20 吨，每吨 4 000 元，共计80 000 元，乙种原材料 40 吨，每吨 6 000 元，共计 240 000 元。增值税进项税额为 54 400（320 000 × 17%）元，光明工厂代垫运费 6 000 元，货款及税金暂欠，材料已经验收入库。（运费按材料重量比例分配）

这是材料采购业务中常见的一种情况，即先收料后付款，材料与账单已经收到，表明采购业务成立。货款暂欠，表明企业承担了一笔负债，包含了价款、税金及运费。买价及运费构成原材料的实际采购成本，应记入“材料采购”账户的借方，增值税进项税要单独在“应交税费——应交增值税”账户中核算，应记入该账户的借方，暂欠货款应记入“应付账款”的贷方。

材料的买价可以直接记入甲、乙材料的采购成本账户中，但支付的运杂费 6 000 元，则需要采用一定的标准在两种材料之间进行分配。运费按材料重量比例分配，甲材料 20 吨、乙材料 40 吨，则：

采购费用分配率 = 6 000 ÷（20 + 40）= 100（元/吨）

甲材料应分摊的运杂费 = 20 × 100 = 2 000（元）

乙材料应分摊的运杂费 = 40 × 100 = 4 000（元）

甲材料的采购成本 = 80 000 + 2 000 = 82 000（元）

乙材料的采购成本 = 240 000 + 4 000 = 244 000（元）

甲材料的单位采购成本 = 82 000 ÷ 20 = 4 100（元/吨）

乙材料的单位采购成本 = 244 000 ÷ 40 = 6 100（元/吨）

应编制的会计分录为：

借：原材料——甲材料　　82 000

　　　　　——乙材料　　244 000

　　应交税费——应交增值税（进项税额）　　54 400

　　贷：应付账款——光明工厂　　380 400

（二）原材料按计划成本计价的核算

材料按照实际成本进行计价核算，能够比较全面、完整地反映材料资金的实际占用情况，可以准确地计算出所生产产品的成本中的材料费用额。但是，在企业材料种类比较多、收发次数又比较频繁的情况下，其核算的工作量就比较大，而且也不便于考核材料采购业务成果，分析材料采购计划的完成情况。所以，在我国一些大中型企业，材料按照计划成本计价组织收发核算。材料按计划成本计价进行核算，就是材料的收发凭证按计划成本计价，材料总账及明细账均按计划成本登记，通过增设“材料成本差异”账户来核算材料实际成本与计划成本之间的差异额，并在会计期末对计划成本进行调整，以确定库存材料的实际成本和发出材料应负担的差异额，进而确定发出材料的实际成本。

1. 材料按计划成本组织收发核算的基本程序

（1）企业应结合各种原材料的特点、实际采购成本等资料确定原材料的计划单位成本，计划单位成本一经确定，在年度内一般不进行调整。

（2）平时购入或通过其他方式取得的原材料，按其计划成本和计划成本与实际成本之间的差异额分别在有关账户中进行分类登记。

(3) 平时发出的材料按计划成本核算，月末再将本月发出材料应负担的差异额进行分摊，随同本月发出材料的计划成本记入有关账户，其目的就在于将不同用途消耗的原材料的计划成本调整为实际成本。

2. 原材料按计划成本组织收发核算时，应设置以下几个账户

(1) “原材料”账户。原材料按计划成本核算所设置的“原材料”账户与按实际成本核算设置的“原材料”账户基本相同，只是将其实际成本改为计划成本，即“原材料”账户的借方、贷方和期末余额均表示材料的计划成本。

(2) “材料采购”账户。该账户的性质是资产类，用来核算企业购入材料的实际成本和结转入库材料的计划成本，并据以计算、确定购入材料成本的差异额。借方登记购入材料的实际成本和结转入库材料实际成本小于计划成本的节约差异，贷方登记入库材料的计划成本和结转入库材料的实际成本大于计划成本的超支差异，期末余额在借方，表示在途材料的实际采购成本。该账户应按照供应单位和材料的种类设置明细账户，进行明细分类核算。

“材料采购”账户的结构如图 7－7 所示。

材料采购

购入材料的实际采购成本 结转入库材料的节约差异额	结转入库材料的计划成本 结转入库材料的超支差异额
期末余额：在途材料的实际采购成本	

图 7－7 “材料采购”账户的结构

(3) “材料成本差异”账户。该账户的性质是资产类，用来核算企业库存材料实际成本与计划成本之间的超支或节约差异额的增减变动及其结余情况，借方登记结转入库材料的超支差异额和结转发出材料应负担的节约差异额（实际成本小于计划成本的差异），贷方登记结转入库材料的节约差异额和发出材料应负担的超支差异额（实际成本大于计划成本的差异额），期末余额如果在借方，表示库存材料实际成本大于计划成本的超支差异额，如果在贷方，表示库存材料实际成本小于计划成本的节约差异额。

“材料成本差异”账户的结构如图 7－8 所示。

材料成本差异

结转入库材料的超支差异额 结转发出材料应负担的节约差异额	结转入库材料的节约差异额 结转发出材料应负担的超支差异额
期末余额：库存材料的超支差异额	期末余额：库存材料的节约差异额

图 7－8 “材料成本差异”账户的结构

【例 7－14】

2018 年 3 月 10 日某公司用银行存款购入甲材料 3 000 千克，发票注明其价款 120 000 元，增值税税额20 400元。另用现金 3 000 元支付该批甲材料的运杂费。

这项经济业务的发生，一方面使得公司的材料采购支出增加 123 000 元，其中买价

120 000元、采购费用3 000元，增值税进项税额增加20 400元；另一方面使得公司的银行存款减少140 400元，现金减少3 000元。因此，该项经济业务涉及“材料采购”“应交税费”“银行存款”“库存现金”四个账户。材料采购支出的增加是资产的增加，应记入“材料采购”账户的借方，增值税进项税额的增加是负债的减少，应记入“应交税费——应交增值税”账户的借方，银行存款的减少是资产的减少，应记入“银行存款”账户的贷方，现金的减少是资产的减少，应记入“库存现金”账户的贷方。所编制的会计分录如下：

借：材料采购——甲材料　　123 000
　　应交税费——应交增值税（进项税额）　　20 400
　　贷：银行存款　　140 400
　　　　库存现金　　3 000

【例7-15】

承例7-14，上述甲材料验收入库，其计划成本为120 000元，结转该批甲材料的计划成本和差异额。

由于该批甲材料的实际成本为123 000元，计划成本为12 000元，因而可以确定甲材料成本的超支差异额为3 000（123 000-120 000）元。结转验收入库材料的计划成本时，使得公司的材料采购支出（计划成本）减少120 000元，库存材料计划成本增加120 000元；结转入库材料成本超支差异额，使得库存材料成本超支差异额增加3 000元，材料采购支出减少3 000元，因此该项经济业务涉及“原材料”“材料采购”和“材料成本差异”三个账户。库存材料成本的增加是资产的增加，应记入“原材料”账户的借方，材料采购成本的结转是资产的减少，应记入“材料采购”账户的贷方。该项经济业务应编制如下两笔会计分录：

借：原材料——甲材料　　120 000
　　贷：材料采购——甲材料　　120 000
借：材料成本差异　　3 000
　　贷：材料采购——甲材料　　3 000

假如本例中甲材料的计划成本为125 000元，则可以确定甲材料成本的节约差异额为2 000（123 000-125 000）元，其会计分录为：

借：原材料——甲材料　　125 000
　　贷：材料采购——甲材料　　125 000
借：材料采购——甲材料　　2 000
　　贷：材料成本差异　　2 000

或者将上述两笔分录合并为：

借：原材料——甲材料　　125 000
　　贷：材料采购——甲材料　　123 000
　　　　材料成本差异　　2 000

【例7-16】

承例7-15，本月生产产品领用甲材料计划成本总额为150 000元（领用材料的会计分录略），月末计算确定发出甲材料应负担的差异额，并予以结转。假设期初库存甲材料计划成本为 30 000 元，成本差异额为超支差异 5 400 元。

为了计算产品的实际生产成本，在会计期末需要将计划成本调整为实际成本，其方法是运用差异率对计划成本进行调整，以求得实际成本。材料成本差异率的计算方法有两种，即：

月初材料成本差异率 = 月初库存材料成本差异额/月初库存材料的计划成本 ×100%

本月材料成本差异率 =（月初库存材料差异额 + 本月购入材料差异额）/（月初库存材料计划成本 + 本月入库材料计划成本）×100%

发出材料应负担的差异额 = 本月材料成本差异率 × 发出材料的计划成本

根据本例资料，采用本月差异率，计算如下：

本月材料成本差异率 =（5 400 +3 000）/（300 000 +120 000）×100% =2%

发出材料应负担的差异额 =150 000 ×2% =3 000（元）

结转发出材料应负担的差异额时，一方面应记入“生产成本”等账户的借方（超支用蓝字，节约用红字）；另一方面应记入“材料成本差异”账户的贷方（超支用蓝字，节约用红字）。编制的会计分录如下：

借：生产成本 3 000

　　贷：材料成本差异 3 000

第三节 企业生产业务核算

生产过程是工业企业生产经营活动的第二个阶段，即从材料投入生产开始，到产品完工入库为止。这一阶段的基本活动是生产符合社会需求的产品。产品的生产过程同时又是生产的消耗过程。生产过程中的生产耗费主要包括劳动对象的耗费，即各种材料、辅助材料的耗费；劳动资料的耗费，即厂房、机器设备等固定资产发生的耗费；劳动力的消耗，即支付的人工费（工资以及计提的职工福利费等）；其他耗费，即发生的生产部门的办公费、水电费等有关支出。工业企业生产过程中所发生的能用货币表现的各种耗费称为生产费用。生产费用最终要归集、分配到一定种类的产品中去，形成产品的成本。因此，企业生产业务核算的内容就是将生产过程中发生的各项生产费用进行归集和分配，并计算出完工产品的生产成本。

一、生产费用的归集与分配

生产费用按其计入产品成本的方式不同，可以分为直接费用和间接费用。直接费用是指企业生产产品过程中实际消耗的直接材料和直接人工。间接费用是指企业为生产产品和提供劳务而发生的各项间接支出，通常称为制造费用。上述各个项目是生产费用按其经济用途所进行的分类，在会计上一般将其称为成本项目。各个产品成本项目的具体构成内容如下：

直接材料，是指企业在生产产品和提供劳务的过程中所消耗的、直接用于产品生产，构成产品实体的各种原材料、主要材料、外购半成品以及有助于产品形成的辅助材料等。

直接人工，是指企业在生产产品和提供劳务过程中，直接从事产品生产的工人工资、津贴、补贴和福利费等薪酬内容。

制造费用，是指企业为生产产品和提供劳务而发生的各项间接费用，其构成内容比较复杂，包括间接的职工薪酬、折旧费、修理费、办公费、水电费、机物料消耗、季节性停工损失等。

在会计核算过程中，必须按照划分收益性支出和资本性支出、历史成本和权责发生制核算基础的要求对各项费用的发生额及其应归属的会计期间加以确认与计量，并按照各项费用的构成内容和经济用途正确地进行反映。

（一）材料费用的归集与分配

产品制造企业通过供应过程采购的各种原材料，经过验收入库之后，就形成了生产产品的物资储备，生产产品及其他方面领用时，就形成了材料费。完整意义上的材料费用包括消耗的原材料、主要材料和辅助材料等，在确定材料费用时，应根据领料凭证区分车间、部门和不同用途后，按照确定的结果将发出材料的成本分别记入“生产成本”“制造费用”“管理费用”等账户和产品生产成本明细账。对于直接用于某种产品生产的材料费，应直接计入该产品生产成本明细账中的直接材料项目；对于由几种产品共同耗用、应由这些产品共同负担的材料费，应选择适当的标准在各种产品之间进行分配之后，计入各有关成本计算对象；对于为创造生产条件等需要而共同消耗的各种材料费，应先在“制造费用”账户中进行归集，然后再同其他间接费用一起分配计入有关产品成本中。

为了反映和监督产品在生产过程中各项材料费用的发生、归集和分配情况，正确地计算产品生产成本中的材料费用，应设置以下的账户：

1. “生产成本”账户

该账户的性质属于成本类，用来归集和分配企业进行工业性生产所发生的各项生产费用，进而根据该账户可以正确计算产品生产成本。借方登记应计入产品生产成本的各项费用，包括直接计入产品生产成本的直接材料费、直接人工费和期末按照一定的方法分配计入产品生产成本的制造费用；贷方登记结转完工入库产成品的生产成本。期末如有余额在借方，表示尚未完工产品（在产品）的成本，即生产资金的占用额。该账户应按产品种类或类别设置明细账户，进行明细分类核算。

“生产成本”账户的结构如图 7－9 所示。

生产成本

发生的生产费用： 直接材料 直接人工 制造费用	结转完工验收入库产成品成本
期末余额：在产品成本	

图 7－9 “生产成本”账户的结构

2. “制造费用”账户

该账户的性质属于成本类，用来归集和分配企业生产车间（基本生产车间和辅助生产车间）范围内为组织和管理产品的生产活动而发生的各项间接生产费用，包括车间范围内发生的管理人员的薪酬、折旧费、修理费、办公费、水电费、机物料消耗、季节性停工损失等。借方登记实际发生的各项制造费用，贷方登记期末经分配转入“生产成本”账户借方（应计入产品制造成本）的制造费用额。期末在费用结转后该账户一般没有余额（季节性生产企业除外）。该账户应按不同车间设置明细账户，按照费用项目设置专栏，进行明细分类核算。

“制造费用”账户的结构如图 7－10 所示。

制造费用

归集车间范围内发生的各项间接费用	期末分配转入“生产成本”账户的制造费用

图 7－10　“制造费用”账户的结构

材料费用包括产品生产过程中消耗的原材料、主要材料和辅助材料等。生产部门根据生产需要填制领料单，向仓库办理领料手续。仓库发料后，将领料单交付会计部门，作为记账依据。会计部门通常在月末编制领料汇总表，据以编制记账凭证。会计人员应根据领料单区分不同领料单位和用途，分别进行核算：对于直接用于某种产品生产的材料费，应直接记入该产品的“生产成本”账户；对于生产部门间接消耗的各种材料费，如车间一般性消耗材料等，应记入“制造费用”账户；对于行政管理部门消耗的材料费，应记入“管理费用”账户。

以下举例说明材料费用归集与分配的总分类核算过程：

【例 7－17】

某公司本月仓库发出材料，其用途见表 7－1。

表 7－1　发出材料汇总表

用途	甲材料		乙材料		材料耗用合计/元
	数量/千克	金额/元	数量/千克	金额/元	
制造产品领用：					
A 产品耗用	8 000	200 000	6 000	120 000	320 000
B 产品耗用	10 000	250 000	4 000	80 000	330 000
小计	18 000	450 000	10 000	200 000	650 000
车间一般耗用	5 000	125 000	2 000	40 000	165 000
合计	23 000	575 000	12 000	240 000	815 000

从表 7－1 所列资料可以看出，该企业的材料费用可以分为两个部分：一部分为直接用于产品生产的直接材料费，A、B 两种产品共耗用 650 000 元，其中 A 产品耗用 320 000 元，B 产品耗用 330 000 元；另一部分为车间一般性消耗的材料费 165 000 元。这项经济业务的发生，一方面使得公司生产产品的直接材料费增加 650 000 元，间接材料费增加 165 000 元；另一方面使得公司的库存材料减少 815 000 元。因此，该项经济业务涉及“生产成本”“制造费用”“原材料”三个账户。生产产品的直接材料费和间接材料费的增加是费用的增加，

应分别记入“生产成本”和“制造费用”账户的借方，库存材料的减少是资产的减少，应记入“原材料”账户的贷方。这项经济业务应编制的会计分录如下：

借：生产成本——A 产品　　320 000
　　　　　　——B 产品　　330 000
　　制造费用　　165 000
　　贷：原材料——甲材料　　575 000
　　　　　　　——乙材料　　240 000

（二）人工费用的归集与分配

职工为企业劳动，理应从企业获得一定的报酬，也就是企业应向职工支付一定的薪酬。《企业会计准则第 9 号——职工薪酬》（以下简称《职工薪酬准则》）将职工薪酬界定为“企业为获得职工提供的服务或解除劳动关系而给予的各种形式的报酬或补偿，企业提供给职工配偶、子女、受赡养人、已故员工遗属及其他受益人等的福利，也属于职工薪酬。”也就是说，凡是企业为获得职工提供的服务给予或付出的各种形式的对价都构成职工薪酬，作为一种耗费构成人工成本，与这些服务产生的经济利益相匹配。与此同时，企业与职工之间因职工提供服务形成的关系，大多数构成企业的现时义务，将导致企业未来经济利益的流出，从而形成企业的一项负债。

职工薪酬是企业因职工提供服务而支付或放弃的所有对价，具体范围包括在职和离职后提供给职工的所有货币性和非货币性薪酬；能够量化给职工本人和提供给职工集体享有的福利；提供给职工本人配偶、子女或其他赡养人的福利；以商业保险形式提供给职工的保险待遇等。

企业在确定应当作为职工薪酬进行确认和计量的项目时，需要综合考虑，确保企业人工成本核算的完整性和准确性。《职工薪酬准则》所确定的职工薪酬主要包括以下几项内容：

1. 短期薪酬

这是指企业预期在职工提供相关服务的年度报告期间结束后 12 个月内将全部予以支付的职工薪酬（因解除与职工的劳动关系给予的补偿除外）。短期薪酬具体包括以下几项：

（1）职工工资、奖金、津贴和补贴，是指企业按照构成职工工资总额的计时工资、计件工资、支付给职工的超额劳动报酬和增收节支的劳动报酬、为补偿职工特殊或额外的劳动消耗和因其他特殊原因支付给职工的津贴，以及为保证职工工资水平不受物价影响支付给职工的物价补贴等。其中，企业按照短期奖金计划向职工发放的奖金属于短期薪酬，按照中长期奖金计划向职工发放的奖金属于其他长期职工福利。

（2）职工福利费，是指企业向职工提供的生活困难补助、丧葬补助费、抚恤费、职工异地安家费、防暑降温费等职工福利支出。

（3）医疗保险费、工伤保险费和生育保险费等社会保险费，是指企业按照国家规定的基准和比例计算，向社会保险经办机构缴纳的医疗保险费、养老保险费、失业保险费、工伤保险费和生育保险费等。

（4）住房公积金，是指企业按照国家规定的基准和比例计算，向住房公积金管理机构缴存的住房公积金。

（5）工会经费和职工教育经费，是指企业为了改善职工文化生活、为职工学习先进技术和提高文化水平和业务素质，开展工会活动和职工教育及职业技能培训等的相关支出。

（6）短期带薪缺勤，是指职工虽然缺勤但企业仍向其支付报酬的安排，包括年休假、病假、婚假、产假、丧假、探亲假等。

（7）短期利润分享计划，是指因职工提供服务而与职工达成的基于利润或其他经营成果提供薪酬的协议。

（8）其他短期薪酬，是指除上述薪酬以外的其他为获得职工提供的服务而给予职工的短期薪酬。

2. 离职后福利

这是指企业为获得职工提供的服务而在职工退休或与企业解除劳动关系后，提供的各种形式的报酬和福利，短期薪酬和辞退福利除外。

3. 辞退福利

这是指企业在职工劳动合同到期之前解除与职工的劳动关系，或者为鼓励职工自愿接受裁减而给予职工的补偿。辞退福利主要包括以下两种：

（1）在职工劳动合同到期前，不论职工本人是否愿意，企业决定解除与职工的劳动关系而给予的补偿。

（2）在职工劳动合同尚未到期前，接受补偿离职。为鼓励职工自愿接受裁减而给予的补偿，职工有权利选择继续在职或接受补偿离职。另外，职工虽然没有与企业解除劳动合同，但未来不再为企业提供服务，不能为企业带来经济利益，企业承诺提供实质上具有辞退福利性质的经济补偿的，如发生“内退”的情况，在其正式退休日之前应当比照辞退福利处理，在其正式退休日期之后，应当按照离职后福利处理。

4. 其他长期职工福利

这是指除短期薪酬、离职后福利、辞退福利之外所有的职工薪酬，包括长期带薪缺勤、长期残疾福利、长期利润分享计划等。

在对企业职工薪酬进行核算时，应根据工资结算汇总表或按月编制的职工薪酬分配表的内容登记有关的总分类账户和明细分类账户，进行相关的账务处理。应由生产产品、提供劳务负担的职工薪酬计入产品成本或劳务成本；生产产品、提供劳务的直接生产人员和直接提供劳务人员发生的职工薪酬，计入存货成本，但非正常消耗的直接生产人员和直接提供劳务人员的职工薪酬，应在发生时确认为当期损益；应由在建工程、无形资产负担的职工薪酬，计入固定资产或无形资产成本；除直接生产人员、直接提供劳务人员、建造固定资产人员、开发无形资产人员以外的职工，包括公司总部管理人员、董事会成员、监事会成员等人员相关的职工薪酬，因难以确定直接对应的受益对象，所以均应在发生时确认为当期损益。

为了核算职工薪酬的发生和分配的内容，需要设置“应付职工薪酬”账户。“应付职工薪酬”账户的性质是负债类，用来核算企业职工薪酬的确认与实际发放情况，并反映和监督企业与职工薪酬结算情况。该账户贷方登记本月计算的应付职工薪酬总额，包括各种工资、奖金、津贴和福利费等，同时应付的职工薪酬应作为一项费用按其经济用途分别记入有关的成本、费用账户；借方登记本月实际支付的职工薪酬。月末如为贷方余额，表示本月应付职工薪酬大于实付职工薪酬的数额，即应付未付的职工薪酬。“应付职工薪酬”账户可以按照“工资”“职工福利”“社会保险费”“住房公积金”“工会经费”“职工教育经费”

“非货币性福利”“福利辞退”“股份支付”等进行明细分类核算。

“应付职工薪酬”账户的结构如图 7 – 11 所示。

应付职工薪酬

实际支付的职工薪酬	月末计算分配的职工薪酬
	期末余额：应付未付的职工薪酬

图 7 – 11 “应付职工薪酬”账户的结构

这里，重点介绍“职工福利”明细账户。

“应付职工薪酬——职工福利”账户用来核算企业按照职工工资额和国家规定的计提比例对职工福利费的提取和支用情况。按规定，各企业单位为了保证职工身体健康，改善和提高职工的福利待遇，都应按照职工工资总额和国家规定的一定比例（现行比例为 14%）计提职工福利费，用于职工的医药费、困难补助、医务及福利部门人员的工资等。该账户属于负债类，贷方登记按照规定计算的职工福利费的提取数，借方登记职工福利费的实际支付数，期末余额在贷方，表示企业职工福利费的结余数。企业每月按照职工工资额和规定的提取比例计提职工福利费时，记入“应付职工薪酬——职工福利”账户的贷方，表示企业应付职工福利费的增加，同时记入当期相应的成本和费用账户的借方。除医务及福利部门人员的职工福利费记入“管理费用”账户的借方外，其他人员的职工福利费与他们发生的工资费用应记入的账户及方向一致。

企业应支付给职工的职工薪酬，作为工资费用应按职工的不同岗位记入有关的成本、费用账户。一般情况下，车间生产人员的工资费用应记入“生产成本”账户；车间管理人员的工资费用应记入“制造费用”账户；企业行政管理人员的工资费用应记入“管理费用”账户。

以下举例说明材料费用归集与分配的总分类核算过程：

【例 7 – 18】

某企业 12 月 9 日编制的“工资结算单”列明：生产 A 产品工人工资 40 000 元，生产 B 产品工人工资 20 000 元，车间管理人员工资 15 000 元，厂部管理人员工资 25 000 元。

这笔经济业务的发生，一方面使企业本期的工资费用增加，应根据职工的不同岗位分别记入“生产成本”“制造费用”和“管理费用”账户的借方；另一方面，企业对职工的负债增加，应记入“应付职工薪酬——工资”账户的贷方。应编制的会计分录为：

借：生产成本——A 产品	40 000	
——B 产品	20 000	
制造费用	15 000	
管理费用	25 000	
贷：应付职工薪酬——工资		100 000

【例 7 – 19】

某企业 12 月 10 日，开出现金支票，从银行提取现金 100 000 元准备发放工资。

这笔经济业务的发生，一方面使企业的库存现金增加，应记入“库存现金”账户的借方；另一方面使企业银行存款减少，应记入“银行存款”账户的贷方。应编制会计分录为：

借：库存现金　　100 000
　　贷：银行存款　　100 000

发放工资时，应编制的会计分录为：

借：应付职工薪酬——工资　　100 000
　　贷：库存现金　　100 000

【例 7－20】

某公司本月以银行存款支付职工福利费 504 000 元，其中生产工人福利费 429 800 元（A 产品生产工人福利费 229 600 元，B 产品生产工人福利费 200 200 元），车间管理人员的福利费 44 800 元，厂部管理人员的福利费 29 400 元。

支付职工福利费时，一方面使得银行存款减少，另一方面使得应付职工薪酬这项负债减少，所以这笔业务首先应记入“应付职工薪酬”账户的借方和“银行存款”账户的贷方。列支职工福利费时，一方面使得公司当期的费用成本增加，另一方面使得公司的应付职工薪酬增加。对于费用成本的增加，应区分不同人员的福利费，分别在不同的账户中列支。其中 A 产品生产工人的福利费为 229 600 元，B 产品生产工人的福利费为 200 200 元，属于产品生产成本的增加，应记入“生产成本”账户的借方，车间管理人员的福利费为 44 800 元，属于生产产品所发生的间接费用的增加，应记入“制造费用”账户的借方，厂部管理人员的福利费为 29 400 元，属于期间费用的增加，应记入“管理费用”账户的借方，同时，应记入“应付职工薪酬”账户的贷方。这项经济业务应编制的会计分录如下：

（1）支付福利费时：

借：应付职工薪酬——职工福利　　504 000
　　贷：银行存款　　504 000

（2）列支福利费时：

借：生产成本——A 产品　　229 600
　　　　　　——B 产品　　200 200
　　制造费用　　44 800
　　管理费用　　29 400
　　贷：应付职工薪酬——职工福利　　504 000

（三）制造费用的归集与分配

制造费用是产品制造企业为了生产产品和提供劳务而发生的各种间接费用。其主要内容是企业的生产部门（包括基本生产车间和辅助生产车间）为组织和管理生产活动以及为生产活动服务而发生的费用。

制造费用包括的具体内容分为三个部分：第一部分是间接用于产品生产的费用，如机物料消耗费用，车间生产用的固定资产的折旧费、修理费、保险费，车间生产用的照明费、劳动保护费等；第二部分是直接用于产品生产，但管理上不要求或者不便于单独核算，因而没有单独设置成本项目进行核算的某些费用，如生产工具的摊销费、设计制图费、试验费以及生产工艺用的动力费等；第三部分是车间用于组织和管理生产的费用，如车间管理人员的工资及福利费，车间管理用的固定资产的折旧费、修理费，车间管理用具的摊销费，车间管理用的水电费、办公费、差旅费等。

在生产多种产品的企业里，制造费用在发生时一般无法直接判定其应归属的成本核算对象，因而不能直接计入所生产的产品成本中，必须将上述各种费用按照发生的不同空间范围在“制造费用”账户中予以归集、汇总，然后选用一定的标准（如生产工人工资、生产工时等）在各种产品之间进行合理的分配，以便于准确地确定各种产品应负担的制造费用数额。在制造费用的归集过程中，要按照权责发生制核算基础要求，正确地处理跨期间的各种费用，使其分摊于应归属的会计期间。

为了归集和分配各种间接费用，需要设置以下几个与间接费用的发生有关的账户：

1. “长期待摊费用”账户

长期待摊费用是指企业已经支出但应由本期和以后各期分别负担，且分摊期在一年以上的各项费用。这是权责发生制核算基础的更求。“长期待摊费用”账户的性质属于资产类，用来核算企业预先付款，应由本期和以后各期分别负担的、分摊期超过1年的各种资产项目，借方登记预先支付的各种款项，如预付的房租、开办费、设备大修理费等，贷方登记应摊销计入本期成本或损益的各种费用。期末余额在借方，表示已经支出但尚未摊销的费用。该账户应按照费用的种类设置明细账户，进行明细分类核算。“长期待摊费用”账户的结构如图7－12所示。

长期待摊费用

预先支付的款项	应计入本期成本或损益的费用
期末余额：已支出但未摊销的费用	

图7－12 “长期待摊费用”账户的结构

2. “累计折旧”账户

该账户的性质是资产类，用来核算企业固定资产已提折旧的累计情况。贷方登记按月提取的折旧额，即累计折旧的增加，借方登记因减少固定资产而减少的累计折旧。期末余额在贷方，表示该账户只进行总分类核算，不进行明细分类核算。如果要查明某项固定资产已提折旧的具体情况，可以通过固定资产卡片（台账）来了解。“累计折旧”账户的结构如图7－13所示。

累计折旧

因出售、报废或毁损固定资产 而相应减少的折旧数	计提的固定资产的折旧数
	期末余额：已提固定资产折旧的累计额

图7－13 “累计折旧”账户的结构

固定资产因使用而逐步损耗减少的价值，称为固定资产折旧。固定资产折旧应根据其用途的不同分别计入产品成本和期间费用。生产车间使用固定资产的折旧记入“制造费用”账户的借方，行政管理部门使用固定资产的折旧记入“管理费用”账户的借方。同时，将计提的折旧额记入“累计折旧”账户的贷方，表示固定资产价值的减少。

【例7－21】

某企业月末计提车间使用固定资产折旧额40 000元，厂部使用固定资产折旧额10 000元。应编制的会计分录为：

借：制造费用　　40 000
　　管理费用　　10 000
　　贷：累计折旧　　50 000

【例7－22】

12月23日，企业用银行存款支付本月水电费15 000元，其中车间应负担12 000元，行政管理部门应负担3 000元。

这笔经济业务的发生，一方面使车间应负担的间接费用增加，应记入“制造账户”的借方；行政管理部门应负担的期间费用增加，应记入“管理费用”账户的借方，另一方面使企业的银行存款减少，应记入“银行存款”账户的贷方。应编制的会计分录为：

借：制造费用　　12 000
　　管理费用　　3 000
　　贷：银行存款　　15 000

【例7－23】

某公司用银行存款100 800元预付今、明两年的车间用房租金。

按照权责发生制的要求，企业应按支出的义务是否属于本期来确认费用的入账时间，也就是凡是本期发生的费用，不论款项是否在本期支付，都应作为本期的费用入账；凡不属于本期的费用，即使款项在本期支付，也不应作为本期的费用处理。公司用银行存款预付两年的房租，款项虽然在本期支付，但其付款的义务显然不在本期发生，而是在今、明两年产生付款责任，所以本期付款时，应将其作为一种等待摊销的费用处理。因此，这项经济业务的发生，一方面使得公司等待摊销的费用增加了，属于资产增加，应记入“长期待摊费用”账户的借方；另一方面用银行存款支付款项，意味着银行存款的减少，应记入“银行存款”账户的贷方。这项经济业务应编制的会计分录如下：

借：长期待摊费用　　100 800
　　贷：银行存款　　100 800

【例7－24】

承例7－23，某公司月末摊销应由本月负担的上项已付款的车间用房的房租4 200元。

两年房租的款项虽然在本月全部支付，但其责任却是在含本月在内的24个月内承担，因而由本月负担的部分应将其作为本期的费用入账。所以摊销车间房租时，一方面使得公司的制造费用增加4 200元；另一方面使得公司的前期付款等待摊销的费用减少4 200元，因此该项经济业务涉及“制造费用”和“长期待摊费用”两个账户。制造费用的增加是费用的增加，应记入“制造费用”账户的借方，长期待摊费用的减少是资产的减少，应记入“长期待摊费用”账户的贷方。这项经济业务应编制的会计分录如下：

借：制造费用　　4 200
　　贷：长期待摊费用　　4 200

制造费用属于间接费用，是产品成本的构成部分。因此，月末企业应将本月发生的制造费用按照规定的标准进行分配，全部结转到产品的生产成本中，借记“生产成本”账户，贷记“制造费用”账户。

根据费用项目与分配标准之间的依存关系，制造费用的分配标准一般有产品生产工时、生产工人工资、产品机器工时等。计算公式如下：

制造费用分配率 = 制造费用总额 ÷ 各种产品耗用工时(工资、机器工时)总和

某种产品应分配的制造费用 = 该产品耗用工时(工资、机器工时) × 制造费用分配率

【例 7－25】

某公司在月末将本月发生的制造费用总额 500 000 元按照生产工时比例分配计入 A、B 产品生产成本。其中 A 产品生产工时 6 000 个，B 产品生产工时 4 000 个。

制造费用分配率 = 制造费用总额/生产工时总和 = 500 000 ÷ (6 000 + 4 000) = 50(元/工时)

A 产品负担的制造费用额 = 6 000 × 50 = 300 000 (元)

B 产品负担的制造费用额 = 4 000 × 50 = 200 000 (元)

将分配的结果计入产品成本，一方面使得产品生产费用增加 500 000 元，另一方面使得公司的制造费用减少 500 000 元。因此该项经济业务涉及“生产成本”和“制造费用”两个账户。产品生产费用的增加作为间接费用应记入“生产成本”账户的借方，制造费用的减少是费用的结转，应记入“制造费用”账户的贷方。这项经济业务应编制的会计分录如下：

借：生产成本——A 产品	300 000	
——B 产品	200 000	
贷：制造费用		500 000

二、完工产品生产成本的计算与结转

制造费用分配到各产品成本后，“生产成本”账户的借方归集了各种产品生产所发生的直接材料、直接人工、制造费用。接下来，就是进行产品成本的计算。成本计算是会计核算的主要内容之一。进行产品生产成本的计算就是将企业生产过程中为制造产品所发生的各种费用按照生产产品的品种、类别等（即成本计算对象）进行归集和分配，以便计算各种产品的总成本和单位成本。

企业应按照产品品种设置产品生产成本明细账，用来归集应计入各种产品的生产费用，期末，将归集的生产费用采取适当的分配方法在完工的产成品和未完工的在产品之间进行分配，进而计算出完工产品的总成本和单位成本。

完工产品生产成本 = 期初在产品成本 + 本期发生的生产费用 − 期末在产品成本

企业生产的产品经过了各道工序的加工生产之后，就成为企业的完工产成品。产成品是指已经完成全部生产过程并已验收入库、符合标准规格和技术条件，可以按照合同规定的条件送交订货单位，或可以作为商品对外销售的产品。根据完工产品生产成本计算单的资料就可以结转完工、验收入库产品的生产成本。

为了核算完工产品成本结转及其库存商品成本情况，需要设置“库存商品”账户。该账户的性质是资产类账户，用来核算企业库存的各种商品的增加、减少及结存情况，包括企

业外购商品、自制产品即产成品、自制半成品、存放在销售部门准备出售的商品、发出展览的商品以及寄存在外的商品等。借方登记验收入库商品成本的增加，贷方登记库存商品成本的减少（发出），期末余额在借方，表示库存商品成本的期末结余额。“库存商品”账户应按照商品的种类、品种和规格等设置明细账，进行明细分类核算。“库存商品”账户的结构如图 7 – 14 所示。

库存商品

验收入库商品的增加额	库存商品成本的减少额
期末余额：结存的库存商品成本	

图 7 – 14　“库存商品”账户的结构

【例 7 – 26】

某公司生产车间本月生产完工 A、B 两种产品，其中 A 产品完工总成本为 400 000 元，B 产品完工总成本为 500 000 元。A、B 产品现已验收入库，结转成本。

产品完工入库结转成本时，一方面使得公司的库存商品成本增加，其中 A 产品成本增加 400 000 元，B 产品成本增加 500 000 元；另一方面由于结转入库商品实际成本而使生产过程中占用的资金减少 900 000（400 000 + 500 000）元因此该项经济业务涉及“生产成本”和“库存商品”两个账户，库存商品成本的增加是资产的增加，应记入“库存商品”账户的借方，结转入库产品成本使生产成本减少，应记入“生产成本”账户的贷方。这项经济业务应编制的会计分录如下：

借：库存商品——A 产品　　400 000
　　　　　　——B 产品　　500 000
　贷：生产成本——A 产品　　400 000
　　　　　　　——B 产品　　500 000

第四节　企业销售业务核算

销售过程是指从产品完工入库开始到产品销售给买方为止的过程，是企业资金运用的第三个阶段。在销售过程中，企业将产品销售给购买方，按销售价收取货款，确认收入，同时结转销售成本。为了销售产品，还要发生包装费、广告费、运输费等销售费用。企业在取得收入时，还应按税法规定的税率计算并结转税金及附加，如消费税、城市维护建设税、教育费附加等。因此，企业销售过程的主要核算内容有：确认由于销售产品（或提供劳务）取得的收入，计算发生的销售成本、销售费用、税金及附加，以及在销售中发生的退回、折扣等特殊情况的处理。

企业的业务收入，包括主营业务收入和其他业务收入。主营业务收入是指企业主要经营业务所取得的收入，如工业企业的产品销售收入、商品流通企业的商品销售收入等，占企业整体收入的绝大部分；其他业务收入是指主营业务收入以外的收入，如销售材料、转让无形资产等取得的收入，占企业整体收入的很小部分。

一、账户设置

为了对销售过程的经济业务进行核算，企业应设置“主营业务收入”“主营业务成本”“税金及附加”“销售费用”“应收账款”“其他业务收入”“其他业务成本”等账户。

1.“主营业务收入”账户

“主营业务收入”账户用来核算企业销售商品、提供劳务等主要经营活动所产生的收入。该账户属于损益类，贷方登记本期实现的主营业务收入，借方登记发生销售退回或销售折让减少的主营业务收入和期末转入“本年利润”账户的数额，期末无余额。该账户应按主营业务的种类设置明细账，进行明细分类核算。

2.“主营业务成本”账户

“主营业务成本”账户用来核算企业销售商品、提供劳务等主要经营活动所发生的成本的计算和结转。该账户属于损益类，借方登记已经销售商品的实际成本，贷方登记期末转入“本年利润”账户的实际成本，期末无余额。该账户应按商品类别设置明细账，进行明细分类核算。

3.“税金及附加”账户

“税金及附加”账户用来核算企业日常活动应负担的税金及附加，如消费税、资源税、城市维护建设税、教育费附加等。该账户属于损益类，借方登记企业本期按规定税率计算应缴纳的各种税金及附加，贷方登记期末转入“本年利润”账户的余额，期末无余额。

4.“销售费用”账户

“销售费用”账户用来核算企业在销售商品、提供劳务的过程中发生的各种费用，包括保险费、包装费、展览费、广告费、商品维修费、预计产品质量保证损失、运输费、装卸费等，以及为销售本企业商品而专设的销售机构（含销售网点、售后服务网点等）的职工薪酬、业务费、折旧费等经营费用。该账户属于损益类，借方登记销售商品发生的各种费用，贷方登记期末转入“本年利润”账户的金额，结转后期末无余额。该账户应按照费用项目设置明细账，进行明细分类核算。

5.“应收账款”账户

“应收账款”账户用来核算企业因销售商品、提供劳务，应向购货单位或接受劳务单位收取的款项。该账户属于资产类，借方登记企业在销售过程中发生的应收账款，贷方登记已收回的应收账款和已确认为坏账的应收款项，期末余额在借方，表示尚未收回的应收账款。该账户应按收款单位设置明细账，进行明细分类核算。

6.“其他业务收入”账户

“其他业务收入”账户用来核算除主营业务收入以外的其他业务收入（如材料销售、代购代销、包装物出租等收入）。该账户属于损益类，贷方登记本期实现的其他业务收入金额，借方登记期末结转至“本年利润”账户的金额，结转后期末无余额。该账户按照其他业务的种类设置明细账，进行明细分类核算。

7.“其他业务成本”账户

“其他业务成本”账户用来核算除主营业务成本以外的其他销售业务所发生的支出（包括销售材料、代购代销、包装物出租等发生的相关成本费用及相关税金）。该账户属于损益类，借方登记其他业务成本的发生额，贷方登记期末结转至“本年利润”账户的金额，结转后期末无余额。该账户按照其他业务的种类设置明细账，进行明细分类核算。

二、账务处理

1. 主营业务收入的核算

通常情况下，当商品已经发出，同时收讫价款或取得收取价款的凭据或权利时，就可以确认销售收入。销售商品的收入，应当按销售合同、协议或销售发票的金额确定。

【例 7-27】

2017 年 12 月 25 日，销售 A 产品 800 件，每件售价 600 元，合计价款 480 000 元，增值税销项税额 81 600（480 000 × 17%）元，产品已发出，货款收到并存入银行。

这笔经济业务的发生，一方面使企业的银行存款增加，应记入“银行存款”账户的借方，另一方面也使企业当期实现的商品销售收入和增值税销项税额增加，应分别记入“主营业务收入”和“应交税费——应交增值税”账户的贷方。应编制的会计分录为：

借：银行存款　　561 600
　贷：主营业务收入——A 产品　　480 000
　　应交税费——应交增值税（销项税额）　　81 600

【例 7-28】

2017 年 12 月 27 日，销售 B 产品 550 件，每件售价 400 元，合计价款 220 000 元，增值税销项税额 37 400（220 000 × 17%）元，产品已发出，货款尚未收回。

该笔经济业务中，企业销售产品虽未收到货款，但已取得向买方收款的权利，应确认为主营业务收入的实现。这项经济业务的发生，一方面使企业的债权增加，应记入“应收账款”账户的借方，另一方面也使企业当期实现的商品销售收入和增值税销项税额增加，应分别记入“主营业务收入”和“应交税费——应交增值税”账户的贷方。应编制的会计分录为：

借：应收账款　　257 400
　贷：主营业务收入——B 产品　　220 000
　　应交税费——应交增值税（销项税额）　　37 400

2. 主营业务成本的核算

企业在销售商品取得收入的同时，要计算并结转主营业务成本，以便与当期的主营业务收入进行配比，正确计算销售利润。主营业务成本的计算公式如下：

本期应结转的主营业务成本 = 商品的单位成本 × 本期销售商品的数量

【例 7-29】

2017 年 12 月 31 日，结转本月销售的 A、B 两种产品的实际成本，A 产品单位成本 346 元，共计 276 800 元；B 产品单位成本 260 元，共计 143 000 元。

这笔经济业务的发生，一方面使库存商品减少，应记入“库存商品”账户的贷方；另一方面，与主营业务收入配比的成本增加，应记入“主营业务成本”账户的借方。应编制的会计分录为：

借：主营业务成本　　419 800
　贷：库存商品——A 产品　　276 800
　　　　　　——B 产品　　143 000

3. 税金及附加的核算

企业在销售商品的过程中实现了销售收入，就要按税法的规定向税务机关缴纳各种税费。税金及附加主要包括消费税、城市维护建设税和教育费附加等，一般应根据当月的销售额和规定的税率计算。一方面税金及附加增加了企业的费用，应记入“税金及附加”账户的借方，另一方面形成企业的一项负债，应记入“应交税费”账户的贷方。

【例 7－30】

2017 年 12 月 31 日，根据应缴增值税计算，本月应缴纳的城市维护建设税 3 808 元，教育费附加 1 632 元。

这笔经济业务的发生，一方面使企业的税金及附加增加了 5 440 元，应记入“税金及附加”账户的借方，另一方面，由于税金计算出来后尚未缴纳，构成负债，应将应交城市维护建设税记入“应交税费——应交城市维护建设税”账户的贷方，将应交教育费附加记入“应交税费——应交教育费附加”账户的贷方。应编制的会计分录为：

借：税金及附加　　5 440

　　贷：应交税费——应交城市维护建设税　　3 808

　　　　　　　　——应交教育费附加　　1 632

4. 销售费用的核算

销售费用是企业为销售产品而发生的相关费用，如包装费、运输费、装卸费、保险费、展览费、广告费等。

【例 7－31】

12 月 28 日，以银行存款支付本月产品广告费 10 000 元。

这笔经济业务的发生，一方面使企业的银行存款减少，应记入“银行存款”账户的贷方，另一方面，使企业的销售费用增加，应记入“销售费用”账户的借方。应编制的会计分录为：

借：销售费用——广告费　　10 000

　　贷：银行存款　　10 000

5. 其他业务收入的核算

“其他业务收入”账户的性质是损益类，用来核算企业除主营业务以外的其他业务收入的实现及其结转情况。贷方登记其他业务收入的实现，即增加的其他业务收入额，借方登记期末转入“本年利润”账户的其他业务收入额，经过结转后，期末没有余额。“其他业务收入”账户应按照其他业务的种类设置明细账户，进行明细分类核算。

【例 7－32】

2017 年 12 月 29 日出租包装物一批，收到租金 7 020 元存入银行。

出租包装物的租金收入属于让渡资产使用权收入，应列入其他业务收入。由于租金中包含增值税销项税额，因此应进行分离，即不含税租金为 6 000［7 020/（1＋17%）］元，增值税销项税额为 1 020 元。这项经济业务的发生，一方面使得公司的其他业务收入增加6 000 元，增值税销项税额增加 1 020 元；另一方面使得公司的银行存款增加 7 020 元，因此该项经济业务涉及“银行存款”“其他业务收入”和“应交税费——应交增值税”三个账户。这项经济业务应编制的会计分录如下：

借：银行存款　　7 020

　　贷：其他业务收入　　6 000

　　　　应交税费——应交增值税（销项税额）　　1 020

6. 其他业务支出的核算

企业在实现其他业务收入的同时，往往还要发生些其他业务支出，即与其他业务有关的成本和费用，包括销售材料的成本、出租固定资产的折旧额、出租无形资产的摊销额、出租包装物的成本或摊销额等。为了核算这些支出，需要设置“其他业务成本”账户。该账户的性质属于损益类，用来核算企业除主营业务以外的其他业务成本的发生及其转销情况。借方登记其他业务成本包括材料销售成本、提供劳务的成本费用的发生，即其他业务成本的增加，贷方登记期末转入“本年利润”账户的其他业务成本额，经过结转后，期末没有余额。“其他业务成本”账户应按照其他业务的种类设置明细账户，进行明细分类核算。

【例 7－33】

结转本月出租包装物的成本 4 680 元。

企业出租包装物的成本属于其他业务成本的内容。这项经济业务的发生，一方面使公司的其他业务成本增加 4 680 元，另一方面使得公司的库存包装物成本减少 4 680 元。因此，该项经济业务涉及“其他业务成本”“周转材料”两个账户。这项经济业务应编制的会计分录如下：

借：其他业务成本　　4 680

　　贷：周转材料　　4 680

三、销售中特殊情况的处理

商品在销售过程中，会因种种原因发生销售退回、给予销售折让，有的还会出现商业折扣和现金折扣的情况。

销售退回是指企业售出的商品，由于质量、品种等不符合要求而发生的退货。销售退回如果发生在收入确认之前，其处理非常简单，只需转回库存商品即可。如果发生在收入确认之后，应区分情况处理：本年度或以前年度销售的商品，在年度终了前（12 月 31 日）退回，应冲减退回月份的收入，同时转回相关的成本、税金；报告年度或以前年度销售的商品，在年度财务报告批准报出前退回的，冲减报告年度的收入，以及相关的成本、税金。

销售折让是指企业因售出商品的质量不合格等原因，而在售价上给予的价格减让。销售折让可能发生在销货方确认收入之前，也可能发生在销货方确认收入之后。如果销售折让发生在销货方确认收入之前，销货方应直接从原定的销售价格中扣除给予购买方的销售折让作为实际销售价格，并据以确认收入；如果销售折让发生在确认收入之后，销货方应按其与购买方的销售折让冲减当期销售收入。

商业折扣是指企业为促进商品销售而在商品标价上给予的价格扣除。企业销售商品如果涉及商业折扣，应当按照扣除商业折扣后的金额确定销售商品收入，也就是商品标价扣除商业折扣后的金额为双方的实际交易价格，即发票价格。由于会计记录是以实际交易价格为基础的，而商业折扣是在交易成立之前予以扣除的折扣，它只是购销双方确定交易价格的一种方式，因此并不影响销售的会计处理。

现金折扣是指债权人为鼓励债务人在规定的期限内付款而向债务人提供的债务扣除。企业会计准则要求企业采用总价法对现金折扣进行处理，即在确定销售商品收入时，不考虑各种预计可能发生的现金折扣，而在实际发生现金折扣时，将其计入当期损益（财务费用）。

可见，在计量销售商品收入的金额时，应将销售退回、销售折让和商业折扣作为销售收入的抵减项目记账。

第五节　企业财务成果核算

一、财务成果概述

所谓财务成果，是指企业在一定会计期间所实现的最终经营成果，也就是企业所实现的利润或亏损总额。利润是按照配比的要求，将一定时期内存在因果关系的收入与费用进行配比而产生的结果，收入大于费用支出的差额部分为利润，反之则为亏损。利润是综合反映企业在一定时期生产经营成果的重要指标。企业各方面的情况，诸如劳动生产率的高低、产品是否适销对路、产品成本和期间费用的节约与否，都会通过利润指标得到综合反映。因此，获取利润就成为企业生产经营的主要目的之一。企业获利与否，不仅关系到企业的稳定发展和职工生活水平的提高问题，也会影响到社会的积累与发展，所以企业必须采取措施，增收节支，增强企业的盈利能力，提高经济效益。

二、利润的形成与核算

（一）利润的形成

利润是企业在一定会计期间的经营成果，包括收入减去费用后的净额、直接计入当期利润的利得和损失等。直接计入当期利润的利得和损失是指应当计入当期损益、会导致所有者权益发生增减变动的与所有者投入资本或者向投资者分配利润无关的利得或损失。《企业会计准则第30号——财务报表列报》规定，企业的利润表应当单独列示扣除所得税费用后的净利润。

1. 营业利润

营业利润是指由于生产经营活动所取得的利润，是企业利润的主要来源。用公式表示如下：

营业利润 = 营业收入 - 营业成本 - 税金及附加 - 销售费用 - 管理费用 - 财务费用 - 资产减值损失 + 公允价值变动收益 - 公允价值变动损失 + 投资收益 - 投资损失

2. 利润总额

利润总额由营业利润和营业外收支净额组成。用公式表示如下：

利润总额 = 营业利润 + 营业外收入 - 营业外支出

营业外收支净额是指与企业生产经营没有直接关系的各项营业外收入减营业外支出后的差额。

3. 净利润

企业实现利润后，首先要按照税法的规定向国家缴纳所得税，利润总额减去所得税费用后的净额为净利润。用公式表示如下：

净利润 = 利润总额 - 所得税费用

其中，

所得税费用 = 应纳税所得额 × 适用企业的所得税税率

（二）利润的核算

1. 账户设置

为了核算企业利润的形成情况，计算确定企业在一定会计期间的经营成果，企业主要设置“投资收益”“营业外收入”“营业外支出”“所得税费用”和“本年利润”账户。

1）“投资收益”账户

“投资收益”账户用来核算企业对外投资取得的投资收益或发生的投资损失。该账户属于损益类，贷方登记对外投资所取得的收益或期末转入“本年利润”账户的投资净损失，借方登记对外投资发生的投资损失或期末转入“本年利润”账户的投资净收益，结转后期末无余额。该账户可以按照投资收益的种类设置明细账，进行明细分类核算。

2）“营业外收入”账户

“营业外收入”账户用来核算企业发生的与其经营活动无直接关系的各项收入，主要包括处置非流动资产利得、非货币性资产交换利得、债务重组利得、罚没利得、政府补助利得、确实无法支付而按规定程序经批准后转作营业外收入的应付款项、捐赠利得、盘盈利得等。该账户属于损益类，贷方登记营业外收入的增加数，借方登记期末结转至“本年利润”账户的转出数，结转后期末无余额。该账户按收入项目设置明细账，进行明细分类核算。

3）“营业外支出”账户

“营业外支出”账户用来核算企业发生的与其经营活动无直接关系的各项支出，包括处置非流动资产损失、非货币性资产交换损失、债务重组损失、公益性捐赠支出、罚款支出、非常损失等。该账户属于损益类，借方登记营业外支出的发生数，贷方登记期末结转至“本年利润”账户的转出数，结转后期末无余额。该账户按支出项目设置明细账，进行明细分类核算。

4）“所得税费用”账户

“所得税费用”账户用来核算企业按规定从本期损益中扣除的所得税费用的计算及其结转情况。该账户属于损益类，借方登记企业应记入本期损益的所得税费用额，贷方登记期末结转至“本年利润”账户的所得税费用额，结转后期末无余额。

5）“本年利润"账户

“本年利润”账户用来核算企业在一定时期内净利润的形成或亏损的发生情况。该账户属于所有者权益类，贷方登记从“主营业务收入”“其他业务收入”“投资收益”“营业外收入”等损益收入类账户转入的各项收入，借方登记由“主营业务成本”“税金及附加”“其他业务成本”“管理费用”“财务费用”“销售费用”“营业外支出”“所得税费用”等损益支出类账户转入的各项费用，在“本年利润”账户中将借方金额和贷方金额进行比较，来确定本期的财务成果，借方余额反映累计发生的亏损数，贷方余额反映累计实现的净利润数。年末，需将该账户余额转入“利润分配——未分配利润”账户。

2. 账务处理

【例 7－34】

12 月 24 日，企业接到银行通知，从被投资单位分来利润 80 000 元，已收妥入账。

该笔经济业务中，被投资单位分来利润属于企业对外投资所取得的收益，应通过“投资收益”账户核算。“投资收益”账户属于损益收入类，实现的收益应记入账户的贷方，同时该笔收益存入银行，应通过“银行存款”账户核算，记入该账户的借方。应编制的会计分录为：

借：银行存款　　80 000

　　贷：投资收益　　80 000

【例 7－35】

12 月 26 日，企业以银行存款向希望工程捐款 10 000 元。

该笔经济业务中，捐赠支出属于营业外支出，应通过“营业外支出”账户核算。“营业外支出”账户属于损益费用类，增加应记借方，同时减少企业的银行存款，应记入“银行存款”账户的贷方。应编制的会计分录为：

借：营业外支出　　10 000

　　贷：银行存款　　10 000

三、利润的分配与核算

（一）利润的分配顺序

利润分配是指企业按国家有关法律、法规以及企业章程的规定，对实现的可供分配的利润在企业和投资者之间进行的分配。企业可供分配的利润是当期实现的净利润，加上年初未分配利润（或减去年初未弥补亏损）后的余额。企业的利润按下列顺序分配：

1. 提取法定盈余公积

法定盈余公积应按税后净利润的10%提取，作为企业发展和生产经营的后备资金。企业提取的法定公积金累计额超过注册资本50%以上的，可以不再提取。

2. 提取任意盈余公积

公司制的企业根据企业发展需要，按税后利润的一定比例提取。任意盈余公积一般按股东大会决议提取。

3. 向投资者分配利润或股利

可供分配的利润减去提取的盈余公积后，再加上年初未分配利润和其他转入数（公积金弥补的亏损等），为可供向投资者分配的利润。有限责任公司按固定的出资比例向股东分配利润，股份有限公司按股东持有的股份比例向股东分配股利。

可供分配利润经上述分配后剩余的部分，为未分配利润，未分配利润可留待以后年度进行分配。企业如发生亏损，可按规定用以后年度利润弥补。

（二）利润的分配核算

1. 账户设置

为了核算和监督企业税后利润的分配以及亏损的弥补情况，企业应设置“利润分配”“盈余公积”和“应付股利”等账户。

1）“利润分配”账户

“利润分配”账户用来核算企业利润分配的去向和亏损的弥补情况，并提供企业累计未分配利润或累计未弥补亏损数额。该账户属于所有者权益类，贷方登记年末“本年利润”账户转入的净利润，借方登记从“本年利润”账户转入的亏损数和按规定实际分配的利润数，表示利润的去向，期末贷方余额表示未分配的利润，期末借方余额表示未弥补的亏损。该账户应设置“提取法定盈余公积”“提取任意盈余公积”“应付现金股利或利润”“未分配利润”“盈余公积补亏”和“转作股本的股利”等明细账，进行明细分类核算。

2）“盈余公积”账户

“盈余公积”账户用来核算企业从净利润中提取的法定盈余公积金。该账户属于所有者权益类，贷方登记盈余公积的提取数，借方登记盈余公积的使用数，如转增资本金、弥补亏损等，期末余额在贷方，表示盈余公积的结余数。该账户分别设置“法定盈余公积”和“任意盈余公积”明细账，进行明细分类核算。

3）“应付股利”账户

“应付股利”账户用来核算企业应付给投资者的现金股利或利润。该账户属于负债类，贷方登记企业计算出的应支付给投资者的现金股利或利润，借方登记实际支付给投资者的现金股利或利润，期末余额在贷方，表示应付未付的现金股利或利润。该账户按投资者的名称设置明细账，进行明细分类核算。

2. 账务处理

【例7－36】

12月31日，“本年利润”账户贷方有期初余额400 000元，本期实现的净利润为200 000元，将全年实现的净利润自“本年利润”账户转至“利润分配”账户。

这笔经济业务的发生，一方面使净利润因转出而减少，应记入“本年利润”账户的借方，另一方面使待分配利润增加，应记入“利润分配——未分配利润”账户的贷方。应编制的会计分录为：

借：本年利润　　600 000

　　贷：利润分配——未分配利润　　600 000

【例7－37】

12月31日，按10%提取法定盈余公积60 000元。

该项经济业务的发生，一方面使利润的分配额增加，应记入“利润分配”账户的借方，另一方面使企业盈余公积增加，应记入“盈余公积——法定盈余公积”账户的贷方。应编制的会计分录为：

借：利润分配——提取法定盈余公积　　60 000

　　贷：盈余公积——法定盈余公积　　60 000

【例7－38】

公司股东大会决议，分配给股东现金股利200 000元，股票股利300 000元。

这项经济业务的发生需要分成两部分内容处理：现金股利，在股东大会批准利润分配方案之后，立即进行账务处理；股票股利，在股东大会批准利润分配方案并办理了增资手续之后，才能进行相应的账务处理。

现金股利的分配，一方面使得公司的已分配利润额增加200 000元，另一方面，现金虽然已决定分配给股东，但在分配的当时并不实际支付，所以形成公司的一项负债，使得公司的应付股利增加200 000元，因此该项经济业务涉及“利润分配”和“应付股利”两个账户。

借：利润分配——应付现金股利　　200 000

　　贷：应付股利　　200 000

股票股利在股东大会批准利润分配方案并办理了增资手续之后，分配时按面值记入“实收资本”账户（如有超面值部分，应增加资本公积）。这项业务应编制的会计分录如下：

借：利润分配——转作资本或股本的股利　　300 000

　　贷：实收资本　　300 000

日常核算五项事

本章思维导图

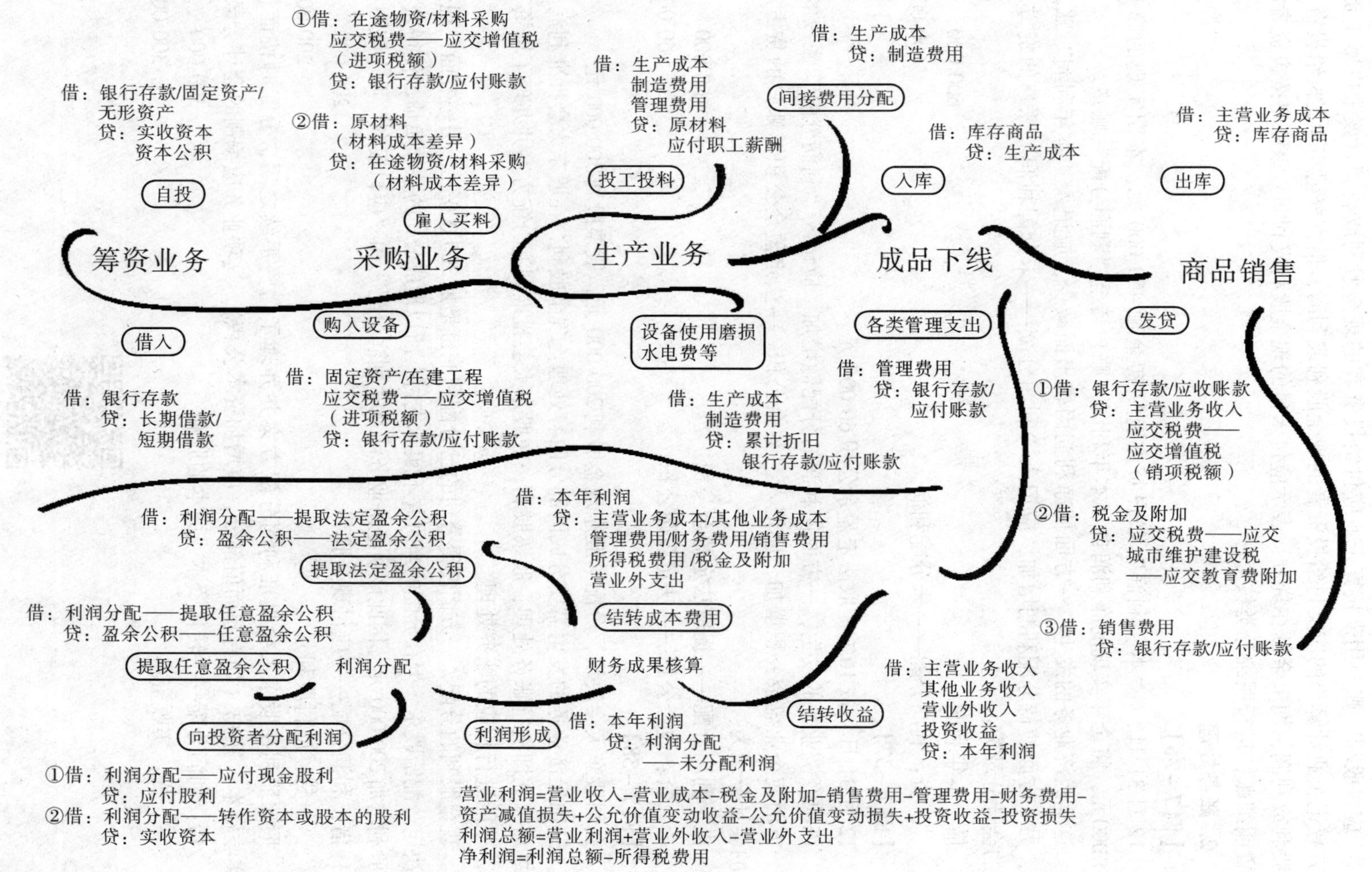
筹资业务
采购业务
生产业务
成品下线
商品销售
自投
借：银行存款/固定资产/
无形资产
贷：实收资本
资本公积
借入
借：银行存款
贷：长期借款/
短期借款
雇人买料
①借：在途物资/材料采购
应交税费——应交增值税
（进项税额）
贷：银行存款/应付账款
②借：原材料
（材料成本差异）
贷：在途物资/材料采购
（材料成本差异）
购入设备
借：固定资产/在建工程
应交税费——应交增值税
（进项税额）
贷：银行存款/应付账款
投工投料
借：生产成本
制造费用
管理费用
贷：原材料
应付职工薪酬
设备使用磨损
水电费等
借：生产成本
制造费用
贷：累计折旧
银行存款/应付账款
间接费用分配
借：生产成本
贷：制造费用
入库
借：库存商品
贷：生产成本
各类管理支出
借：管理费用
贷：银行存款/
应付账款
出库
借：主营业务成本
贷：库存商品
发货
①借：银行存款/应收账款
贷：主营业务收入
应交税费——
应交增值税
（销项税额）
②借：税金及附加
贷：应交税费——应交
城市维护建设税
——应交教育费附加
③借：销售费用
贷：银行存款/应付账款
财务成果核算
结转成本费用
借：本年利润
贷：主营业务成本/其他业务成本
管理费用/财务费用/销售费用
所得税费用 /税金及附加
营业外支出
结转收益
借：主营业务收入
其他业务收入
营业外收入
投资收益
贷：本年利润
利润形成
借：本年利润
贷：利润分配
——未分配利润
营业利润=营业收入-营业成本-税金及附加-销售费用-管理费用-财务费用-
资产减值损失+公允价值变动收益-公允价值变动损失+投资收益-投资损失
利润总额=营业利润+营业外收入-营业外支出
净利润=利润总额-所得税费用
利润分配
提取法定盈余公积
借：利润分配——提取法定盈余公积
贷：盈余公积——法定盈余公积
提取任意盈余公积
借：利润分配——提取任意盈余公积
贷：盈余公积——任意盈余公积
向投资者分配利润
①借：利润分配——应付现金股利
贷：应付股利
②借：利润分配——转作资本或股本的股利
贷：实收资本

专业发展认知教程七

我国会计职称体制及财会专业学生就业现状

我国会计职称考试的全称是会计专业技术资格考试，分为初级会计职称、中级会计职称、高级会计职称三个级别，由财政部、人力资源和社会保障部共同组织，是在全国范围内统一考试时间、统一考试大纲、统一考试命题、统一合格标准的考试制度。在国家机关、社会团体、企业、事业单位和其他组织中，从事会计工作，并符合报名条件的人员，均可报考。会计职称考试每年考试报名人数均在100万人以上，目前是我国报考人数最多、规模最大的全国性专业技术资格考试之一。

会计专业技术资格考试合格者，颁发人社部统一印制，人社部、财政部盖印的会计专业技术资格证书，该证书在全国范围内有效。

会计职称是衡量一个人会计业务水平高低的基本标准，会计职称越高，表明会计业务水平越高。通过会计资格考试，大批优秀会计人才脱颖而出，已经成为各单位的会计业务骨干，在贯彻执行《会计法》，加强经济管理和财务管理，提高经济效益，维护社会主义市场经济秩序中发挥着重要的作用，得到了社会和用人单位的普遍认可。

一、会计职称考试发展历史

我国会计职称考试始于1992年。1992年3月21日，财政部、人事部联合颁布《会计专业技术资格考试暂行规定》和《实施办法》，对会计专业技术资格实行考试制度，并于当年11月29日首次组织了全国的统一考试。152万名会计参加了这次考试。

为加强会计专业队伍建设，提高会计人员的素质，科学、客观、公正地评价会计专业人员的学识水平和业务能力，完善会计专业技术人才选拔机制，根据《中华人民共和国会计法》和《会计专业职务试行条例》的有关规定，2000年9月8日，财政部、人事部修订发布《会计专业技术资格考试暂行规定》（财会〔2000〕11号），同时废止了财政部、人事部于1992年3月21日联合颁布的《会计专业技术资格考试暂行规定》，此规定一直沿用至今。

在2013年开始，会计职称考试在全国范围内开始使用无纸化考试模式。会计职称无纸化考试采用试题从题库中随机抽取的方式，题库中题目数量巨大，题目内容涵盖该等级教材所有章节的知识点，内容细致、全面，几乎无一遗漏。考生考试时随机生成试卷的知识点也就会很分散，每个章节都有考点。随机生成的试卷更加客观，对考生掌握知识也就要求更高。

2019年度全国会计专业技术初级资格无纸化考试有439万考生报考，较2018年增长8.7%，再创历史新高。

全国会计专业技术资格考试自1992年组织实施以来，始终以服务经济社会发展、财税改革和广大会计人员为目标，发挥着选拔、评价、培养会计人才的导向作用，为会计人才队伍建设和高质量发展作出了积极贡献。截至2018年年底，累计有722万人次通过全国会计专业技术资格考试脱颖而出，取得初、中级会计职称或高级会计师职称评审资格。

二、会计职称考试现状

近年来，会计职称考试特别是初级职称考试参考人数大幅跃升，给会计专业的大学生带来了不小的心理压力和就业压力。根据财政部近几年公布的会计职称考试人数可以看出，初级会计职称报考人数处于上升趋势，其中2013—2016年，初级会计职称考试人数基本处于稳定状态，到了2017年，初级会计职称报考人数达186万人，增幅为28%。中、高级会计职称报考人数与初级职称报考人数基本趋同，此前一直保持平稳，2017年报考人数达119万人，增幅达32%。从近几年会计职称考试相关信息分析我们不难发现，造成2017年初级会计职称报考人数增加的主要原因是会计从业资格证的取消。以前，会计从业资格证是会计行业的“敲门砖”，取消会计从业资格考试，那么初级会计职称俨然成为另一种会计从业证。2016年全国会计从业资格考试人数超250万，而这超250万的预备报考从业人员中势必会有很大一部分将转战到初级职称考试中，这样就造成了2017年初级会计职称报考人数的激增。随着初级会计职称持证人节节攀升，初级职称证书的“含金量”将会大大降低，从而发生连锁反应，导致报考中级会计职称考试的人员大量增加。

那么，是什么原因导致会计初级职称考试如此热的原因呢？

一是初级职称代替会计从业资格证书成为会计行业准入证。2017年1月5日，财政部联合其他部门发文，2017年中、高级会计职称考试不再要求会计从业资格证书后，会计初级职称考试自然而然地被当成会计行业的新门槛，这也使得初级职称考试更为热门。财政部公布的最新文件规定，无须会计从业证，高中以上学历人员都可报考初级会计职称考试。考证门槛低、考题难度适中、与职务晋升和工资挂钩等特点，使初级会计职称考试已成为考证界的香饽饽，除了会计从业人员对其满怀热情外，许多非会计专业的人员也对其充满兴趣。

二是会计行业的刚需大幅牵引着初级职称报名人数。目前，会计在社会上收入稳定，是热门职业。尽管我国会计从业人员已超过2 000万人，但是高端人才缺口较大，需要大量既拥有扎实的基础理论知识，同时又有过硬的实际操作能力的人才来从事会计工作，而目前职称考试就是一种官方正式的评判标准。

会计从业资格证书的取消以及2018年初级会计职称考试报名条件的放宽，激发了更多人想要报考的欲望。新的报考条件规定高中及以上学历的人员都能参加考试，此外还可以异地报考。毫无疑问，这一新政策预示着未来几年报考会计初级职称的人数将持续增长。获得初级会计职称的人员总数对于目前我国企业的需求来说并不是很高，据预测，饱和数是500万。财政部发布的《2017年度全国会计专业技术中、高级资格考试有关问题答记者问》显示，截至2016年年底，累计有585.6万人通过考试取得了各级会计资格证书，其中：初级404.4万人，中级168.7万人，高级12.5万人。同时，高等院校不断开设会计类专业，扩大招生规模，其结果就是会计专业大学生在短短几年内迅速上升，这些学生都有考证需求，可想而知，会计初级职称考试竞争多么激烈。

三、会计职称如何考

（一）初级职称

具备高中毕业及以上学历就可以参加初级会计职称考试。该考试每年举行一次，报名时间为考试前一年11月左右，5月份进行考试。科目为《初级会计实务》和《经济法基础》，一次两门科目都及格则通过。初级资格《初级会计实务》科目考试时长为2小时，《经济法基础》科目考试时长为1.5小时，两个科目连续考试，分别计算考试成绩。每门满分100分，各科考试成绩合格标准均以考试年度当年标准确定，一般为60分及格。考试方式为无纸化考试。考试教材《全国会计专业技术资格考试辅导教材》由财政部会计资格评价中心编写。

（二）中级职称

中级会计职称的报考要求有四点：

（1）报名参加会计专业技术资格考试的人员，应具备下列基本条件：

①坚持原则，具备良好的职业道德品质；

②认真执行《中华人民共和国会计法》和国家统一的会计制度，以及有关财经法律、法规、规章制度，无严重违反财经纪律的行为；

③履行岗位职责，热爱本职工作。

（2）报名参加会计专业技术中级资格考试的人员，除具备以上基本条件外，还必须具备下列条件之一：

①取得大学专科学历，从事会计工作满五年；

②取得大学本科学历，从事会计工作满四年；

③取得双学士学位或研究生班毕业，从事会计工作满二年；

④取得硕士学位，从事会计工作满一年；

⑤取得博士学位。

（3）对通过全国统一的考试，取得经济、统计、审计专业技术中、初级资格的人员，并具备以上基本条件，均可报名参加相应级别的会计专业技术资格考试。

（4）报名条件中所规定的从事会计工作年限是指取得规定学历前、后从事会计工作的合计年限，其截止日期为考试报名年度当年年底前。

中级会计职称考试每年举行一次，一般每年4月报名，9月考试。考试科目为《财务管理》《经济法》《中级会计实务》三个。考试方式为无纸化考试，《财务管理》为2.5小时，《经济法》为2小时，《中级会计实务》为3小时。《中级会计实务》题型为单项选择题、多项选择题、判断题、计算分析题、综合题。《经济法》题型为单项选择题、多项选择题、判断题、简答题、综合题。《财务管理》题型为单项选择题、多项选择题、判断题、计算分析题、综合题。中级会计职称考试以二年为一个周期，参加考试的人员必须在连续的二个考试年度内通过全部科目的考试。通过中级会计职称考试后可以评定会计师职称。

（三）高级职称

高级会计职称是我国会计专业技术职称中的高级会计专业技术资格，职称评审采用考评结合的方式。人力资源和社会保障部、财政部共同负责高级会计师资格考评，结合工作中的考试（以下简称高级会计师资格考试），由国家统一组织，财政部、人力资源和社会保障部全国会计专业技术资格考试领导小组办公室（以下简称全国会计考办）负责确定考试科目、制定考试大纲和确定合格标准，对阅卷工作进行指导、监督和检查。财政部负责组织专家命题，人力资源和社会保障部负责组织专家审定试题。各地区的高级会计师资格考试考务工作，由当地人力资源和社会保障部门、财政部门协商制定组织实施办法。党中央、国务院所属单位和中央管理企业（以下统一简称中央单位）的会计人员，按照属地化原则报名参加高级会计师资格考试。

申请参加高级会计师资格考试的人员，须符合下列条件之一：

（1）《会计专业职务试行条例》规定的高级会计师职务任职资格评审条件（各地具体规定有所不同）；

（2）省级人力资源和社会保障部门、财政部门或中央单位批准的本地区、本部门申报高级会计师职务任职资格评审的破格条件。

考试科目为《高级会计实务》，考试时间为210分钟，题型为案例分析题，采取开卷笔答方式进行。高级会计师主要考核应试者运用会计、财务、税收等相关的理论知识、政策法规，分析、判断、处理会计业务的能力和解决会计工作实际问题的综合能力。报名时间一般在每年5月左右，考试时间为9月。

参加考试并达到合格标准的人员，由全国会计考办核发高级会计师资格考试成绩合格证，该证在全国范围内3年有效。通过考试取得成绩合格证，这只是取得参加高级会计师评审的资格，如果三年内没通过评审，那么第四年要重新参加高级会计师考试，然后再参加评审。

高级会计师评审需要准备好职称英语（B级）、职称计算机（2~4个模块）、评审论文（1~4篇）、工作业绩相关资料，按级别报送到省人力资源和社会保障厅、省财政厅指定的经办部门（一般是地级市财政部门或者人事考试部门），初审合格后，按规定的时间和地点参加论文答辩（有的省不用答辩），答辩结束后，省高级会计评审委员会集体评审相关资料，通过后进行公示，公示期无异议，才能获得高级会计师职称，终身有效。

四、财会专业学生就业前景

近年来，随着经济社会的快速发展，我国会计人才队伍不断发展壮大，会计从业人员、会计专业技术人员、注册会计师、会计教育和理论工作者以及会计管理工作者等各类会计人才队伍已初具规模，会计人才总量超过千万。然而，随着我国市场经济体制进一步发展和经济全球化进一步深入，现有的会计人才难以满足需要。《会计人才规划》要求“会计人才资源总量稳步增长，队伍规模不断壮大。”并进一步提出“会计人才资源总量增长40%”的量化目标，即在现有基础上增加400万人，平均每年增加40万。但不容忽视的是，我国会计人才素质整体水平仍然偏低，大专及以下学历的人员占较大比重，成为制约经济社会发展的瓶颈。同时，会计人才结构也不尽合理，以会计专业技术资格为例，截至2018年年底，高级为9.4万人，中级为127万人，初级为256万人，高、中、初级比例为1∶13.5∶27。呈现出初级人才供过于求，中级人才相对不足，高级人才严重紧缺的不合理结构。针对这一现状，《会计人才规划》提出了“会计人才素质需大幅提高，结构进一步优化”的要求。

目前，我国会计专业学生的就业现状可以概括为以下主要三点：

（一）内资企业，需求量大，但待遇、发展欠佳

内资企业对会计人才的需求是最大的，也是目前财会专业毕业生的最大就业方向。很多中小型国内企业特别是民营企业，对于会计岗位需要找的只是“账房先生”，而不是具有财务管理和分析能力的专业人才，而且，此类公司大多财务监督和控制体系相当不完善。因此，在创业初期，他们的会计工作一般都是掌握在自己的亲信（戚）手里。到公司做大，财务复杂到亲信（戚）无法全盘控制时，才会招聘外人来记账。月薪绝大部分集中在3 000元左右。

（二）外企，待遇好，学得专业，但要求高、竞争激烈

大部分外资企业的同等岗位待遇都远在内资企业之上。更重要的是，外资企业财务管理体系和方法都比较成熟，对新员工一般都会进行一段时间的专业培训。外企工作效率高的其

中一个原因是分工细致，而分工细致使我们在所负责岗位上只能学到某一方面的知识，尽管这种技能非常专业，但对整个职业发展过程不利，因为难以获得全面的财务控制、分析等经验。后续培训机会多，也是外企极具诱惑力的另一个原因。财务管理是一个经验与知识越多越值钱的职业，而企业提供的培训机会不同于在学校听老师讲课，它更贴近实际工作，也更适用。月薪在5 000元以上，还有其他福利。

（三）事务所，工作强度大，业务全面，大所和小所待遇差别很大

所有的会计师事务所工作都有一个特点，那就是累！区别在于很多小事务所，待遇低，杂事多；外资事务所则待遇要好得多，但从某种方面来说，他们的工作任务更重，加班是家常便饭，著名的“安达信日出”就是指员工经常加班后走出办公楼就能看到日出。但在事务所确实能学到很多东西，即使是小所，因为人手问题，对于一个审计项目，必须从头跟到尾，包括和送审单位的沟通等，能充分锻炼能力。大所则在团队合作以及国际会计准则、专业性、意志等方面能给人相当的磨炼。薪资水平方面，有的小会计师事务所月薪只有3 000元，大一点的则在5 000元左右，外资大所实习生（试用期）都能拿到7 000元以上。

第八章 财产清查

第一节　财产清查概述

一、财产清查的意义

财产清查是指通过对各项财产物资和库存现金进行实地盘点，对银行存款和债权债务进行查寻核对，以查明各项财产物资、货币资金、债权债务的实有数与账面数是否一致的一种会计核算方法。

企业发生的所有经济业务都要采用专门的核算方法，最终登记到有关的账簿（账户）中，特别是对于企业发生的货币资金、材料和设备等实物资产以及债权债务等重要的会计事项，更要采用严密的会计处理方法，以确保账簿记录正确地反映以上这些事项的增减变动和余额的真实情况。从理论上讲，会计账簿上所记载的各种财产的增减变动和结余情况应当与各种财产的收发和结存情况完全相符，但在实际工作中，有诸多因素会使双方之间出现差异，即账实不符。如财产物资在保管过程中发生自然损失；在收发过程中由于计量、检验不准确而发生在品种、数量和质量上的差错；由于管理不善或工作人员失职而造成财产物资的毁损或短缺；由于不法分子营私舞弊、贪污盗窃等造成的财产物资的损失；由于自然灾害或意外事故造成的损失等。

为了保证账簿记录的真实准确，确保企业财产物资的安全完整，不断地健全和完善企业财产物资的管理制度，就必须运用财产清查这一行之有效的方法，进行定期或不定期的盘点和核对，以做到账实相符。

二、财产清查的种类

（一）按照清查范围的不同，财产清查分为全面清查和局部清查

全面清查是指对企业的所有财产物资，包括货币资金、实物资产和债权债务等进行全面

的盘点和核对。由于全面清查的范围广、时间长、涉及的部门与人员较多，一般在年终结算前进行一次。

局部清查是指根据需要对企业的部分财产物资所进行的盘点和核对。局部清查范围小、专业性强，其清查的对象一般是流动性较大或贵重的财产物资。如各项存货由于收发频繁，除全面清查外，还要在年度内轮流进行盘点和抽查，贵重物资每月都要盘点清查；银行存款每月都要同银行核对，库存现金每日都要由出纳人员清点；各种往来款项，每个会计年度至少要和对方核对1～2次。此外，当实物保管人员因工作变动办理移交时，或财产物资遭受意外损失时，也应进行局部清查。

（二）按照清查时间的不同，财产清查分为定期清查和不定期清查

定期清查是指根据预先规定的时间对企业的财产物资所进行的清查。定期清查一般在年末、季末或月末结账时进行，它可以是全面清查，也可以是局部清查。

不定期清查是指事先不规定清查时间，而是根据实际情况临时进行的清查，一般是在发生自然灾害或意外损失、保管人员调动更换、税收或审计等部门对单位进行会计检查时进行。

（三）按清查的内容划分，财产清查分为货币资金清查、往来款项清查和实物清查

货币资金清查是指对企业的银行存款和库存现金数额的清查，是通过与银行核对账目和盘点库存现金数额来进行的。

往来款项清查是指对企业债权债务进行的清查，是通过与有关往来单位核对账目进行的。

实物清查是指对企业所拥有的各项财产物资进行的清查，是通过实地盘点财产物资的数量来进行的。

三、财产清查前的准备

（一）组织准备

财产清查，尤其是全面清查，必须成立专门的清查组织。其主要任务如下：

（1）财产清查前，研究制订财产清查计划，确定清查的对象和范围，安排清查工作的进度，配备清查人员，确定清查方法；

（2）清查过程中，做好具体组织、检查和督促工作，及时研究和处理清查中出现的问题；

（3）清查结束后，将清查结果和处理意见上报领导和有关部门审批。

（二）业务准备

为做好财产清查工作，会计部门和有关业务部门要在清查领导小组的指导下，做好各项业务准备工作。

（1）会计部门和会计人员，应在财产清查之前，将有关账目登记齐全，结出余额，做到账簿记录完整、计算准确、账证相符、账账相符，为账实核对提供正确的账簿资料。

（2）财产物资保管部门和保管人员，应在财产清查之前，登记好所经管的各种财产物资明细账，结出余额。将所保管和使用的物资整理好，挂上标签，标明品种、规格、结存数量，以便盘点核对。

（3）准备好必要的计量器具，进行检查和校正，保证计量的准确性；对银行存款、银行借款、结算款项以及债权债务的清查，需要取得对账单、有关的函证资料等。

（4）印制好各种清查登记表册，如现金盘点报告表、盘存单、实存账存对比表等，以备记录清查结果。

第二节　存货盘存制度

存货盘存制度是指企业在财产清查中确定其财产物资在一定时点上的实际结存数量的方法。在实际工作中，存货盘存制度主要包括永续盘存制和实地盘存制两种。

一、永续盘存制

（一）永续盘存制的概念

永续盘存制也称账面盘存制，它是通过设置存货明细账，逐笔登记存货的收入数和发出数，并可随时结算出存货结存数量的方法。

（二）期末存货的计价和本期发出存货成本的计算

若企业商品购进价格保持不变，期末存货的计价是十分简单的。然而，在实际工作中，同一商品的购进价格在会计期内往往不同，期末存货势必存在一个按什么价格计算的问题。在永续盘存制下，存货明细分类账能随时反映商品的结存数量和销售数量，至于存货的计价方法，则主要有先进先出法、加权平均法和个别计价法。

1. 先进先出法

先进先出法是假设先入库的存货先发出，即按照存货入库的先后顺序，用先入库存货的单位成本确定发出存货成本的一种方法。采用先进先出法对存货进行计价，可以将发出存货的计价工作分散在平时进行，减轻了月末的计算工作量；期末存货的计价标准为后入库存货的价格，从而使反映在资产负债表上的存货价值比较接近当前市价。但在物价上涨时，本期发出存货成本要比当前市价低，从而使本期利润偏高，需多缴所得税。现举例说明如下：

【例 8－1】

某公司×产品 1 月期初结存和本期购销情况如下：1 月 1 日，结存 150 件，单价 60 元；15 日，购进 100 件，单价 62 元；26 日，购进 200 件，单价 68 元。分别于 10 日销售 70 件，20 日销售 50 件，25 日销售 90 件，30 日销售 60 件。

在上例中，采用先进先出法计算本期发出商品成本和期末结存商品成本如下：

$$本期发出商品成本 = 70\times60 + 50\times60 + (30\times60 + 60\times62) + (40\times62 + 20\times68)$$
$$= 16\ 560\ （元）$$

$$期末结存商品成本 = (200-20)\times68 = 12\ 240（元）$$

$$或 = 150\times60 + 100\times62 + 200\times68 - 16\ 560 = 12\ 240（元）$$

存货采用先进先出法计价，库存商品明细分类账的登记结果见表 8－1。

表 8－1　库存商品明细分类账

品名：×产品

××××年		摘要	收入			发出			结存		
月	日		数量/件	单价/元	金额/元	数量/件	单价/元	金额/元	数量/件	单价/元	金额/元
1	1	期初结存							150	60	9 000
	10	销售				70	60	4 200	80	60	4 800
	15	购进	100	62	6 200				80 100	60 62	11 000
	20	销售				50	60	3 000	30 100	60 62	8 000
	25	销售				30 60	60 62	1 800 3 720	40	62	2 480
	26	购进	200	68	13 600				40 200	62 68	16 080
	30	销售				40 20	62 68	2 480 1 360	180	68	12 240
		本期销售成本				270		16 560			

2. 加权平均法

加权平均法是把可供发出的存货总成本平均分配给所有可供发出的存货数量。因此，本期发出存货成本和期末存货成本都要按这一平均单价计算。在平均单价的计算过程中，考虑了各批存货的数量因素，即批量越大的成本，对平均单价的影响也越大。由于数量对单价起权衡轻重的作用，因此，计算的平均单价称为加权平均单价。在永续盘存制下，存货计价的加权平均法又分为一次加权平均法和移动加权平均法两种。

1）一次加权平均法

采用一次加权平均法，对于本月发出的存货，平时只登记数量，不登记单价和金额，月末按一次计算的加权平均单价，计算本期发出存货成本和期末存货成本。一次加权平均法计算比较简单，计算出的期末存货成本和本期发出存货成本都比较平稳，但由于计价工作集中在月末进行，所以平时不能从账簿中看到存货发出和结存的金额，从而不便于加强存货资金的日常管理。一次加权平均单价的计算公式如下：

一次加权平均单价＝(期初结存存货成本＋本期入库存货成本)÷
(期初结存存货数量＋本期入库存货数量)

【例8-2】

以例8-1数据为例，按一次加权平均法计算的本期发出商品成本和期末结存商品成本如下：

$$一次加权平均单价=(9\ 000+6\ 200+13\ 600)\div(150+100+200)=64(元)$$

$$本期发出商品成本=(70+50+90+60)\times64=17\ 280(元)$$

$$期末结存商品成本=180\times64=11\ 520(元)$$

$$或=9\ 000+6\ 200+13\ 600-17\ 280=11\ 520(元)$$

存货采用一次加权平均法计价，库存商品明细分类账的登记结果见表8-2。

表8-2　库存商品明细分类账

品名：×产品

××××年		摘要	收入			发出			结存		
月	日		数量/件	单价/元	金额/元	数量/件	单价/元	金额/元	数量/件	单价/元	金额/元
1	1	期初结存							150	60	9 000
	10	销售				70			80		
	15	购进	100	62	6 200				180		
	20	销售				50			130		
	25	销售				90			40		
	26	购进	200	68	13 600				240		
	30	销售				60			180	64	11 520
		本期销售成本				270	64	17 280			

2）移动加权平均法

采用移动加权平均法，当每次入库存货单价与结存单价不同时，就需要重新计算一次加权平均价，并据此计算下次入库前的发出存货成本和结存存货成本。采用移动加权平均法，可以随时结转销售成本，随时提供存货明细分类账上的结存数量和金额，有利于对存货进行数量、金额的日常监控。但这种方法，由于每次进货都要计算一次加权平均价，势必会增加会计核算工作量。移动加权平均单价的计算公式为：

$$移动加权平均单价=(本次入库前结存存货成本+本次入库存货成本)\div(本次入库前结存数量+本次入库存货数量)$$

【例8-3】

以例8-1数据为例，采用移动加权平均法计算本期发出商品成本和期末结存商品成本如下：

1月15日，购进100件存货后的平均单价为：

移动加权平均单价 $=(4\ 800+6\ 200)\div(80+100)=61.11$(元/件)

1 月 26 日，购进 200 件存货后的平均单价为：

移动加权平均单价 =（2 444 + 13 600）÷（40 + 200）= 66.85（元/件）

本期发出商品成本 = 70 × 60 + 50 × 61.11 + 90 × 61.11 + 60 × 66.85 = 16 767（元）

期末结存商品成本 = 180 × 66.85 = 12 033（元）

或 = 9 000 + 6 200 + 13 600 − 16 767 = 12 033（元）

存货采用移动加权平均法计价，库存商品明细分类账的登记结果见表 8 − 3。

表 8 − 3　库存商品明细分类账

品名：×产品

××××年		摘要	收入			发出			结存		
月	日		数量/件	单价/元	金额/元	数量/件	单价/元	金额/元	数量/件	单价/元	金额/元
1	1	期初结存							150	60	9 000
	10	销售				70	60	4 200	80	60	4 800
	15	购进	100	62	6 200				180	61.11	11 000
	20	销售				50	61.11	3 056	130	61.11	7 944
	25	销售				90	61.11	5 500	40	61.11	2 444
	26	购进	200	68	13 600				240	66.85	16 044
	30	销售				60	66.85	4 011	180	66.85	12 033
		本期销售成本				270		16 767			

3. 个别计价法

个别计价法又称个别认定法，是指每次发出存货的成本按其购入或生产的实际成本分别计价的方法。采用个别计价法需要逐一辨认各批发出存货和期末存货的购进或生产批别，分别以购入或生产时确定的单位成本来计算确定各批发出和期末存货的成本。这种方法的优点是成本计算准确，符合实际情况。其缺点是发出存货成本分辨的工作量繁重。个别计价法适用于容易辨认、品种数量不多，且单位成本较高的存货计价。

【例 8 − 4】

以例 8 − 1 数据为例，若通过辨认确定各批销售商品的购进批别为：1 月 10 日出售的 70 件商品是期初结存的存货；6 月 20 日出售的 50 件商品是 6 月 15 日的进货；6 月 25 出售的 90 件商品中有 60 件是期初结存的存货，有 30 件是 6 月 15 日的进货；6 月 30 日出售的 60 件商品中有 5 件是期初结存的存货，有 10 件是 6 月 15 日的进货，有 45 件是 6 月 26 日的进货。

按个别计价法计算本期发出商品成本和期末结存商品成本如下：

本期发出商品成本 = 70 × 60 + 50 × 62 + 60 × 60 + 30 × 62 + 5 × 60 + 10 × 62 + 45 × 68 = 16 740（元）

期末结存商品成本 = 15 × 60 + 10 × 62 + 155 × 68 = 12 060（元）

或 = 9 000 + 6 200 + 13 600 − 16 740 = 12 060（元）

存货采用个别计价法计价，库存商品明细分类账的登记结果见表 8 − 4。

表8－4　库存商品明细分类账

品名：×产品

××××年		摘要	收入			发出			结存		
月	日		数量/件	单价/元	金额/元	数量/件	单价/元	金额/元	数量/件	单价/元	金额/元
1	1	期初结存							150	60	9 000
	10	销售				70	60	4 200	80	60	4 800
	15	购进	100	62	6 200				80 100	60 62	11 000
	20	销售				50	62	3 100	80 50	60 62	7 900
	25	销售				60 30	60 62	3 600 1 860	20 20	60 62	2 440
	26	购进	200	68	13 600				20 20 200	60 62 68	16 040
	30	销售				5 10 45	60 62 68	300 620 3 060	15 10 155	60 62 68	12 060
		本期销售成本				270		16 740			

通过以上例子可以看出，在永续盘存制下，存货的明细分类账能随时反映存货的结存数量，其计算公式如下：

期末结存存货数量＝期初结存存货数量＋本期购入存货数量－本期发出存货数量

（三）永续盘存制的优缺点

在永续盘存制下，存货明细账可以随时反映出每种存货的收入、发出和结存情况，可进行数量和金额的双重控制；明细分类账的结存数量可以与实际盘存数进行核对，如发生库存溢余或短缺，可查明原因，及时纠正；明细分类账上的结存数还可以随时与预定的最高和最低库存限额进行比较，取得库存积压或库存不足的信息，从而便于及时采取相应管理对策。但是，永续盘存制下存货的明细分类账核算工作量较大，需要较多的人力和费用。由于永续盘存制对于控制和保护企业的财产物资具有明显的优势，在实际工作中被很多企业采用。

二、实地盘存制

（一）实地盘存制的概念

实地盘存制是指财产物资的明细分类账平时只登记存货的购进数，不登记发出数，期末时通过盘点实物来确定存货的数量，并据以计算出期末存货成本和本期发出存货成本的一种存货盘存制度。

1. 实地盘存制的操作程序

（1）确定期末存货数量。每期期末实地盘点存货，确定存货的实际结存数量。

（2）计算期末存货成本。期末某种存货成本等于该种存货的期末实际结存数量乘以适当的单位成本；将期末各种存货成本相加，即为期末存货总成本。

（3）计算本期可供发出存货成本。本期可供发出存货成本也称本期可供销售或耗用存货成本，它等于期初存货成本加上本期入库存货成本。

（4）计算本期发出存货成本。它等于本期可供发出存货成本减去期末存货成本。

2. 实地盘存制的计算公式

本期发出存货成本 = 期初结存存货成本 + 本期入库存货成本 - 期末结存存货成本

期末结存存货成本 = 期末存货实地盘存数 × 单价

（二）期末存货数量的确定

在实地盘存制下，期末存货数量的确定，一般分为以下两个步骤：

1. 进行实地盘点，确定盘存数

存货的盘点方法因存货性质而异。盘点时间通常在本期营业或生产活动结束，下期营业或生产活动开始以前进行。盘存结果填列在存货盘存表中。

2. 调整盘存数，确定存货结存数

将临近会计期末的购销单据或收发凭证进行整理，在盘存数量的基础上，考虑有关影响因素，调整求得存货实际结存数量。在商品流通企业中，对于企业已经付款但尚未收到的商品（即在途商品）、已经出库但尚未记录销售的商品以及已记录销售但尚未提货的商品，都要进行调整，以计算出实际库存数量。其计算公式如下：

期末存货结存数量 = 存货盘点数量 + 在途商品数量 + 已提未销数量 - 已销未提数量

（三）期末存货计价和本期发出存货成本的计算

实地盘存制下的存货计价方法主要有先进先出法、一次加权平均法和个别计价法。现举例说明各种存货计价方法的具体运用。

【例 8 -5】

某商品流通企业 1 月 Y 商品的期末实际盘存数为 220 件，期初和本期购进情况如下：1 日库存 200 件，单价 10 元，金额为 2 000 元；5 日购进 400 件，单价 12 元，金额为 4 800 元；18 日购进 200 件，单价 15 元，金额为 3 000 元。现分别采用先进先出法、一次加权平均法和个别计价法计算实地盘存制下期末结存商品成本和本期发出商品成本。

1. 先进先出法

期末结存商品成本 = 200 × 15 + 20 × 12 = 3 240（元）

本期发出商品成本 = 2 000 + 4 800 + 3 000 - 3 240 = 6 560（元）

2. 一次加权平均法

一次加权平均单价 =（2 000 + 4 800 + 3 000）÷（200 + 400 + 200）= 12. 25（元/件）

期末结存商品成本 = 220 × 12. 25 = 2 695（元）

本期发出商品成本 = 2 000 + 4 800 + 3 000 - 2 695 = 7 105（元）

3. 个别计价法

这里假定期末结存的220件商品中有50件是期初结存的存货，有70件是1月5日的进货，有100件是1月18日的进货。

期末结存商品成本 $=50\times10+70\times12+100\times15=2\ 840$（元）

本期发出商品成本 $=2\ 000+4\ 800+3\ 000-2\ 840=6\ 960$（元）

（四）实地盘存制的优缺点

实地盘存制可以减轻平时登记账簿的工作量，会计核算工作量相对较小，计算方法也比较简单。但是，实地盘存制不能随时反映存货的增减变动情况和结存成本，对财产物资的减少缺乏严密手续；倒推出来的各项财产的减少数中可能存在一些非正常因素，不便于会计监督。由于这种做法存在以上弊端，其使用范围受到了一定限制。一般只对那些品种多、价值低、收发交易比较频繁、数量不稳定、损耗大且难以控制的存货进行盘点时才予以采用。

第三节　财产清查内容和方法

财产清查工作是一项涉及面广、业务量大的工作，为了保证财产清查工作的有效开展，在财产清查时应针对不同的财产清查内容采用不同的财产清查方法。

一、货币资金清查

货币资金的清查主要包括对库存现金和银行存款的清查。

（一）库存现金的清查

库存现金清查的基本方法是实地盘点法。对库存现金的清查主要有以下两个方面的内容：

1. 清查方法

实地盘点法即通过对库存现金进行盘点确定其实有数，并将库存现金实有数与库存现金日记账的余额进行核对，进而查明账实是否相符。

2. 清查手续

对库存现金进行盘点后，应根据盘点结果填写库存现金盘点报告表，并由盘点人员和出纳员共同签名或盖章。库存现金盘点报告表是处理库存现金清查结果的重要原始凭证。

库存现金盘点报告表的格式见表8－5。

表8－5　库存现金盘点报告表

单位名称：　　　　　　　　　　　　年　月　日

实存金额	账存金额	实存与账存对比		备注
		盘盈	盘亏	

盘点人签章：　　　　　　　　　　　　　　　　出纳员签章：

（二）银行存款的清查

银行存款清查的基本方法是将企业的银行存款日记账与银行的对账单进行核对。对银行存款的清查主要有以下两个方面的内容：

1. 清查方法

将企业开设的银行存款日记账的登记情况与银行转来的对账单逐笔进行核对，进而确定双方的记录是否相符。

2. 清查手续

经过核对，如果企业的银行存款日记账与银行的对账单双方记录一致，说明基本上不存在问题。但是如果双方记录不一致，则应注意查明原因。双方记录不一致的原因主要有两个方面：一是可能在银行或企业的某一方存在错账，如方向记错或金额写错等，对这种情况应及时加以纠正；二是可能存在未达账项，应通过编制银行存款余额调节表进行调节，据以确认双方的记录是否相符。

所谓未达账项，是指企业与其开户的银行之间，由于结算凭证传递上的时间差异而导致双方记账时间不一致，对于同一项业务，一方已经登记入账，另一方由于没有接到有关结算凭证而尚未记账的款项。具体包括以下四种情况：

（1）企业已收，银行未收。即企业已收款入账，而银行尚未收款入账的款项。例如，企业将转账支票3 000元送存银行，企业已记银行存款增加，但银行尚未记账。

（2）企业已付，银行未付。即企业已付款入账，而银行尚未付款入账的款项。例如，企业开出现金支票6 000元购买办公用品，企业已记银行存款减少，但银行尚未记账。

（3）银行已付，企业未付。即银行已付款入账，而企业尚未付款入账的款项。例如银行为企业支付电费2 000元，银行已记银行存款减少，但企业尚未记账。

（4）银行已收，企业未收。即银行已收款入账，而企业尚未收款入账的款项。例如，企业委托银行托收的货款10 000元已经收到，银行已记银行存款增加，但企业尚未记账。

上述任何一种情况的发生，都会使企业和银行之间产生未达账项，从而导致双方的期末账面余额不一致。为了排除未达账项的影响，正确判断双方是否存在错账或漏账，应根据双方账面余额和发生的未达账项，先填制未达账项登记表，由清查人员和出纳人员共同签章，然后编制银行存款余额调节表进行调节，以便检验双方账面余额是否一致。下面举例说明银行存款余额调节表的编制方法。

【例8－6】

某企业2×16年3月31日银行存款日记账的余额为112 000元，银行对账单的余额为148 000元，经核对发现以下未达账项：

（1）企业将收到的销货款4 000元存入银行，企业已登记银行存款增加，而银行尚未记增加；

（2）企业开出转账支票36 000元支付购料款，企业已登记银行存款减少，而银行尚未记减少；

(3) 收到某单位汇来的购货款20 000元，银行已登记增加，企业尚未记增加；

(4) 银行代企业支付水电费16 000元，银行已登记减少，企业尚未记减少。

根据上述资料编制银行存款余额调节表，见表8－6。

表8－6　银行存款余额调节表

2×16年3月31日　　　　元

项目	金额	项目	金额
企业银行存款日记账余额	112 000	银行对账单余额	148 000
加：银行已收企业未收	20 000	加：企业已收银行未收	4 000
减：银行已付企业未付	16 000	减：企业已付银行未付	36 000
调节后的存款余额	116 000	调节后的存款余额	116 000

二、实物资产清查

实物资产是指企业所拥有的具有实物形态的各种资产。包括原材料、包装物、在产品、产成品和固定资产等。

(一) 清查方法

实物资产清查所采用的基本方法是实地盘点法。即先通过对各种实物资产进行盘点，确定其实有数，并将实有数与记录这些实物资产的账户余额进行核对，进而查明账实是否相符。由于实物资产的实物形态、存放方式、使用方式等各不相同，所采用的清查方法也不尽相同。常用的清查方法有以下几种：

1. 实地盘点法

实地盘点法是通过对实物资产进行点数、过磅和量尺等方法来确定其实有数的方法。这种方法一般适用于原材料、包装物、在产品、库存商品和设备等资产的清查。

2. 技术推算法

技术推算法是利用技术方法对实物资产的实有数进行推算确定的方法。这种方法一般适用于零散堆放的大宗材料等资产的清查。

3. 抽样盘存法

抽样盘存法是采用抽取一定数量样品的方式对实物资产的实有数进行估算确定的方法。这种方法一般适用于数量比较多、重量和体积等比较均衡的实物资产的清查。

4. 函证核对法

这是指利用向对方发函的方式对实物资产的实有数进行确定的方法。这种方法一般适用于委托外单位加工或保管的实物资产的清查。

(二) 清查手续

根据盘点的结果，应将实物资产的数量和质量情况，如实登记在盘存单上，并由盘点人员和实物保管人员签章。盘存单是记录财产清查盘点结果的书面证明，也是反映财产物资实存数量的原始凭证。盘存单的一般格式见表8－7。

表8-7 盘存单

单位名称： 盘点时间： 编号：

财产类别： 存放地点：

序号	名称	规格型号	计量单位	实存数量	单价	金额	备注

盘点人签章： 保管人签章：

三、往来款项清查

往来款项是指企业的各种应收应付款项，其清查方法与清查手续如下：

（一）清查方法

对各种应收和应付款项的清查一般应采用函证核对法。企业在对各种往来款项准确记录的基础上，开具往来款项对账单寄发或派人送交对方，与债务人或债权人进行账目核对，借以确定账面记录与实际情况是否相符。如果对方单位核对相符，应在回单联上盖章后退回本单位；如果核对不相符，则应将不符的情况在回单联上注明，以便进一步清查。往来款项对账单的格式如下：

往来款项对账单

__________单位：

贵单位于××××年×月××日购入我单位×××产品×件，已付货款×××元，尚有××××元货款未付，请核对后将回联单寄回。

清查单位：（签章）

××××年×月×日

沿此虚线裁开，将以下回联单寄回！

往来款项对账单（回联）

__________清查单位：

你寄来的往来款项对账单已经收到，经核对相符无误。

××单位（盖章）

××××年×月×日

（二）清查手续

往来款项清查以后，应将清查结果编制成往来款项清查报告单，对于有争议的款项、无法收回或无法支付的款项应当在报告中详细说明，以便及时采取措施进行处理。

第四节 财产清查结果处理

一、财产清查结果处理步骤

财产清查结果是指企业在经过清查以后所确认的各类财产物资的账面结存数与其实际结存数之间比较的结果，包括账实相符和账实不符两种情况。财产清查结果处理是指从会计核算的角度对账实不符的结果所进行的处理。

在财产清查中发现的账实不符包括盘盈和盘亏两种情况。

盘盈是指财产物资的实际结存数大于其账面结存数，盘亏是指财产物资的实际结存数小于其账面结存数。无论盘盈还是盘亏，首先应客观地分析账实不符的原因，明确经济责任，针对不同原因所造成的账实不符提出处理意见，报有关领导和部门批准。在核准数字、查明原因的基础上，根据实存账存对比表等原始凭证编制记账凭证，并据以登记有关账簿，做到账实相符。当有关部门领导对所呈报的财产清查结果提出处理意见后，企业应严格按照批复意见编制有关的记账凭证，进行批准后的账务处理，登记有关账簿，并追回由于责任者个人原因造成的损失。

二、财产清查结果的会计处理

为了核算和监督在财产清查中查明的各种财产物资的盘盈、盘亏、毁损及其处理情况，应设置“待处理财产损溢”账户，借方登记财产物资的盘亏、毁损数额及盘盈的转销数额，贷方登记财产物资的盘盈数额及盘亏、毁损的转销数额。企业的财产损溢，应查明原因，在期末结账前处理完毕，处理后本科目无余额。

（一）库存现金清查结果的处理

库存现金清查过程中发现的现金盘盈或盘亏，应根据现金盘点报告表以及有关的批准文件进行批准前和批准后的账务处理。

发生现金盘盈或盘亏时，应以实际的库存现金为准。现金盘盈，增加“库存现金”账户的记录，以保证账实相符，同时记入“待处理财产损溢”账户的贷方，等待批准处理；现金盘亏，则冲减“库存现金”账户的记录，以保证账实相符，同时记入“待处理财产损溢”账户的借方，等待批准处理。

批准后，应根据现金盘盈或盘亏的不同原因采取不同的处理方法：对于无法查明原因的盘盈现金，应记入“营业外收入”账户；对于盘亏的现金，应由责任人赔偿的，记入“其他应收款”账户，由于经营管理不善造成的或无法查明原因的，应记入“管理费用”账户。

【例 8－7】

某公司在库存现金清查时发现长款 100 元。会计处理如下：

批准前：

借：库存现金　　100

　　贷：待处理财产损溢——待处理流动资产损溢　　100

经反复审核，未查明原因，报经批准转作营业外收入处理。会计处理如下：

借：待处理财产损溢——待处理流动资产损溢　　100

　　贷：营业外收入　　100

【例8-8】

某公司在库存现金清查中发现短款200元。会计处理如下：

批准前：

借：待处理财产损溢——待处理流动资产损溢　　200

　　贷：库存现金　　200

经查，该短款属于出纳员王某的责任，应由该出纳员赔偿。会计处理如下：

借：其他应收款——王某　　200

　　贷：待处理财产损溢——待处理流动资产损溢　　200

（二）存货清查结果的处理

存货的清查主要是指企业对其库存材料和库存商品进行的清查。清查过程中发现存货盘盈或盘亏，应根据实存账存对比表以及有关的批准文件进行批准前和批准后的账务处理。

发生存货盘盈或盘亏时，以实际的存货为准。当存货盘盈时，一方面增加有关存货账户的记录，以保证账实相符，同时记入“待处理财产损溢”账户的贷方，等待批准处理；当存货盘亏时，应冲减相关存货的账户记录，以保证账实相符，同时记入“待处理财产损溢”账户的借方，等待批准处理。

报经有关部门批准后的会计处理如下：对于盘盈的存货，一般是由于收发计量不准或自然升溢等原因造成的，应冲减“管理费用”账户。对于盘亏的存货，定额内的合理损耗记入“管理费用”账户，对于入库的残料价值记入“原材料”账户；对于应由保险公司和过失人赔偿的记入“其他应收款”账户，扣除残料价值和应由保险公司、过失人赔偿后的净损失，属于一般经营损失的部分，记入“管理费用”账户，属于自然灾害等非常损失的部分，记入“营业外支出”账户。

【例8-9】

某公司财产清查中盘盈A材料1 000千克。经查明是由于收发计量上的错误造成的，按每千克5元入账。会计处理如下：

批准前：

借：原材料——A材料　　5 000

　　贷：待处理财产损溢——待处理流动资产损溢　　5 000

批准后，冲减管理费用：

借：待处理财产损溢——待处理流动资产损溢　　5 000

　　贷：管理费用　　5 000

【例8-10】

2018年3月9日某公司财产清查中盘亏B材料20件，每件100元。经查明，是由于工作人员失职造成的材料损毁，应由仓库保管员刘某赔偿1 000元，毁损材料残值300元。会计处理如下：

批准前：

借：待处理财产损溢——待处理流动资产损溢　　2 340

贷：原材料——B 甲材料　　2 000

　　应交税费——应交增值税（进项税额转出）　　340

批准后，分别不同情况进行处理：

由刘某赔偿：

借：其他应收款——刘某　　1 000

　　贷：待处理财产损溢——待处理流动资产损溢　　1 000

残料作价入库：

借：原材料——B 材料　　300

　　贷：待处理财产损溢——待处理流动资产损溢　　300

扣除刘某的赔款和残值后的盘亏数，计入管理费用：

借：管理费用　　1 040

　　贷：待处理财产损溢——待处理流动资产损溢　　1 040

（三）固定资产清查结果的处理

固定资产的清查主要是指企业对其在生产经营过程中所使用的房屋、设备等进行的清查，需要处理的清查结果包括在财产清查中发现的固定资产盘盈和盘亏。对固定资产的盘亏处理要使用“待处理财产损溢”账户，而对于固定资产的盘盈处理，按照《企业会计准则——应用指南》的规定，应作为前期差错记入“以前年度损益调整”账户。

“以前年度损益调整”账户，属于损益类账户，核算企业本年度发生的调整以前年度损益的事项，以及本年度发现的重要前期差错更正，涉及调整以前年度损益的事项。企业调整增加以前年度利润或减少以前年度亏损，借记有关账户，贷记本账户；调整减少以前年度利润或增加以前年度亏损，借记本账户，贷记有关账户。例如，固定资产盘盈作为前期差错时，应记入“固定资产”账户的借方（增加数），同时记入该账户的贷方（减少数），它是对前期费用所进行的一种冲减调整。当然，冲减了前期费用，会引起前期利润额和所得税额等方面的变动，也需要进行相应调整。

在对固定资产盘亏业务的处理中，还会涉及盘亏固定资产已提折旧的处理问题，即在进行有关账户的账面调整时，一方面要按盘亏固定资产的原价记入“固定资产”账户的贷方（减少数），另一方面也要按该固定资产已经提取的折旧额记入“累计折旧”账户的借方（减少数），同时，按照盘亏固定资产的净值，记入“待处理财产损溢”账户的借方（增加数）。

【例 8－11】

某公司在财产清查中，盘亏设备一台，其原价为 100 000 元，累计折旧 70 000 元。会计处理如下：

批准前：

借：待处理财产损溢——待处理固定资产损溢　　30 000

　　累计折旧　　70 000

　　贷：固定资产　　100 000

批准后予以转销：

借：营业外支出　　30 000

　　贷：待处理财产损溢——待处理固定资产损溢　　30 000

（四）往来款项清查结果的处理

在财产清查过程中，如发现长期应收而收不回的款项，即坏账损失，经批准应予以转销。坏账损失不需要通过“待处理财产损溢”账户进行核算。转销方法通常采用备抵法。

备抵法，是指按期估计坏账损失，形成坏账准备，当某一应收款项全部或部分被确认为坏账时，应根据其金额冲减坏账准备，同时转销相应的应收款项金额的一种核算方法。估计坏账损失的方法有应收款项余额百分比法、账龄分析法和销货百分比法等。

采用备抵法，企业需设置“坏账准备”账户。企业计提坏账准备时，借记“资产减值损失”账户，贷记“坏账准备”账户；实际发生坏账时，借记“坏账准备”账户，贷记“应收账款”等账户。如果确认并转销的坏账以后又收回，则应按收回的金额，借记“应收账款”等账户，贷记“坏账准备”账户，同时，借记“银行存款”账户，贷记“应收账款”等账户。“坏账准备”账户平时（1—11月）期末余额可能在借方，也可能在贷方，但其年末余额一定在贷方。

【例8－12】

某公司自2×14年年末开始计提坏账准备。2×14年年末应收账款余额为2 000 000元，2×15年6月发生坏账11 000元，2×15年年末应收账款余额为2 200 000元，2×16年1月份收回上年已转销的坏账5 000元，2×16年年末应收账款余额为2 500 000元。该公司各年坏账准备提取比例为5%。会计处理如下：

（1）2×14年年末提取坏账准备100 000元（2 000 000×5%）：

借：资产减值损失　　100 000

　　贷：坏账准备　　100 000

（2）2×15年6月发生坏账11 000元：

借：坏账准备　　11 000

　　贷：应收账款　　11 000

（3）2×15年年末补提坏账准备21 000元（2 200 000×5% －100 000＋11 000）：

借：资产减值损失　　21 000

　　贷：坏账准备　　21 000

（4）2×16年1月收回已转销坏账5 000元：

借：银行存款　　5 000

　　贷：应收账款　　5 000

借：应收账款　　5 000

　　贷：坏账准备　　5 000

（5）2×16年年末补提坏账准备10 000元（2 500 000×5% －110 000－5 000）：

借：资产减值损失　　10 000

　　贷：坏账准备　　10 000

明责避险要清查

本章思维导图

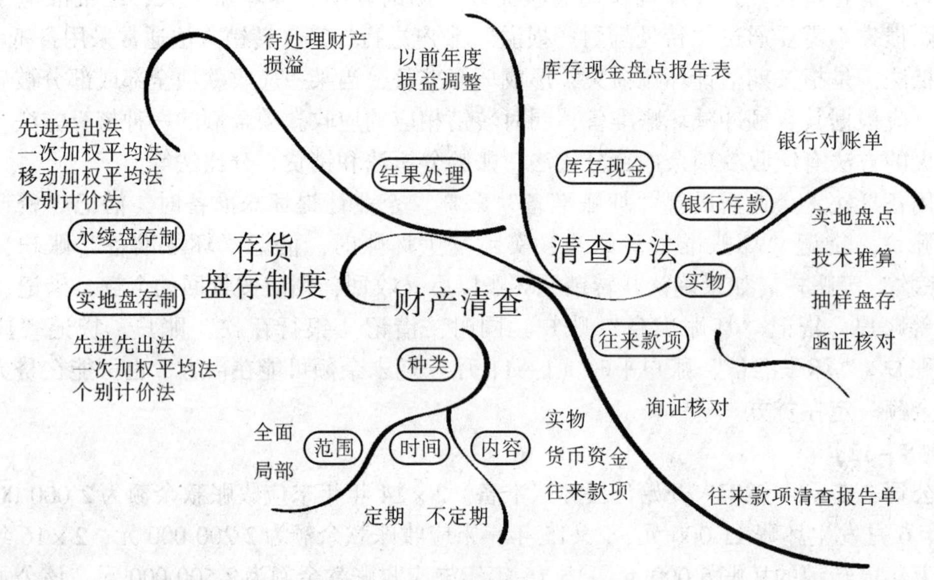

专业发展认知教程八

美国注册会计师相关介绍及发展前景

美国注册会计师（简称US CPA）是美国会计师协会（American Institute of Certified Public Accountants，AICPA）旗下的专业会计师认证资格，全球会员超过43万，有审计签字权，在全世界享有较高声誉，US CPA是含金量较高的会计证书之一。

美国注册会计师协会成立于1887年，在一个多世纪的历程中，AICPA已成为当今世界上最富影响力的会计职业组织。1870年之前，美国会计师作为一个职业鲜为人知。AICPA在成立时仅有31名会员。初创时期，AICPA作为全国性会计职业组织的地位曾受到过两次严峻的挑战。第一次是1902年成立的美国公共会计师团体联合会（Federation of Societies of Public Accountants in the United States）。第二次是1921年成立的美国注册会计师公会（American Society of Certified Public Accountants）。由于罗伯特·蒙哥马利（Robert H. Montgomery）等一批美国有识之士的积极协调，美国会计职业没有重蹈英国职业团体林立之覆辙。1905年10月和1936年10月，AICPA分别实现了与美国公共会计师联合会和美国注册会计师公会的合并。

AICPA设有以下委员会：会计及检查服务委员会、会计准则执行委员会、同业互查委员会、审计准则委员会、考试委员会、管理后续教育委员会、信息技术执行委员会、咨询服务执行委员会、个人财务计划执行委员会、私营公司业务执行委员会、职业道德执行委员会、SEC（美国证券交易委员会）业务部门执行委员会以及税务执行委员会等。考试委员会负责组织美国注册会计师的统一考试。

一、US CPA 在中国现状

在经济全球化的带动下，各国的会计准则越来越趋向于国际化、统一化，而且在国际会计准则的不断更新过程中，美国会计准则具有很大的影响力。美国注册会计师资格得到了包括中国在内的64个国家和地区的广泛认可，是一个具有权威性的国际会计师资格，是个人拥有国际通用的会计、财务、法律知识和技能的有力证明，也是从商经商必要的知识准备，更是提升专业职能和职业背景的有力武器。这一资格属于国际权威资格，更能代表国际会计标准，是执业人士能力的象征。

US CPA 刚刚登陆中国时，在中国的发展前景被普遍看好。近年来，随着越来越多的中国企业到美国资本市场融资上市以及越来越多的美国公司进入中国，这一需求表现得尤为明显，来自中国注册会计师协会的数据显示，国内获得 US CPA 资格的人数仍寥寥无几。当前国内了解美国会计准则且具备 US CPA 资格的人才缺口约为25万。在四大会计师事务所及跨国公司的招聘广告中，其招聘的财务职位几乎都要求应聘人员持有美国注册会计师资格。随着会计的国际化及国际会计准则的普及，无论是在海外上市的中资企业，还是在国内的欧美各家知名公司或会计师事务所，都更倾向于招募具有美国注册会计师资格的应聘人员从事财务管理工作。

目前，中国一些财经培训机构已开始针对 US CPA 考试科目的培训。

二、如何取得 US CPA 资格

美国注册会计师考试科目一共有四科：

（1）Auditing & Attestation（《审计》）：单项选择题组（占50%）和模拟案例题组（占50%）；

（2）Financial Accounting & Reporting（《财务会计与报告》）：单项选择题组（占50%）和模拟案例题组（占50%）；

（3）Regulation（《法规》）：单项选择题组（占50%）和模拟案例题组（占50%）；

（4）Business Environment & Concepts（《商业环境》）：单项选择题组（占50%）、模拟案例题组（占35%）和写作题组（15%）。

US CPA 全年每个月都可以参加考试（美国法定节假日除外），3月、6月、9月、12月只有前十天可以参加考试。考试实行机考，每个科目考试时长都为4个小时。每个科目满分为99分，75分通过。考试地点目前限于美国的领土或属地，亚洲考生多数选择在关岛和夏威夷参加考试。

US CPA 每科成绩有效期限为一年半，考生在通过第一门科目之后的18个月内必须通过其余三科的考试，否则先考过的科目依次作废，需要重新考试。

对于非美国本土的国际申请考生，在申请 US CPA 考试前必须完成学历认证。学历认证需要准备的材料包括海外学历认证申请表格、填写学历所对应的中文毕业证书、学位证书、成绩单原件（或者加盖学校红章的复印件）及其相对应的英文翻译件（所在学校不能提供英文翻译原件，须提供由公证部门依据中文原件所做的英文公证书）。

三、US CPA 发展前景

在美国，会计的入行薪水起点一般都在年薪 30 万人民币，再加上美国企业需要大批会计专业方面的人才，所以会计专业本身在美国的就业趋势非常好。在中国很多人的认知中，考证是为了提升自己的身价，在自己未来的职业选择中拥有更多的机会和筹码，这时，拥有审计签字权，全球含金量最高、最具权威性的会计认证之一的 US CPA 证书，成为财会人升职加薪的首选。

在中国，US CPA 的发展前景被普遍看好，因为美资企业对美国会计资格的认知程度最高，而国内的美资企业占的比例很高，待遇较好。随着国内大型企业和银行到美国上市，作为美国仅有的注册会计师资格，在当前经济发展的趋势下，无论是在海外上市的中资企业，还是在国内的欧美各家知名公司或会计师事务所，都急需熟悉美国会计准则的财会人员，在这样的大趋势下，US CPA 持证人的个人价值将得到迅速提升。

由于 US CPA 有高度的国际认可性，全球有 100 多个国家和地区认可 US CPA 专业资格，其中包括美国、加拿大、墨西哥、新西兰、澳大利亚、爱尔兰和中国香港地区等，只需通过 IQEX（综合考试），US CPA 资格即可转换成 6 个国家和地区的 CPA 资格。

第九章 财务会计报告

第一节　财务会计报告概述

一、财务会计报告的定义与种类

财务会计报告，也叫财务报告，是指企业对外提供的反映企业某一特定日期财务状况和某一会计期间经营成果、现金流量等会计信息的文件。财务会计报告的主要作用是向财务报告使用者提供真实、公允的信息，考核和评价企业的经营管理水平与经营业绩，并为信息使用者的预测和决策提供信息服务。

我国《企业财务会计报告条例》中规定："企业的财务会计报告分为年度、半年度、季度和月度财务会计报告。"通常情况下，我国企业年度财务会计报告的会计期间是指公历每年的1月1日至12月31日；季度财务会计报告的会计期间是指公历每一季度；月度财务会计报告的会计期间则是指公历每月1日至最后一日。

二、财务会计报告的构成

我国《企业会计准则——基本准则》第四十四条规定："企业的财务会计报告由会计报表、会计报表附注和其他应当在财务会计报告中披露的相关信息和资料组成。"企业对外提供的财务会计报告的内容、会计报表种类和格式、会计报表附注的主要内容等，必须遵从《企业会计准则》的规定；企业内部管理需要的会计报表由企业自行规定。

（一）会计报表

根据我国《企业会计准则——财务报表列报》的规定，企业对外提供的会计报表至少包括资产负债表、利润表、现金流量表、所有者权益（或股东权益）变动表。

（二）会计报表附注

会计报表附注是对资产负债表、利润表、现金流量表、所有者权益变动表等报表中列示项目的文字描述或明细资料，以及对未能在这些报表中列示项目的补充说明。

三、财务会计报告编制要求

企业的财务会计报告尽管反映的内容各不相同，编制的方法也不尽一致，但在编制过程中都必须遵守以下基本要求：

（一）真实可靠

企业的财务会计报告应如实反映企业的财务状况、经营成果和现金流量等情况，不得弄虚作假。如果财务会计报告提供的是不真实的会计信息，就会导致信息使用者作出错误的决策。

（二）相关可比

企业财务会计报告所提供的会计信息必须满足报表使用者决策的需要，会计报表各项目的数据应口径方法一致并相互可比，以便于报表使用者在不同企业之间及同企业的前后各期之间进行比较。

（三）全面完整

各种会计报表和会计报表附注构成了完整的财务会计报告体系。因而，企业必须按照《企业会计准则》统一规定的报表种类、格式和项目内容编制会计报表和会计报表附注，不得漏编、漏报会计报表及有关报表项目。对会计报表中需要加以说明的问题，必须在附注中用文字简要说明。

（四）报送及时

企业财务会计报告披露的信息具有很强的时效性，因此，对于需要报送的会计报表必须按照规定的期限及时编制，及时报送，以便会计信息使用者通过会计报表及时了解企业的财务状况和经营成果，及时进行经营或投资等方面的决策。

（五）便于理解

企业对外提供的财务会计报告是会计信息使用者进行正确决策的重要依据。因此，财务会计报告的可理解性是信息使用者作出准确判断，以及发挥会计服务于经济建设这一重要作用的根本保证。当然，财务会计报告的可理解性是建立在信息使用者具有一定的会计基础知识和财务报表阅读能力基础上的。

我国《企业财务会计报告条例》规定，企业对外提供的财务会计报告应当依次编定页数，加具封面，装订成册，加盖公章。封面上应当注明企业名称、企业统一代码、组织形式、地址、报表所属年度或者月份、报出日期，并由企业负责人和主管会计工作的负责人、会计机构负责人（会计主管人员）签名并盖章。设有总会计师的企业，还应当由总会计师签名并盖章。

第二节　资产负债表

一、资产负债表的内容与格式

资产负债表是反映企业在某一特定日期（月末、季末、年末）财务状况的报表。它是根据“资产＝负债＋所有者权益”的基本会计等式编制的静态时点报表。通过编制资产负债表，可以反映企业在特定时点拥有的资产总额及其分布状况；表明企业在特定时点承担的债务总额、偿还时间及偿还对象；提供企业所有者在特定时点所拥有的权益及其形成的原因，据以判断资本保值、增值情况以及对负债的保障程度，并据以进行财务分析，为信息使用者的决策提供依据。

资产负债表一般由表首和正表两部分组成。其中，表首又称为表头，包括报表名称、编制单位名称、编制日期、报表编号、货币名称、计量单位等内容。正表则列示了企业的资产、负债和所有者权益各项目的金额。

资产负债表一般有两种格式：报告式和账户式。我国企业的资产负债表采用账户式结构。账户式资产负债表是左右结构，左边列示资产，右边列示负债和所有者权益。报告式资产负债表是上下结构，上边列示资产，下边列示负债和所有者权益。不管哪种格式，资产负债表的资产总计总是等于负债和所有者权益的总计。在资产负债表中，资产按照其流动性分类分项列示，包括流动资产和非流动资产；负债按照其偿还期限分类分项列示，包括流动负债和非流动负债；所有者权益按照实收资本（或股本）、资本公积、盈余公积、未分配利润等项目分项列示。

我国企业资产负债的一般格式见表 9－1。

表 9－1 资产负债表

会企 01 表

编制单位：××公司　　2×16 年 12 月 31 日　　单位：元

资产	年初数	期末数	负债和所有者权益（或股东权益）	年初数	期末数
流动资产：			流动负债：		
货币资金			短期借款		
以公允价值计量且其变动计入当期损益的金融资产			以公允价值计量且其变动计入当期损益的金融负债		
应收票据			应付票据		
应收账款			应付账款		
预付款项			预收款项		
应收股利			应付职工薪酬		
应收利息			应交税费		
其他应收款			应付股利		
			应付利息		
存货			其他应付款		
一年内到期的非流动资产			一年内到期的非流动负债		
其他流动资产			其他流动负债		
流动资产合计			流动负债合计		

续表

资产	年初数	期末数	负债和所有者权益（或股东权益）	年初数	期末数
非流动资产：			非流动负债：		
可供出售金融资产			长期借款		
持有至到期投资			应付债券		
长期应收款			长期应付款		
长期股权投资			专项应付款		
投资性房地产			预计负债		
固定资产			其他非流动负债		
工程物资			非流动负债合计		
在建工程			负债合计		
固定资产清理			所有者权益（或股东权益）：		
无形资产			实收资本（或股本）		
开发支出			资本公积		
长期待摊费用			盈余公积		
其他非流动资产			未分配利润		
非流动资产合计			所有者权益（或股东权益）合计		
资产总计			负债和所有者权益（或股东权益）总计		

二、资产负债表的编制

（一）资产负债表中“年初数”和“期末数”的填列

资产负债表的各项目均需填列“年初数”和“期末数”两栏，以反映相关两个会计期间的比较数据。

1.“年初数”的填列方法

资产负债表“年初数”栏内各项数字，应根据上年末资产负债表的“期末数”栏内所列数字填列。如果上年度资产负债表规定的各个项目的名称和内容与本年度不一致，应对上年末资产负债表各项目的名称和数字按照本年度的规定进行调整，填入本表“年初数”栏内。

2.“期末数”的填列方法

资产负债表的“期末数”是指某一会计期末的数字，即月末、季末、半年末或年末的数字。各项目栏内“期末数”数字的填列方法如下：

（1）根据总账科目的余额填列。资产负债表中的有些项目可以直接根据有关总账科目的余额填列，如“交易性金融资产”“短期借款”“应付票据”“应付职工薪酬”等项目。有些项目则需根据几个总账科目的余额计算填列，如“货币资金”项目需根据“库存现金”“银行存款”“其他货币资金”三个总账科目的余额合计填列；“存货”项目应根据“材料采购”“原材料”“库存商品”“周转材料”“委托加工物资”“委托代销商品”“生产成本”等科目的期末数合计填列。

（2）根据明细账科目的余额计算填列。资产负债表中的有些项目需要根据明细账科目余额填列。如“应付账款”项目需要分别根据“应付账款”和“预付账款”两个科目所属明细科目的期末贷方余额计算填列；“应收账款”项目应根据“应收账款”和“预收账款”所属各明细科目的期末借方余额计算填列。

（3）根据总账科目和明细账科目的余额分析计算填列。资产负债表中的有些项目需要依据总账科目和明细账科目两者的余额分析填列。如“长期借款”项目应根据“长期借款”总账科目余额扣除“长期借款”科目所属的明细账科目中将在资产负债表日起一年内到期，且企业不能自主地将清偿义务展期的长期借款后的金额填列。

（4）根据有关科目余额减去其备抵科目余额后的净额填列。如资产负债表中的“应收账款”“长期股权投资”等项目，应根据“应收账款”“长期股权投资”等科目的期末数减去“坏账准备”“长期股权投资减值准备”等科目余额后的净额填列；“固定资产”项目应根据“固定资产”科目期末数减去“累计折旧”“固定资产减值准备”科目余额后的净额填列；“无形资产”项目应根据“无形资产”科目期末数减去“累计摊销”“无形资产减值准备”科目余额后的净额填列。

（二）资产负债表中各项目的填列

1. 资产项目的填列

（1）“货币资金”项目，反映企业库存现金、银行存款、外埠存款、银行汇票存款、银行本票存款、信用卡存款、信用证保证金存款等的合计数。本项目应根据“库存现金”“银行存款”“其他货币资金”科目期末余额的合计数填列。

（2）“以公允价值变动且其变动计入当期损益的金融资产”项目，反映企业持有的各种能随时变现并准备随时变现的债券、股票、基金及权证等金融资产。本项目应根据“交易性金融资产”科目的期末余额数填列。

（3）“应收票据”项目，反映企业持有的尚未到期兑现的商业汇票，包括银行承兑汇票和商业承兑汇票。本项目应根据“应收票据”科目的期末数填列。已向银行贴现和已背书转让的应收票据不包括在本项目内。

（4）“应收账款”项目，反映企业因销售商品、提供劳务等经营活动应向购买单位收取的款项。本项目应根据“应收账款”和“预收账款”所属各明细科目的期末借方余额合计减去“坏账准备”科目中有关应收账款计提的坏账准备期末余额后的金额填列。如“应收账款”科目所属明细科目期末有贷方余额的，应在本表“预收款项”项目内填列。

（5）“预付款项”项目，反映企业按照购货合同规定预付给供应单位的款项。本项目应根据“预付账款”和“应付账款”科目所属各明细科目的期末借方余额合计数减去“坏账准备”科目中有关预付款项计提的坏账准备期末数后的金额填列。如“预付账款”科目所属各明细科目期末有贷方余额的，应在资产负债表“应付账款”项目内填列。

(6)“应收股利”项目，反映企业应收取的现金股利和应收取其他单位分配的利润。本项目应根据“应收股利”科目的期末数减去“坏账准备”科目中有关应收股利计提的“坏账准备”期末数后的金额填列。

(7)“应收利息”项目，反映企业因债权投资而应收取的利息。本项目应根据“应收利息”科目的期末数减去“坏账准备”科目中有关应收利息计提的“坏账准备”期末数后的金额填列。

(8)“其他应收款”项目，反映企业除应收票据、应收账款、预付账款、应收股利、应收利息等经营活动以外的其他各种应收、暂付的款项。本项目应根据“其他应收款”科目的期末数减去坏账准备科目中有关其他应收款计提的坏账准备期末数后的金额填列。

(9)“存货”项目，反映企业期末在库、在途和在加工中的各种存货的可变现净值。本项目应根据“材料采购”“原材料”“库存商品”“周转材料”“委托加工物资”“委托代销商品”“生产成本”等科目的期末数合计减去“委托代销商品款”“存货跌价准备”科目期末数后的金额填列。材料采用计划成本核算以及库存商品采用计划成本核算或售价核算的企业，还应按加或减材料成本差异、商品进销差价后的金额填列。

(10)“一年内到期的非流动资产”项目，反映企业将于一年内到期的非流动资产项目金额。本项目应根据有关科目的期末数填列。

(11)“其他流动资产”项目，反映企业除以上流动资产项目外的其他流动资产。本项目应根据有关账户的期末余额填列。如其他流动资产价值较大，应在会计报表附注中披露其内容和金额。

(12)“可供出售金融资产”项目，反映企业持有的可供出售金融资产的净值。本项目应根据“可供出售金融资产”账户的期末余额，减去“可供出售金融资产减值准备”账户余额后的金额填列。

(13)“持有至到期投资”项目，反映企业所拥有的期限在一年以上且到期日确定的债权性投资的净值。本项目应根据“持有至到期投资”账户的期末余额，减去“持有至到期投资减值准备”账户的余额后填列。

(14)“长期应收款”项目，反映企业应收期限在一年以上的款项。本项目应根据“长期应收款”账户的期末余额减去相应的坏账准备后进行填列。

(15)“长期股权投资”项目，反映企业持有的对子公司、联营公司和合营公司不准备在一年内（含一年）变现的各种股权性质的长期投资。本项目应根据“长期股权投资”科目的期末数减去“长期股权投资减值准备”科目的期末数后的金额填列。

(16)“投资性房地产”项目，反映企业拥有的用于出租的建筑物和土地使用权的金额。本项目应根据“投资性房地产”账户的期末余额填列。

(17)“固定资产”项目，反映企业各种固定资产原价减去累计折旧和累计减值准备后的净额。本项目应根据“固定资产”科目的期末数减去“累计折旧”和“固定资产减值准备”科目期末数后的金额填列。

(18)“工程物资”项目，反映企业尚未使用的各项工程物资的实际成本。本项目应根据“工程物资”科目的期末数填列。

（19）“在建工程”项目，反映企业期末各项未完工程的实际支出，包括交付安装的设备价值、未完建筑安装工程已经耗用的材料、工资和费用支出、预付出包工程的价款等可收回金额。本项目应根据“在建工程”科目的期末数减去“在建工程减值准备”科目期末数后的金额填列。

（20）“固定资产清理”项目，反映企业因出售、毁损、报废等原因转入清理，但尚未清理完毕的固定资产的净值，以及在固定资产清理过程中所发生的清理费用和变价收入等各项金额的差额。本项目应根据“固定资产清理”科目的期末借方余额填列；如“固定资产清理”科目期末为贷方余额，以“－”号填列。

（21）“无形资产”项目，反映企业持有的各项无形资产，包括专利权、非专利技术、商标权、著作权、土地使用权等。本项目应根据“无形资产”的期末余额减去“累计摊销”和“无形资产减值准备”科目期末数后的金额填列。

（22）“开发支出”项目，反映企业开发无形资产过程中能够资本化形成无形资产成本的支出部分。本项目应当根据“研发支出”科目中所属的“资本化支出”明细科目的期末数填列。

（23）“长期待摊费用”项目，反映企业已经发生但应由本期和以后各期负担的、分摊期限在一年以上的各项费用。长期待摊费用中在一年内（含一年）摊销的部分，在资产负债表的一年内到期的非流动资产项目中填列。本项目应根据“长期待摊费用”科目的期末数减去将于一年内（含一年）摊销的数额后的金额填列。

（24）“其他非流动资产”项目，反映企业除以上资产以外的其他非流动资产。本项目应根据有关科目的期末数填列。如果其他非流动资产价值较大，应在会计报表附注中披露其内容和金额。

2. 负债项目的填列

（1）“短期借款”项目，反映企业向银行或其他金融机构借入的期限在一年以下（含一年）的各种借款。本项目应根据“短期借款”科目的期末数填列。

（2）“以公允价值计量且其变动计入当期损益的金融负债”项目，反映企业承担的以公允价值计量且其变动计入当期损益的为交易目的持有的金融负债。本项目应根据“交易性金融负债”账户的期末余额填列。

（3）“应付票据”项目，反映企业购买材料、商品和接受劳务等而开具承兑的商业汇票，包括银行承兑汇票和商业承兑汇票。本项目应根据“应付票据”科目的期末数填列。

（4）“应付账款”项目，反映企业因购买材料、商品和接受劳务供应等经营活动而应支付的款项。本项目应根据“应付账款”和“预付账款”所属明细科目的期末贷方余额合计数填列。如“应付账款”科目所属明细科目期末有借方余额的，应在资产负债表“预付款项”项目内填列。

（5）“预收款项”项目。反映企业按照购货合同规定预收购买单位的款项。本项目应根据“预收账款”和“应收账款”科目所属各明细科目的期末贷方余额合计数填列。如“预收账款”科目所属各明细科目期末有借方余额的，应在资产负债表“应收账款”项目内填列。

（6）“应付职工薪酬”项目，反映企业应付未付的职工薪酬。应付职工薪酬包括应付职工的工资、奖金、津贴和补贴、职工福利费和医疗保险费、养老保险费等各种保险费以及住房公积金等。本项目应根据“应付职工薪酬”账户期末贷方余额填列。如“应付职工薪酬”账户期末有借方余额，以“－”号填列。

（7）“应交税费”项目，反映企业按照税法规定计算应缴纳的各种税费，包括增值税、消费税、所得税、资源税、土地增值税、城市维护建设税、房产税、土地使用税、车船使用税、教育费附加、矿产资源补偿费等。企业代扣代缴的个人所得税，也通过本项目列示。企业所缴纳的税金不需要预计应缴数的（如印花税、耕地占用税等）不在本项目列示。本项目应根据“应交税费”科目的期末贷方余额填列。如“应交税费”科目期末为借方余额，应以“－”号填列。

（8）“应付股利”项目，反映企业分配的现金股利或利润，企业分配的股票股利不通过本项目列示。本项目应根据“应付股利”科目的期末数填列。

（9）“应付利息”项目，反映企业按照规定应当支付的利息，包括分期付息到期还本的长期借款应支付的利息、企业发行的企业债券应支付的利息等。本项目应当根据“应付利息”科目的期末数填列。

（10）“其他应付款”项目，反映企业除“应付票据”“应付账款”“预收款项”“应付职工薪酬”“应付股利”“应付利息”“应交税费”等经营活动以外的其他各项应付、暂收的款项。本项目应根据“其他应付款”科目的期末余额填列。

（11）“一年内到期的非流动负债”项目，反映企业非流动负债中将于资产负债表日后一年内到期部分的金额，如将于一年内偿还的长期借款。本项目应根据有关科目的期末数填列。

（12）“其他流动负债”反映企业除上述项目以外的其他流动负债。本项目应根据有关科目的期末余额填列。

（13）“长期借款”项目，反映企业向银行或其他金融机构借入的期限在一年以上（不含一年）的各项借款。本项目应根据“长期借款”科目的期末数填列。

（14）“应付债券”项目，反映企业为筹集长期资金而发行的债券本金和利息。本项目应根据“应付债券”科目的期末数填列。

（15）“长期应付款”项目，反映企业除长期借款和应付债券以外的其他各种长期应付款项。本项目应根据“长期应付款”账户的期末余额，减去相应的“未确认融资费用”账户期末余额后的金额填列。

（16）“专项应付款”项目，反映企业取得的政府作为企业所有者投入的具有专项或特定用途的款项。本项目应根据“专项应付款”账户的期末余额填列。

（17）“预计负债”项目，反映企业确认的对外提供担保、未决诉讼、产品质量保证等事项的预计负债的期末余额。本项目应根据“预计负债”账户的期末余额填列。

（18）“其他非流动负债”项目，反映企业除长期借款、应付债券等项目以外的其他非流动负债。本项目应根据有关科目的期末余额减去将于一年内（含一年）到期偿还的非流动负债余额填列。非流动负债各项目中将于一年内（含一年）到期的非流动负债应在一年内到期的“非流动负债”项目内单独反映。

3. 所有者权益项目的填列

（1）“实收资本（或股本）”项目，反映企业各投资者实际投入的资本（或股本）总额。本项目应根据实收资本（或股本）科目的期末数填列。

（2）“资本公积”项目，反映企业资本公积的期末数。本项目应根据“资本公积”科目的期末数填列。

（3）“盈余公积”项目，反映企业盈余公积的期末数。本项目应根据“盈余公积”科目的期末数填列。

（4）“未分配利润”项目，反映企业尚未分配的利润。本项目应根据“本年利润”科目和“利润分配”科目的余额计算填列。未弥补的亏损，在本项目内以“－”号填列。

第三节　利润表

一、利润表的内容与格式

利润表是反映企业在一定会计期间的经营成果的动态会计报表。利润表的编制与列报必须充分反映企业经营业绩的主要来源和构成。

通过利润表可以反映企业一定会计期间的收入实现情况、成本费用的发生情况以及净利润的实现情况，据以判断资本保值、增值情况，分析企业未来的获利能力及发展趋势。作为一种动态会计报表，利润表是考核和评价企业经营管理人员经营业绩和经营管理水平的一个重要依据，也为企业投资人、债权人及外部信息使用者全面了解企业的经营业绩，进行相关经济决策提供依据。

利润表的格式有多步式和单步式两种，我国一般采用多步式格式，按照利润形成中的利润指标，即营业利润、利润总额、净利润分步计算列示。单步式利润表按照所有收入减掉所有费用的顺序计算净利润。多步式利润表的格式见表 9－2。

表 9－2　利润表　　会企 02 表

编制单位：××公司　　2×16 年度　　单位：元

项目	本期数	上期数
一、营业收入		
减：营业成本		
税金及附加		
销售费用		
管理费用		
财务费用		
资产减值损失		
加：公允价值变动收益		
投资收益		
二、营业利润		
加：营业外收入		
减：营业外支出		

续表

项目	本期数	上期数
三、利润总额		
减：所得税费用		
四、净利润		
五、其他综合收益的税后净额		
（一）以后不能重分类进损益的其他综合收益		
（二）以后将重分类进损益的其他综合收益		
六、综合收益总额		
七、每股收益		
（一）基本每股收益		
（二）稀释每股收益		

二、利润表的编制

（一）利润表中“上期数”和“本期数”项目的填列

1. “上期数”的填列

“上期数”栏内各项目数字，应根据上年度利润表的“本期数”栏内所列数字填列。如果上年度利润表中的项目名称与本年度不一致，应对上年利润表各项目的名称和数字按照本年度的规定进行调整，填入本表“上期数”栏。

2. “本期数”的填列

“本期数”栏内各项目数字一般应根据相关的损益类科目的本期发生数额分析填列。

（二）利润表中各项目的填列

（1）“营业收入”项目，反映企业经营主要业务和其他业务所确认的收入总额。本项目应根据“主营业务收入”和“其他业务收入”科目的发生额分析填列。

（2）“营业成本”项目，反映企业经营主要业务和其他业务所发生的成本总额。本项目应根据“主营业务成本”和“其他业务成本”科目的发生额分析填列。

（3）“税金及附加”项目，反映企业经营业务应负担的消费税、城市建设维护税、资源税、教育费附加等。本项目应根据“税金及附加”科目的发生额分析填列。

（4）“销售费用”项目，反映企业在销售商品过程中发生的包装费、广告费等费用和为销售本企业商品而专设的销售机构的职工薪酬、业务费等经营费用。本项目应根据“销售费用”科目的发生额分析填列。

（5）“管理费用”项目，反映企业为组织和管理生产经营而发生的各种费用。本项目应根据“管理费用”科目的发生额分析填列。

（6）“财务费用”项目，反映企业为筹集生产经营所需资金等而发生的筹资费用。本项目应根据“财务费用”科目的发生额分析填列。

（7）“资产减值损失”项目，反映企业各项资产因减值发生的损失。本项目应根据“资产减值损失”科目的发生额分析填列。

(8)“公允价值变动收益”项目，反映企业因公允价值变动而发生的损益。本项目应根据“公允价值变动损益”科目的发生额分析填列。如为净损失，本项自以“-”号填列。

(9)“投资收益”项目，反映企业以各种方式对外投资所取得的收益。本项目应根据“投资收益”科目的发生额分析填列。如为投资损失。本项目以“-”号填列。

(10)“营业利润”项目，反映企业实现的营业利润。如为亏损，本项目以“-”号填列。

(11)“营业外收入”项目，反映企业发生的与经营业务无直接关系的各项收入。本项目应根据“营业外收入”科目的发生额分析填列。

(12)“营业外支出”项目，反映企业发生的与经营业务无直接关系的各项支出。本项目应根据“营业外支出”科目的发生额分析填列。

(13)“利润总额”项目，反映企业实现的利润。如为亏损，本项目以“-”号填列。

(14)“所得税费用”项目，反映企业应从当期利润总额中扣除的所得税费用。本项目应根据“所得税费用”科目的发生额分析填列。

(15)“净利润”项目，反映企业实现的净利润。如为亏损，本项目以“-”号填列。

(16)“其他综合收益”和“综合收益总额”项目。“其他综合收益”项目反映企业未在当期损益中确认的各项利得和损失扣除所得税影响后的净额。“综合收益总额”项目反映净利润和其他综合收益扣除所得税影响后的净额相加后的合计数额。“其他综合收益”项目根据有关科目的明细发生额分析计算填列，“综合收益总额”项目根据本表中相关项目计算填列。

(17)“基本每股收益”和“稀释每股收益”项目，反映根据每股收益准则计算的两种每股收益指标的金额。

【例9-1】

甲公司2×16年的有关收入、费用类账户的发生额资料如表9-3所示。

表9-3　甲公司2×16年的有关收入、费用类账户的发生额　　元

账户名称	账户金额
主营业务收入	2 400 000
主营业务成本	1 360 000
税金及附加	80 000
管理费用	192 000
财务费用	48 000
销售费用	120 000
投资收益	160 000
营业外收入	30 000
营业外支出	19 000
其他业务收入	180 000
其他业务成本	100 000
所得税费用	212 750

甲公司2×15年的利润表中的有关数据见表9-4。

表9-4 利润表

编制单位：甲公司　　　　2×15年　　　　元

项目	本期数	上期数
一、营业收入	2 150 000	略
减：营业成本	940 000	
税金及附加	150 000	
销售费用	130 000	
管理费用	154 000	
财务费用	86 000	
资产减值损失		
加：公允价值变动收益		
投资收益	120 000	
二、营业利润	810 000	
加：营业外收入	45 000	
减：营业外支出	14 500	
三、利润总额	840 500	
减：所得税费用	210 125	
四、净利润	630 375	

根据上述2×15年利润表及2×16年有关资料，编制2×16年利润表，见表9-5。

表9-5 利润表

编制单位：某公司　　　　2×16年　　　　元

项目	本期数	上期数
一、营业收入	2 580 000	2 150 000
减：营业成本	1 460 000	940 000
税金及附加	80 000	150 000
销售费用	120 000	130 000
管理费用	192 000	154 000
财务费用	48 000	86 000
资产减值损失	0	0
加：公允价值变动收益	0	0
投资收益	160 000	120 000
二、营业利润	840 000	810 000
加：营业外收入	30 000	45 000
减：营业外支出	19 000	14 500
三、利润总额	851 000	840 500
减：所得税费用	212 750	210 125
四、净利润	638 250	630 375

第四节　现金流量表

一、现金流量表的定义

现金流量表，是反映企业在一定会计期间现金和现金等价物流入和流出情况的报表。现金流量表是以现金为基础编制的，这里的现金是广义的概念，它包括现金及现金等价物。

企业编制现金流量表的主要目的，是为报表使用者提供企业一定会计期间内现金和现金等价物流入和流出的信息，以便于会计报表使用者了解企业获取现金和现金等价物的能力；评价企业的支付能力、偿债能力和现金周转能力；预测企业未来的现金流量；分析企业的收益质量及影响现金净流量的因素。

二、现金流量表的内容

在现金流量表中，企业按照经营活动、投资活动和筹资活动的现金流量分类分项列示。经营活动的现金流量按照其经营活动的现金流入和流出的性质分项列示；投资活动的现金流量按照其投资活动的现金流入和流出的性质分项列示；筹资活动的现金流量按照其筹资活动的现金流入和现金流出的性质分项列示。

经营活动是指企业投资活动和筹资活动以外的所有交易和事项，即除投资活动和筹资活动以外的所有交易和事项，都可归属于经营活动。对于工商企业而言，经营活动主要包括销售商品、提供劳务、购买商品、接受劳务、支付税费等。通常情况下，经营活动产生的现金流入项目主要有：销售商品、提供劳务收到的现金；收到的税费返还；收到的其他与经营活动有关的现金。经营活动产生的现金流出项目主要有：购买商品、接受劳务支付的现金；支付给职工以及为职工支付的现金；支付的各项税费；支付的其他与经营活动有关的现金。

投资活动是指企业长期资产的构建和不包括在现金等价物范围内的投资及其处置活动。通常情况下，投资活动产生的现金流入项目主要有：收回投资所收到的现金；取得投资收益所收到的现金；处置固定资产、无形资产和其他长期资产所收回的现金净额；收到的其他与投资活动有关的现金。投资活动产生的现金流出项目主要有：构建固定资产、无形资产和其他长期资产所支付的现金；投资所支付的现金；支付的其他与投资活动有关的现金。

筹资活动是指导致企业资本及债务规模和构成发生变化的活动。通常情况下，筹资活动产生的现金流入项目主要有：吸收投资所收到的现金；取得借款所收到的现金；收到的其他与筹资活动有关的现金。筹资活动产生的现金流出项目主要有：偿还债务所支付的现金；分配股利、利润或偿还利息所支付的现金；支付的其他与筹资活动有关的现金。

需要注意的是，对于企业日常活动之外特殊的、不经常发生的特殊项目，如自然灾害损失、保险赔款、捐赠等，企业应当将其归并到相关类别中单独反映。

三、现金流量表的编制基础

现金流量表的编制基础是收付实现制。编制现金流量表时，经营活动产生的现金流量的填报方法有两种：直接法和间接法。

直接法是通过现金流入和流出的主要类别直接反映企业经营活动产生的现金流量。一般是以利润表中“营业收入”“营业成本”等数据为基础，将收入调整为实际收现数，将费用调整为实际付现数，计算出经营活动产生的现金流量。

间接法是以利润表上的净利润为起点，以是否影响现金流动为标准进行调整，将减少净收益但不减少现金的项目重新加入净收益中，将增加净收益但不增加现金的项目从净收益中扣除，并调整经营性应收应付等项目，据此计算出经营活动的现金流量。实际上就是将按权责发生制原则确定的净利润调整为现金净流入，并除去投资活动和筹资活动对现金流量的影响。

四、现金流量表的格式

现金流量表包括正表和补充资料两部分。正表是现金流量表的主体，采用报告式的结构，按照经营活动、投资活动和筹资活动的现金流量分类分项列示。

（1）经营活动是指企业在投资活动和筹资活动以外的所有交易和事项。经营活动的现金流量应当按照其经营活动的现金流入和现金流出分项列示。

（2）投资活动是指企业长期资产购建和不包括在现金等价物范围内的投资及其处置活动。投资活动的现金流量应当按照其投资活动的现金流入和现金流出分项列示。

（3）筹资活动是指导致企业资本及债务规模和构成发生变化的活动。筹资活动的现金流量应当按照其筹资活动的现金流入和现金流出分项列示。

最后汇总反映企业现金等价物净增加额。现金流量表补充资料包括三部分内容：将净利润调节为经营活动的现金流量；不涉及现金收支的投资和筹资活动；现金及现金等价物净增加情况。现金流量表的基本格式见表 9－6。

表 9－6　现金流量表　　会企 03 表

编制单位：××公司　　2×16 年度　　单位：元

项目	行次	金额
一、经营活动产生的现金流量		
销售商品、提供劳务收到的现金		
收到的税费返还		
收到的其他与经营活动有关的现金		
现金流入小计		
购买商品、接受劳务支付的现金		
支付给职工以及为职工支付的现金		
支付的各项税费		
支付的其他与经营活动有关的现金		
现金流出小计		
经营活动产生的现金流量净额		
二、投资活动产生的现金流量		
收回投资所收到的现金		
取得投资收益所收到的现金		
处置固定资产、无形资产和其他长期资产所收回的现金净额		
收到的其他与投资活动有关的现金		

续表

项目	行次	金额
现金流入小计		
购建固定资产、无形资产和其他长期资产所支付的现金		
投资所支付的现金		
支付的其他与投资活动有关的现金		
现金流出小计		
投资活动产生的现金流量净额		
三、筹资活动产生的现金流量		
吸收投资所收到的现金		
取得借款所收到的现金		
收到的其他与筹资活动有关的现金		
现金流入小计		
偿还债务所支付的现金		
分配股利、利润和偿付利息所支付的现金		
支付的其他与筹资活动有关的现金		
现金流出小计		
筹资活动产生的现金流量净额		
四、汇率变动对现金的影响		
五、现金及现金等价物净增加额		

第五节　所有者权益变动表

一、所有者权益变动表的定义

所有者权益变动表，是指反映构成所有者权益的各组成部分当期增减变动情况的报表，包括损益、直接计入所有者权益的利得和损失，以及所有者权益的增减变动及其原因，为报表使用者的预测、决策提供服务，也称股东权益变动表。

二、所有者权益变动表的格式

在所有者权益变动表中，企业至少应当单独列示反映下列信息的项目：

（1）净利润；

（2）直接计入所有者权益的利得和损失项目及其总额；

（3）会计政策变更和差错更正的累积影响金额；

（4）所有者投入资本和向所有者分配利润等；

（5）按照规定提取的盈余公积；

（6）实收资本（或股本）、资本公积、盈余公积、未分配利润的期初和期末数及调整情况。

所有者权益变动表以矩阵的形式列示：一方面，列示导致所有者（或股东）权益变动的交易或事项，改变了以往仅仅按照所有者权益的各组成部分反映所有者权益变动情况，而是从所有者权益变动的来源对一定时期所有者权益变动情况进行全面反映；另一方面，按照所有者权益各组成部分（包括实收资本、资本公积、盈余公积、未分配利润、库存股）及其总额列示交易或事项对所有者权益的影响。所有者权益变动表还将各项目再分为“本年数”和“上年数”两栏分别填列，其格式见表9－7。

表9－7　所有者权益（或股东权益）变动表

会企04表

编制单位：××公司　　　　2×16年度　　　　单位：元

项目	本年数						上年数				
	实收资本（或股本）	资本公积	减：库存股	盈余公积	未分配利润	所有者权益合计	实收资本（或股本）	资本公积	减：库存股	盈余公积	未分配利润
一、上年年末余额											
加：会计政策变更											
前期差错更正											
二、本年年初数											
三、本年增减变动余额（减少以“－”号填列）											
（一）净利润											
（二）直接计入所有者权益的利得和损失											
1. 可供出售金融资产公允价值变动净额											
2. 权益法下被投资单位其他所有者权益变动的影响											
3. 与计入所有者权益项目相关的所得税影响											
4. 其他											
上述（一）和（二）小计											
（三）所有者投入和减少资本											

续表

项目	本年数						上年数				
	实收资本（或股本）	资本公积	减：库存股	盈余公积	未分配利润	所有者权益合计	实收资本（或股本）	资本公积	减：库存股	盈余公积	未分配利润
1. 所有者投入资本											
2. 股份支付计入所有者权益的金额											
3. 其他											
（四）利润分配											
1. 提取盈余公积											
2. 对所有者（或股东）的分配											
3. 其他											
（五）所有者权益内部结转											
1. 资本公积转增资本（或股本）											
2. 盈余公积转增资本（或股本）											
3. 盈余公积弥补亏损											
4. 其他											
四、本年年末余额											

三、所有者权益变动表的填列方法

1. “本年数”栏的填列方法

所有者（或股东）权益变动表“本年数”栏内各项数字一般应根据“实收资本（或股本）”“资本公积”“盈余公积”“利润分配”“库存股”“以前年度损益调整”等科目的发生额分析填列。

2. “上年数”栏的填列方法

所有者（或股东）权益变动表“上年数”栏内各项数字，应根据上年度所有者（或股东）权益变动表“本年数”栏内所列数字填列。如果上年度所有者（或股东）权益变动表规定的各个项目的名称和内容同本年度不一致，应对上年度所有者（或股东）权益变动表各项目的名称和数字按本年度的规定进行调整，填入所有者权益变动表“上年数”栏内。

财务成果看报表

本章思维导图

财务会计报告

资产负债表
- 某一特定日期财务状况的报表
- 静态报表
- 内容
  - 表首：包括报表名称、编制单位名称、编制日期、报表编号、货币名称、计量单位等
  - 正表：列示资产、负债和所有者权益各项目的金额
- 格式
  - 报告式：上下结构，上边资产，下边负债和所有者权益
  - 账户式：左右结构，左边资产，右边负债和所有者权益
- 编制方法
  - 总账科目的余额填列
  - 明细账科目的余额计算填列
  - 总账科目和明细账科目的余额分析计算填列
  - 有关科目余额减去其备抵科目余额后的净额填列

利润表
- 一定会计期间经营成果的报表
- 动态报表
- 格式
  - 单步式：所有收入　所有费用　净利润
  - 多步式：营业利润　利润总额　净利润
- 编制方法
  - 上期数：根据上年度利润表的“本期数”栏内所列数字填列
  - 本期数：根据相关的损益类科目的本期发生数额分析填列

现金流量表
- 一定会计期间现金和现金等价物流入和流出情况的报表
- 编制基础：收付实现制
- 正表
  - 经营　投资　筹资活动产生的现金流量
  - 直接法
  - 间接法
- 补充资料
  - 将净利润调节为经营活动的现金流量
  - 不涉及现金收支的投资和筹资活动
  - 现金及现金等价物净增加情况

所有者权益变动表
- 构成所有者权益的各组成部分当期增减变动情况的报表
- 矩阵式
  - 导致所有者权益变动的交易或事项
  - 导致所有者权益各组成部分变动的交易或事项对所有者权益的影响金额
- 编制方法
  - 上年数根据上年度所有者权益变动表本年数栏内所列数字填列
  - 本年数根据实收资本、资本公积、盈余公积、利润分配、库存股、以前年度损益调整等科目的发生额分析填列

专业发展认知教程九

我国国家会计学院介绍

北京国家会计学院、上海国家会计学院和厦门国家会计学院是我国三所专门从事会计培训的学院。创办初期，三所学院采取依托名牌大学的方式，为注册会计师专业人才培训提供高水平师资支持。其中，北京国家会计学院依托清华大学，上海国家会计学院依托上海财经大学，厦门国家会计学院依托厦门大学。2001 年 10 月，朱镕基先生在视察北京国家会计学院时赠写了著名的“诚信为本，操守为重，坚持准则，不做假账”的题词。这句题词不仅成为三所国家会计学院的校训，更成为所有中国注册会计师行业从业者心中遵循的基本道德规范要求。三所国家会计学院创办至今，接受国家会计学院培训的人次超过了数百万次。这三所会计学院为中国注册会计师行业人才培养作出了巨大贡献，成绩斐然。世界上除了中国，没有一个国家设立国家会计学院，它如同会计界的黄埔军校，让世人羡慕。

一、北京国家会计学院

北京国家会计学院（以下简称学院）成立于 1998 年，是财政部直属事业单位，由朱镕基同志亲自倡导和推动成立。学院积极服务财政部及董事会单位，建设财经智库，引领高端财经培训，实施精品研究生教育，打造覆盖全国的远程教育体系，为我国宏观经济管理部门、大中型企业以及社会中介机构培养了大批会计、审计、税务和金融高级专业人才。

学院位于北京顺义天竺开发区，总占地面积 343 亩①，建筑面积 12 万平方米。其中，一期工程 1998 年 4 月开工建设，2001 年 5 月投入使用；二期工程 2011 年 3 月开工建设，2016 年 4 月投入使用。学院拥有一流现代化的基础设施和信息网络系统，能够提供多媒体教学及远程教学，可同时容纳 1 500 名培训学员、400 名全日制研究生在校学习。

建院以来，学院秉承朱镕基总理题写的“诚信为本，操守为重，坚持准则，不做假账”的办学宗旨，为我国宏观经济管理部门、大中型企业以及社会中介机构培养了大批会计和审计高级专业人才。经过多年的发展，学院形成了以学位教育、中短期培训和远程教育为支柱的教育培训体系。学院拥有一支精通理论前沿及丰富实务经验的优秀师资队伍，在研究生培养过程中明确以提升职业能力为导向的培养目标，突出应用型人才培养特点，注重实践型、启发型教学。目前，相当比例的毕业生在大型企业和会计师事务所发挥骨干作用。

学院是国内首批开展会计硕士（MPAcc）、审计硕士（MAud）研究生教育工作的单位，是国内首个开展 IT 审计与网络安全硕士（ITACS）教育的单位。此外，学院还独立开展税务硕士（MT）学位教育、与国内外著名高校联合开展高级工商管理博士（EDBA）、金融硕士（MF）、会计理学硕士（MAcc）、会计金融硕士（MScAAF）学位教育项目等 7 个硕士学位教育项目、1 个博士学位教育项目。

二、上海国家会计学院

上海国家会计学院（以下简称学院）于 2000 年 9 月正式组建，是财政部直属事业单位，

① 1 亩 =666.67 平方米。

实行董事会领导下的院长负责制，财政部部长任董事会主席。学院位于上海市青浦区徐泾镇蟠龙路200号，占地面积520亩，三面环水，景色宜人，拥有国际一流的教学设施和住宿生活条件。学院自建成以来，秉承校训，以“高层次、国际化、数字化”为宗旨，立足中国经济改革实践以及中国本土企业的国际化要求，致力于为中国培养具有国际化视野、金融与财务管理专长以及优秀职业精神的高级经济管理人才。在财政部和国家各部委的领导与支持下，逐步形成了学位教育、短期培训、远程教育“三足鼎立”的事业局面，每年为中国培养各类高级经济管理人才两万余人。在教育界形成了相当的影响力和知名度，被誉为会计人员的“精神家园”。

学院是国家级高级财会管理人才培养基地，是中国政府发起设立的亚太财经与发展中心（AFDC）所在地，是中国注册会计师的后续教育基地，全国会计领军（后备）人才、国有企业总会计师和独立董事的培训基地，还是世界银行全球发展学习网络上海远程学习中心所在地。

学院拥有一支专业门类相对齐全、特色明显、具有扎实的理论功底、丰富实践经验和较强教学科研能力的师资队伍，研究领域涉足经济学、管理学、金融学、会计学、审计学等多个学科。

学院办学模式有硕士学位教育、高层管理培训、远程教育，所承担的全国会计领军人才培训项目、国有企业总会计师培训等一系列国家级、全国性人才培养工程，面向企业、金融机构、政府财税部门的高级定制课程已发展成为具有广泛影响力的品牌项目。自2004年起，学院与上海财经大学合作开展会计硕士专业学位教育，成为国内首批开展会计硕士专业学位教育工作的单位。2011年2月，国务院学位委员会授予上海国家会计学院专业硕士学位授予权（单位招生代码80402），独立开展会计硕士专业学位MPAcc（代码为125300）、审计硕士专业学位MAud（代码为025700）人才培养工作；同年，学院与美国亚利桑那州立大学合作的EMBA项目在英国《金融时报》排名中位居全球第20位；2013年，学院的中外合作办学项目（EMBA、MPAcc）获教育部资格认定。2014年、2017年，先后获得税务、金融专业硕士学位授予权。

三、厦门国家会计学院

厦门国家会计学院（以下简称学院）是我国高层次财经财会人才的重要培养基地，是我国政府倡导成立的“一带一路”财经发展研究中心所在地。学院经国务院批准于2002年成立，直属于财政部，实行党委领导下的院长负责制。

学院位于厦门市环岛路南段，占地面积33.5万平方米（503亩），建筑面积8.8万平方米，环境优美、设施先进，可同时容纳1 000余名学员和近300名研究生，是一座具有国际水准的现代化、智能化、园林化的培训教学和科研机构。

建院以来，在党中央、国务院的亲切关怀和财政部党组的正确领导下，学院坚持“国际知名会计学院”的办学目标，秉承“诚信为本，操守为重，坚持准则，不做假账”的校训，主动贴近国家战略需求和改革发展大局，积极服务财政经济中心工作。学院立足中国实践，顺应国际潮流，实施平台战略，整合教育资源，打造了一支理论密切联系实际的专兼职师资队伍和一支精干高效的管理团队。围绕会计审计、财政税收和经济管理等领域的人才培养，坚持依托政府和面向市场相结合的原则，构建了高端培训、学位教育和智库建设“三位一体”的发展格局和办学模式，为我国培养了一大批具备会计、财务、财税、金融专长以及优秀职业精神的复合型、管理型、应用型高级财经管理人才。

在高端培训方面，学院主要开展以会计审计、财政税收、经济管理为主的高层次后续培训，凭借定制化的培训设计、产学研相结合的高端师资、人性化的管理队伍、立体化的后勤保障和多样化的交流平台等特色，打造了全国高端会计人才培养工程、大中型企事业单位总会计师素质提升工程、企业高级管理人员培训、财税干部能力提升培训、注册会计师后续教育、人大代表履职能力专题培训等高端品牌培训项目。

在学位教育方面，学院是我国首批会计硕士专业学位（MPAcc）培养单位之一，自2004年起与厦门大学合作开展MPAcc学位教育，于2011年经国务院学位委员会批准开始独立招收和培养MPAcc研究生。目前开展全日制和非全日制会计硕士专业学位（MPAcc）教育、税务硕士专业学位（MT）教育。学院着力打造具有国家会计学院特色的学位教育品牌，突出应用型和国际化特色。近年来，学位教育发展迅速，招生录取比例屡创新高，教学培养就业屡创佳绩，获得了社会各界的广泛认可。

在智库建设方面，学院形成了由三个研究中心和四个研究所组成的财经智库体系，即“一带一路”财经发展研究中心、中国财务舞弊研究中心、政府综合财务报告研究中心；财务会计与审计研究所、管理会计与财务管理研究所、财政与税收研究所、经济管理与金融研究所。作为新型智库，学院立足于中国经济改革实践与国际化的要求，围绕会计审计、财政税收和经济管理的前沿发展与实务问题开展研究，积极主动服务财政经济中心工作。此外，学院还通过开展课题研究和行业咨询、搭建“云顶”系列学术平台，不断彰显学术影响力。

第十章

会计核算组织程序

第一节　会计核算组织程序概述

会计核算组织程序也称账务处理程序或会计核算形式，它是指在会计循环中，会计主体采用的会计凭证、会计账簿、财务报表的种类和格式与记账程序有机结合的方法和步骤。科学、合理地选择适用于本单位的会计核算组织程序，对于有效地组织会计核算，保证会计核算质量，提高会计核算工作效率，发挥会计在经济管理中的作用，具有十分重要的意义。

一、会计循环

所谓会计循环，是指从企业发生的经济业务或会计事项起，到编制财务会计报表止的一系列会计处理程序。所以，会计循环是会计信息生成的步骤，也是会计核算的基本过程。将会计循环与我国的会计核算组织程序有机地结合起来，是科学地组织会计工作，提高会计信息质量和会计工作效率的重要保证。

一般说来，所有的会计核算过程都必须经过证（会计凭证）、账（会计账簿）、表（财务报表）三个基本环节，而一个完整的会计循环应包括以下步骤：

（一）根据发生的经济业务，取得或填制原始凭证

原始凭证是进行会计核算的原始资料和重要依据。为了保证会计资料的客观、真实，企业发生的每一项经济业务都必须由有关人员按照规定的程序和要求，取得或者填制具有法律效力的原始凭证，来证明经济业务的执行或完成情况，以便如实地反映和监督经济活动。

（二）审核原始凭证，编制记账凭证

会计人员根据原始凭证所提供的数据，分析报告期发生的每项会计事项，确定经济业务发生对会计要素具体项目的影响，并经由相关人员审核后，按照复式记账原理编制会计分录，在记账凭证中进行序时记录。

（三）根据会计凭证登记账簿

会计人员根据审核无误的会计凭证，将会计分录中应借、应贷金额登记到相应的分类账户，包括总分类账户和明细分类账户，即记账。

（四）会计期末进行对账和结账

会计期间终了，对各账簿中的有关账户记录进行核对，结清收入、费用类账户，以确定当期损益；结出资产、负债、所有者权益账户余额，以结转至下期连续记录。

（五）根据账簿记录编制财务报表

会计期间结束，要将本期所有经济业务的记录及其结果汇总编制成资产负债表和利润表等，以反映企业的财务状况、经营成果和现金流量，并对其加以必要的注释和说明。

二、记账程序

记账程序是指企业在会计循环中，利用不同种类和格式的会计凭证、会计账簿和会计报表对发生的经济业务进行记录和反映的具体做法。

会计凭证、会计账簿和会计报表是会计用以记录和储存会计信息的重要载体。在实务中，所使用的会计凭证（特别是其中的记账凭证）、会计账簿和会计报表种类繁多，格式也各不相同。一个特定的会计主体应当根据选定的业务处理程序和方法，选择一定种类和格式的会计凭证、会计账簿和会计报表。这就决定了不同的会计主体所采用的会计凭证、会计账簿和会计报表的种类及格式也有所不同。因此，对其所发生的经济业务如何进行具体处理，特别是如何在有关的总分类账户中进行登记，有着不同的做法。也就是说，即使是对同样内容的经济业务进行账务处理，由于所采用的会计凭证、会计账簿和会计报表的种类与格式不同，采用不同记账程序的会计主体也有着截然不同的方法，也就会形成在做法上各不相同的账务处理程序。这个程序是不同的会计主体采用不同的组织方法来完成的。

综合以上分析可知，会计核算组织程序就是指在会计循环中，会计主体所采用的会计凭证、会计账簿、会计报表的种类和格式与一定的记账程序有机结合的方法和步骤。

三、会计核算组织程序的选择原则

会计核算组织程序属于提供会计信息的一种技术方法，它随着会计改革的发展而不断完善。在现阶段，为了充分发挥会计核算组织程序在会计管理中的作用，确定会计核算组织程序时应遵循如下原则：

（一）切合实际

既要执行国家统一的会计制度，又要结合本单位具体情况，与本单位的业务性质、规模大小、经营管理的要求以及会计工作的分工协作相适应。

（二）保证质量

要使提供的会计核算资料做到完整、正确、全面、系统，保证会计信息加工过程的严密性，确保会计信息的质量要求，满足经营管理的需要。

（三）降低成本

在保证会计核算工作质量的前提下，应力求简化会计核算环节，节约人力、物力和财力，降低费用，提高会计核算工作效率。

第二节 会计核算组织程序种类

会计核算组织程序按照账簿组织、记账程序和方法的不同组合方式，可以分为多种类型，它们分别适用于具有不同特点的单位。在实际工作中，主要有以下几种：记账凭证核算组织程序、科目汇总表核算组织程序、汇总记账凭证核算组织程序、日记总账核算组织程序等。

一、记账凭证核算组织程序

（一）记账凭证核算组织程序的基本内容

记账凭证核算组织程序是指对发生的经济业务，都要根据原始凭证或汇总原始凭证编制记账凭证，然后根据记账凭证直接登记总分类账的一种核算组织程序。它是最基本的核算组织程序。其他各种类型的会计核算组织程序都是在该方法的基础上发展起来的，其主要特点是根据记账凭证逐笔登记总分类账。

在记账凭证核算组织程序下，会计凭证一般包括原始凭证、原始凭证汇总表和记账凭证。记账凭证可以是通用记账凭证，也可以是分设收款凭证、付款凭证和转账凭证的专用记账凭证。会计账簿有现金日记账、银行存款日记账、明细分类账和总分类账。现金日记账、银行存款日记账和总分类账均可采用三栏式账簿。总分类账按照一级会计科目设置；明细分类账可以根据需要设置，分别采用三栏式、数量金额式或多栏式账簿。

（二）记账凭证核算组织程序的处理步骤

在记账凭证核算组织程序下，对经济业务的账务处理步骤如下：

（1）根据原始凭证或原始凭证汇总表，编制记账凭证；

（2）根据收款凭证、付款凭证逐笔登记现金日记账和银行存款日记账；

（3）根据记账凭证并参考原始凭证或原始凭证汇总表，逐笔登记各种明细分类账；

（4）根据各种记账凭证逐笔登记总分类账；

（5）期末，将现金日记账、银行存款日记账和各明细分类账的余额同有关总分类账的余额进行核对；

（6）期末，根据总分类账和明细分类账的记录编制财务报表。

（三）记账凭证核算组织程序的优缺点及其适用范围

记账凭证核算组织程序的优点是：账簿组织严密，记账程序简单明了，易于理解和运用，在总分类账中可较详细地记录和反映经济业务的发生情况，便于查阅。同时，由于登记总账的直接依据是记账凭证，因此能起到序时反映和分类的作用。其缺点是：根据记账凭证逐项登记总账，加大了记账的工作量，也不便于期末对账。因此，记账凭证核算组织程序一般适用于规模较小、经济业务比较简单、记账凭证不多的小型企业或单位。

二、科目汇总表核算组织程序

（一）科目汇总表核算组织程序的基本内容

科目汇总表核算组织程序，又称记账凭证汇总表核算组织程序，它是先根据一定会计期间的全部记账凭证，按照其相同的会计科目归类汇总，定期编制科目汇总表，再根据科目汇总表登记总分类账并编制会计报表的一种会计核算组织程序。

在科目汇总表核算组织程序下，科目汇总表是登记总分类账的直接根据，记账凭证是登记日记账和明细分类账的直接根据。由于总分类日记账、明细分类账登记的依据不同，因此，各种账簿之间要加强核对，防止因记账凭证的归类汇总而发生差错。

科目汇总表核算组织程序是在记账凭证核算组织程序基础上发展起来的。其账簿组织与记账凭证核算组织程序基本相同，要设置日记账、总分类账和明细分类账，记账凭证一般也采用收款凭证、付款凭证和转账凭证，但为了定期对记账凭证进行汇总，需要编制科目汇总表。

（二）科目汇总表核算组织程序的处理步骤

在科目汇总表核算组织程序下，对经济业务的账务处理步骤如下：

（1）根据原始凭证或原始凭证汇总表，编制记账凭证（收款凭证、付款凭证、转账凭证）；

（2）根据收款凭证、付款凭证逐笔登记现金日记账和银行存款日记账；

（3）根据记账凭证，参考原始凭证、原始凭证汇总表，逐笔登记各种明细分类账；

（4）根据各种记账凭证定期（如5天、10天、15天）编制科目汇总表；

（5）根据科目汇总表登记总分类账；

（6）期末，将现金日记账、银行存款日记账和明细分类账的余额同有关总分类账的余额进行核对；

（7）期末，根据总分类账和明细分类账的记录，编制财务报表。

（三）科目汇总表核算组织程序的优缺点及适用范围

科目汇总表核算组织程序是会计核算中应用比较广泛的一种核算程序。其优点是：通过设置科目汇总表，定期对经济业务分类整理，进行试算平衡，能够及时发现记账过程中的差错，保证会计核算资料的准确性、可靠性和真实性。同时，也减少了登记总分类账和期末对账的工作量。另外，科目汇总表的编制方法比较简单，易学易做。其缺点是：科目汇总表核算组织程序无法反映出各个账户的对应关系及经济业务的来龙去脉，不便于对经济业务进行检查、分析和核对账目。因此，科目汇总表核算组织程序一般适用于规模较大、经济业务量较多的企业或单位。

三、汇总记账凭证核算组织程序

（一）汇总记账凭证核算组织程序的基本内容

汇总记账凭证核算组织程序是定期将所有记账凭证汇总编制成汇总记账凭证，然后根据汇总记账凭证登记总分类账的一种会计核算组织程序。其主要特点是根据汇总记账凭证登记总分类账。

在汇总记账凭证核算组织程序下，除设置收款凭证、付款凭证和转账凭证外，还应设置汇总收款凭证、汇总付款凭证和汇总转账凭证，账簿的设置与记账凭证核算组织程序基本相同。

汇总收款凭证是按“库存现金”或“银行存款”账户的借方分别设置，并按照其对应的贷方账户加以归类汇总，一般为5天或10天汇总填列一次，通常每月编制一张。月末，结算出汇总收款凭证的合计数，据以登记总分类账。

汇总付款凭证是按“库存现金”或“银行存款”账户的贷方分别设置，并按照其对应的借方科目加以归类汇总，一般为5天或10天汇总填列一次，通常每月编制一张。月末，结算出汇总付款凭证的合计数，据以登记总分类账。

汇总转账凭证是按汇总期间全部转账凭证的每一贷方账户分别设置，并按照其对应的借方账户加以归类汇总，一般为5天或10天汇总填列一次，通常每月编制一张。月末，结算出汇总转账凭证的合计数，据以登记总分类账。

（二）汇总记账凭证核算组织程序的处理步骤

在汇总记账凭证核算组织程序下，对经济业务的账务处理步骤如下：

（1）根据原始凭证或原始凭证汇总表，编制记账凭证（收款凭证、付款凭证、转账凭证）；

（2）根据收款凭证、付款凭证逐笔登记现金日记账和银行存款日记账；

（3）根据记账凭证，参考原始凭证、原始凭证汇总表，逐笔登记各种明细分类账；

（4）根据各种记账凭证编制有关的汇总记账凭证（汇总收款凭证、汇总付款凭证、汇总转账凭证）；

（5）根据各种汇总记账凭证登记总分类账；

（6）期末，将现金日记账、银行存款日记账和明细分类账的余额同有关总分类账的余额进行核对；

（7）期末，根据总分类账和明细分类账的记录，编制财务报表。

（三）汇总记账凭证核算组织程序的优缺点及适用范围

汇总记账凭证核算组织程序也是在会计核算工作中应用比较广泛的一种会计核算组织程序。汇总记账凭证核算组织程序的优点是：简化了登记总分类账的工作量；由于汇总记账凭证是按照账户对应关系汇总编制的，从而能够明确地反映账户之间的对应关系，便于经常分析检查经济活动的发生情况，了解经济业务的内容。其缺点是：汇总转账凭证按每一贷方科目编制，不考虑经济业务的性质，不利于会计核算的合理分工，而且编制汇总记账凭证工作量较大。因此，汇总记账凭证核算组织程序一般适用于业务量较大、记账凭证较多的企业或单位。

四、日记总账核算组织程序

（一）日记总账核算组织程序的基本内容

日记总账核算组织程序是指设置日记总账，根据经济业务发生以后所填制的各种记账凭证直接逐笔登记日记总账，并定期编制会计报表的账务处理程序。

在日记总账核算组织程序下采用的记账凭证主要是各种专用记账凭证，即收款凭证、付款凭证和转账凭证，也可采用通用记账凭证。采用的日记账和明细分类账与其他会计核算组织程序基本相同，所不同的是，在这种核算组织程序下需要专门设置日记总账。

日记总账是一种兼具序时账簿和分类账簿两种功能的联合账簿。日记总账的账页一般设计为多栏式，即将经济业务发生以后可能涉及的所有会计账户，分设专栏，集中列示在同一张账页上，每一个账户又具体分设借方和贷方两栏。对所有的经济业务按发生的时间顺序进行序时记录，并根据经济业务的性质和账户的对应关系进行总分类记录。对发生的每一笔经济业务都应分别登记在同一行的有关科目的借方栏和贷方栏内，并将发生额记入日记总账的发生额栏内。

（二）日记总账核算组织程序的处理步骤

在日记总账核算组织程序下，对经济业务的账务处理步骤如下：

（1）根据原始凭证或原始凭证汇总表，编制记账凭证（收款凭证、付款凭证、转账凭证）；

（2）根据收款凭证和付款凭证逐笔登记现金日记账和银行存款日记账；

（3）根据记账凭证，参考原始凭证、原始凭证汇总表，逐笔登记各种明细分类账；

（4）根据各种记账凭证逐笔登记总分类账；

（5）期末，将日记账、明细分类账的余额与总分类账中相应账户的余额进行核对；

（6）期末，根据日记总账和明细分类账的记录，编制财务报表。

（三）日记总账核算组织程序的优缺点及适用范围

日记总账核算组织程序的优点是：当经济业务发生以后，要按照预先设置的会计科目栏，在相应栏次的同一行进行登记，可以集中反映经济业务的全貌，反映会计账户之间的对应关系，便于进行会计检查和会计分析；同时，将日记账和总分类账结合在一起，直接根据记账凭证登记总分类账，将所有会计科目都集中在一张账页上，而不是分设在各个账簿中，因而，可以简化登记总分类账的手续。

日记总账核算组织程序的缺点是：对于使用会计科目比较多的会计主体，日记总账的账页势必要设计得很大，既不便于进行记账和查阅，也容易出现登记串行等记账错误。如果会计人员较多，也不便于他们在记账上的业务分工。另外，在日记总账核算组织程序下，对于发生的每笔经济业务都要根据记账凭证逐笔在日记总账中登记，实际上与登记日记账和明细分类账是一种重复登记，势必增大登记日记总账的工作量。

日记总账核算组织程序一般只适用于规模小、业务量少、使用会计科目不多的会计主体。但在使用电子计算机进行账务处理的企业，由于账簿的登记等工作是由计算机完成的，因而很容易克服这种会计核算组织程序的缺点，所以在一些大中型企业也可以应用这种核算组织程序。

从程序看选择

本章思维导图

- 会计核算组织程序
  - 记账凭证核算组织程序
    - 原始凭证
      - 收款凭证
      - 付款凭证
      - 转账凭证
    - 库存现金日记账
    - 银行存款日记账
    - 总分类账
    - 明细分类账
    - 会计报表
  - 科目汇总表核算组织程序
    - 原始凭证
      - 收款凭证
      - 付款凭证
      - 转账凭证
    - 库存现金日记账
    - 银行存款日记账
    - 科目汇总表
    - 总分类账
    - 明细分类账
    - 会计报表
  - 汇总记账凭证核算组织程序
    - 原始凭证
      - 收款凭证
      - 付款凭证
      - 转账凭证
    - 汇总收款凭证
    - 汇总付款凭证
    - 汇总转账凭证
    - 库存现金日记账
    - 银行存款日记账
    - 总分类账
    - 明细分类账
    - 会计报表
  - 日记总账核算组织程序
    - 原始凭证
      - 收款凭证
      - 付款凭证
      - 转账凭证
    - 库存现金日记账
    - 银行存款日记账
    - 日记总账
    - 明细分类账
    - 会计报表

专业发展认知教程十

国际四大会计师事务所介绍

国际四大会计师事务所是指普华永道（PWC）、毕马威（KPMG）、德勤（DTT）和安永（EY）这四家会计师事务所。

一、普华永道（PWC）

普华永道是普华永道会计师事务所（Price Waterhouse Coopers）的简称，于1998年7月1日由原来的普华国际会计公司（Price Waterhouse）和永道国际会计公司（Coopers & Lybrand）在英国伦敦合并而成，是世界上顶级的会计师事务所之一，是全球最具规模的专业服务机构，能提供审计及鉴证、管理咨询、交易服务、风险及控制、税务服务等方面的专业服务。

普华永道成员机构组成的全球网络遍及158个国家和地区，有超过25万名员工。截至2018年6月30日，普华永道全球收入达413亿美元，在2018年“全球品牌价值500强榜单”上名列“全球50强品牌”之一，普华永道的客户群包含429家（占86%）来自全球财富500强的企业，并为超过10万家初创和私营企业提供服务，连续15年在中国注册会计师协会组织（CICPA）的百家会计师事务所评选中排名第一，被全球知名雇主品牌管理公司选为“全球工商管理专业大学生五大最理想雇主”。截至2018年7月1日，普华永道在中国大陆、香港及澳门的员工总数超过17 000人，其中包括超过615名合伙人，在北京、上海、香港、沈阳、天津、大连、济南、青岛、郑州、西安、南京、合肥、苏州、武汉、成都、杭州、宁波、重庆、长沙、昆明、厦门、广州、深圳、澳门、海口设有办事机构。

普华永道以其包容性、支持性的团队协作文化著称，培训体系完备，设有毕业生计划、海外学子招聘计划、硕士领英计划、实习生计划，特别是实习生计划，利用寒假和暑假，在每年1月和7月，审计部、管理、风险及控制服务部和税务部均会开放实习生机会。在普华永道实习期间，不仅可以亲身体验在专业服务公司里的真实客户项目工作，还可学到各种基本职业技能。同时也有机会提高个人影响力，丰富专业知识，提升商业洞察力以及扩大专业人际关系和社交圈，实习期间所收获的技能与经验有助于日后的职业发展。

二、德勤（DTT）

德勤会计师事务所是国际四大会计公司之一，英文名称是Deloitte。全称Deloitte Touche Tohmatsu，简称Deloitte或DTT，是德勤全球（Deloitte Touche Tohmatsu）在美国的分支机构，后者在126个国家内共有59 000名员工。公司的咨询部门德勤咨询（Deloitte Consulting）在全美有2 900名员工，是业内最大的公司之一，德勤咨询完善了母公司的业务范围，总部位于美国纽约。

德勤依托由12万名专业人士组成的全球网络，在审计、税务、企业管理咨询和财务咨询四个领域为超过一半的全球最大型企业、全国性大型企业、公共机构、当地的重要客户以及众多发展迅速的全球性公司提供审计及鉴证、管理咨询、财务咨询、风险咨询、税务及相关服务。

1917 年，德勤于上海成立了办事处。1983 年 10 月在北京设立了第一家常驻代表机构。1992 年 12 月与上海会计师事务所在上海合作开办了中外合作会计师事务所沪江德勤会计师事务所，并于 1998 年 6 月在北京设立了北京分所。1997 年，德勤与香港著名的关黄陈方会计师事务所合并，使其中国业务的实力得到了极大加强。2005 年 3 月 19 日，德勤宣布并入北京天健会计师事务所。2005 年 8 月 4 日，并入深圳天健信德会计师事务所。至今，德勤已成长为中国最大的专业服务机构之一，共拥有约 4 500 名员工，分布在北京、大连、广州、香港、澳门、南京、上海、深圳、苏州和天津，面向大型国有企业、跨国公司及成长迅速的新兴企业提供全面的审计、税务、企业管理咨询和财务咨询服务。在香港，德勤更为大约三分之一在香港联合交易所上市的公司提供服务。

德勤为在校大学生提供不同的实习生项目。通过一些短期项目实习，帮助学生收获一段在一流专业服务机构工作的宝贵经历；通过寒（暑）假实习生项目，进行为期 1 至 4 个月的寒假或暑假实习，帮助学生获得审计及鉴证、管理咨询、财务咨询、风险咨询或税务部实习的工作体验。实习期结束后，有机会直接进入应届毕业生招聘流程，获得全职录用机会。德勤实习招聘周期一般在每年10月至11月（寒假实习生项目）或4月至5月（暑假实习生项目）。

三、安永（Ernst & Young）

安永会计师事务所（Ernst & Young）是全球领先的专业服务公司，提供审计、税务及财务交易咨询等服务，至今已有 100 多年的历史。公司是 20 世纪 50 年代一系列兼并的产物；1989 年，原八大会计师事务所之中的 ArthurYoung（1894 年成立于美国纽约的一家会计公司）及 Ernst&Whinney（1903 年成立于美国克利夫兰的一家会计公司）之间的兼并造就了现在的 Ernst&Young。目前安永在全球 150 个国家有办事机构 728 个，有 190 000 名员工，总部位于英国伦敦。

1973 年，安永在香港设立办事处；1981 年，安永成为最早获得中国政府批准在北京设立办事处的国际专业服务公司之一；1992 年，在北京成立安永华明会计师事务所；2001 年，安永与上海大华会计师事务所合并，成为安永大华会计师事务所，大华是中国最大和最受推崇的会计师事务所之一，此次合并在中国的会计服务业中尚属首例。安永在中国大陆有两个子公司，分别是安永大华会计师事务所有限责任公司和安永华明上海分所合署办公。安永大中华区共设有 27 家办事处，分别位于北京、香港、上海、广州、澳门、深圳、成都、杭州、南京、沈阳、苏州、天津、武汉、西安、长沙、大连、青岛、厦门、郑州和海口，安永大中华区的员工约 18 000 名。

安永倡导以人为本，尽量为员工营造良好的工作环境和同事关系，提供成长性的培训计划。面向大学生，安永设有安永校园大使项目（面向低年级学生）、暑期领导力训练营项目（面向毕业前一年学生）、应届生招聘项目（面向应届毕业生）。

安永中国每年 5 月都会招募校园大使，旨在更好地利用学校的宣传渠道，传播安永的文化、理念；同时也为学生提供与安永近距离交流的机会，表现优秀的学生还有机会被选派参加在美国举办的安永国际实习生领袖峰会，与全球 2 500 名优秀同龄人共度暑假。

暑期领导力训练营项目是安永校园招聘年度大戏，每年夏季上演，为期一天，设计严谨。活动环节挑战多多，精彩无限，让学生在层层通关时充分展示自身才华。最终，表现最优秀的学生将获得安永全职工作邀约，在毕业后加入安永。

应届生招聘项目每年秋季进行，经过评估流程，表现优异的学生有可能获得工作邀约。无论加入审计、税务、财务交易或咨询服务哪个部门，都将在职业初期肩负重任，在挑战中收益良多，并在各个部门的各种业务中获得展现才干的机会，奠定未来成就的基石。

四、毕马威（KPMG）

毕马威会计师事务所（KPMG）也是世界上最大的专业服务机构之一，专门提供审计、税务和咨询等服务。毕马威历史悠久，发展跨越三个世纪，由四家公司逐步合并而成，最早历史可以追溯到1870年威廉·巴克莱·匹特（William Barclay Peat）在伦敦创立的一家会计师事务所。KPMG四个字母分别代表其主要创办人的英文名称缩写，毕马威总部位于荷兰阿姆斯特丹。

毕马威国际合作组织（简称毕马威国际）由各地独立成员组成，但各成员在法律上均属分立和不同的个体。毕马威国际现已发展成一个由专业服务成员所组成的全球网络，成员所遍布全球153个国家和地区，拥有专业人员207 000名，提供审计、税务和咨询等专业服务。

毕马威在中国的业务可上溯至1945年。在1941年12月香港沦陷时，汇丰银行总办事处被迫暂时迁往伦敦。该行当时的核数师之一伦敦的Peat Marwick Mitchell & Co获委任协助该行编制账项。战争结束后，汇丰银行总办事处迁回香港。为了保持核数工作的连贯性及在该行的要求下，当时担任该行联合核数师的Peat Marwick Mitchell & Co遂于香港设立办事处。1945年，Peat Marwick Mitchell & Co在香港的合伙业务公司正式成立。1983年，毕马威在国内设立了首家办事处。1992年，毕马威成为首家获准在国内合资开业的国际会计师事务所。毕马威在中国提供审计、税务和咨询等专业服务，在中国20个城市设有办事机构，有合伙人及员工约12 000名。

毕马威强调“以身作则、为人表率、上下一心、团队精神”，面向在校大学生，毕马威设有实习计划（每年5月5日前申请）和精英计划。

毕马威在精英计划中，将利用三年时间的寒暑假提供专业的审计、税务咨询培训。精英计划在第一年暑假对实习生进行专业培训；第二年在冬季进行复习课程培训，并在忙季参与毕马威全职工作，表现符合毕马威要求的学生能够提前获得毕马威审计、税务咨询职位的机会，并有资格继续第三年的精英计划，暑假期间再次进行专业培训。第三年在冬季进行复习课程培训，在忙季参与毕马威的全职工作，表现杰出的学员，完成整个精英计划，毕业后加入毕马威，将有机会获得额外奖励。卓越完成精英计划并在规定的项目工作时间中表现杰出的学员，即有机会毕业后以第二年审计员、税务咨询员的身份加入毕马威。

对于毕业生，毕马威校园招聘设有应届生和理工科应届生两个方向，对不同专业背景的学生提供不同的职业发展方向。

参 考 文 献

[1] 宋冬冬，焦媛媛．财务机器人的出现对会计职业教育的影响及对策研究［J］．知识经济，2018（22）：96－97.
[2] 黄燚．论财务人员在信息化时代的转型［J］．经贸实践，2018（16）：101.
[3] 上官健．注册会计师行业后备人才培养路径探析［D］．海南：琼台师范学院，2018.
[4] 清华大学国家金融研究院金融与发展研究中心．会计行业发展40年的观察与思考［M/OL］．北京：DOI：10.16292/j.cnki.issn1009－6345，2018.
[5] 群言堂，刘丛丹，周玉莹，陈祥京，廖佳艺，吴伟帆，陈雪娇．会计职称热背后的原因及对策［D］．江西：江西财经大学会计学院，2017.
[6] 汪寿成，刘明辉，陈金勇．会计与改革开放——改革开放以来中国注册会计师行业演化的历史与逻辑［M］．大连：大家出版传媒股份有限公司，2017.
[7] 柳清秀，张朗，袁芬．会计职业消亡论与现实存在的认知探讨［J］．湖北师范大学学报（哲学社会科学版），2017.
[8] 刘恭．论我国注册会计师人才发展现状［D］．南昌：江西财经大学，2017.
[9] 梁云飞．我国注册会计师行业发展的相关问题分析及建议［J］．会计研究，2017.
[10] 国婷婷．立信的国际化战略研究［D］．哈尔滨：黑龙江大学，2014.
[11] 申璐．我国注册会计师专业胜任能力评价研究［D］．北京：首都经济贸易大学，2014.
[12] 潘玥．信息化环境下会计人员能力架构研究［D］．沈阳：沈阳大学，2018.
[13] 李欣楠．中美会计职业发展的比较研究［D］．镇江：江苏科技大学，2015.
[14] 李昕，韩国薇．基础会计［M］．北京：经济科学出版社，2008.
[15] 陈国辉，迟旭升．基础会计［M］．吉林：东北财经大学出版社，2016.
[16] 中华人民共和国财政部．企业会计准则［M］．北京：经济科学出版社，2006.
[17] 吴永澎．会计学原理［M］．北京：经济科学出版社，2011.
[18] 刘峰，潘琰，林斌．会计学基础［M］．3版．北京：高等教育出版社，2009.
[19] 刘永泽，陈文铭．会计学［M］．4版．大连：东北财经大学出版社，2015.
[20] 朱小平，徐泓，周华．初级会计学［M］．7版．北京：中国人民大学出版社，2015.

附　录

附件1　国际财务管理师工作业绩评估资料表

国际财务管理师工作业绩评估资料表

International Finance Manager Information for Performance Evaluation

<table>
<tr>
<td>1. 考生姓名/Name：
______
2. 身份证号/No.：
______</td>
<td>填写说明
“工作业绩评估”是国际财务管理师（IFM）考试/考核科目之一，每位IFM申报人都必须按要求完整填报资料。

1）本资料表须用计算机打印，务必清晰。
2）所有项目都必须完整填写，不能遗漏。
3）表中“企业”的概念等同于“工作单位”。
4）填写人必须仔细阅读项目“8”的个人声明，并亲笔签名。
5）表中项目“4.7”须有申报人供职单位（供职企业或具体工作部门）出具的申报人本人工作绩效考核成绩证明。
6）务必同时提交两名推荐人亲笔签名的推荐意见。关于推荐人资格及推荐内容要求，请仔细阅读项目“7”的说明。
7）填写过程中若有疑问，请咨询IFMA中国总部考务咨询电话：
010－65868105 韩老师</td>
</tr>
<tr>
<td colspan="2">※　注意：职业能力评估表格须于5个工作日内前提交回总部，请以电子邮件和打印快递两种方式提交到总部，逾期不受。</td>
</tr>
</table>

国际财务管理协会中国总部

3. 供职企业情况（请提供本人直接服务企业的情况，如某某集团公司下属子公司）/About the organization	
3.1 名称/Name：	
3.2 所属行业/Industry：	3.3 核心业务/Core business：
4. 现任职情况/Current position	
4.1 职务名称/Name：	4.2 所属部门/Sector：
4.3 直接上级职务/Boss：	4.4 直接下属人数/Subordinates：
4.5 主要工作职责描述（最多列举5项，按重要程度从高至低排列）/Core functions：	

4.6 工作绩效考核指标（最多列举5项，并注明每个指标所占权重）/Performance measures：

指标名称及定义	权重（%）

4.7 最近三年工作绩效考核成绩（请提供你本人供职单位出具的考核成绩证明）/Performance rate：

考核年度		考核成绩	
考核年度		考核成绩	
考核年度		考核成绩	

5. 职业发展回顾/Review of professional career	
5. 1 从事财务管理相关工作起始时间/Starting time：	年　月　日
5. 2 历任职务名称/Positions till now：	
A.	B.
C.	D.
E.	F.
5. 3 最近 3 年内职务升迁/变化情况说明/Job promotion or transfer during current three years：	

5. 4 最近 3 年来在专业工作中完成的重大或创新性项目/Major projects：	
项目名称	项目背景、个人角色及项目成果简述

5. 5 最近 3 年内参加专业培训/继续教育的情况/Professional training and continuing education in last 3 years：		
课时数	课程名称	培训机构名称

5.6 最近3年来在专业工作中获得的重要奖项（最多列举5项）/Awards：

奖项名称	获奖时间	颁奖机构

5.7 任现职以来的三点主要体会（300字以内）/Experiences on current job：

5.8 对你目前所具备的专业知识、经验、能力的自我评价（300字以内）/Self - evaluation of your competencies：

6. 下一阶段职业发展目标和计划/ Professional development planning

7. 推荐意见/References：	
重要说明： ● 你须确定两名推荐人，并提供他们的姓名及联系方式。 ● 推荐人的身份应当是你的工作领导或同事。 ● 推荐人须在本表有关栏目中对你的专业工作表现、工作经验及专业工作能力作出评价，并亲笔签名。	
7.1 推荐人姓名/Name： 工作单位/Organization： 电子邮件地址/Email： 推荐意见：	职位/职称/Title or position： 联系电话/Tel：
7.2 推荐人姓名 Name： 工作单位/Organization： 电子邮件地址/Email： 推荐意见：	职位/职称/Title or position： 联系电话/Tel：
8. 个人声明/Personal statement	
我保证所填写内容真实、完整、正确。我明白提供虚假的信息将会导致我申请资格的丧失。I assure that the information provided by me on this form is true, complete and correct. I understand that any untrue information will lead to the withdrawal of my application. 签名/Signature：	 日期/Date：
* 备注/Others	

附件2　高级国际财务管理师职业能力评估信息表

高级国际财务管理师职业能力评估信息表

Senior International Finance Manager Information for Competency Evaluation

填　写　说　明

- “职业能力评估”是高级国际财务管理师（SIFM）考试/考核科目之一，每位SIFM申报人都必须按要求独立完成本表的填写。
- 表中所提供的信息必须完全符合填表人的真实情况，表中所提供的观点表述必须是填表人独立思考或亲身体验的结果。表中如有任何伪造和抄袭的信息都将导致对填表人的评估中止，评估成绩将按不合格记分。
- “职业能力评估”科目考核成绩按合格/不合格记分。考核成绩不合格者自本次考核结束（以成绩通知单上的日期为准）后6个月以后方可重新申请参加本科目考核。
- 本表所有项目都必须完整填写，不能遗漏，须用计算机打印，务必清晰。
- 表中“企业”的概念等同于“工作单位”。
- 申请人所担任的职务须由其任职单位出具证明。证明方式可以是由任职单位出具任职证明或由其任职单位直接在《高级国际财务管理师职业能力评估信息表》第4项“现任职情况”处加盖单位公章/人事章。
- 填表人务必在项目10签名处亲笔签名。
- 填表人务必同时提交两封由推荐人亲笔签名的推荐信。关于推荐人资格及推荐信内容要求，请仔细阅读项目9的说明。
- 本表须于10个工作日内填写完成并连同推荐信一起提交国际财务管理协会中国总部。请以电子邮件和打印快递两种方式提交到总部，逾期不受。
- 填写过程中若有疑问，请咨询：010－65868105

国际财务管理协会·中国总部

INTERNATIONAL FINANCIAL MANAGEMENT ASSOCIATION CHINA HEADQUARTERS

0. 评估意见（本部分由负责评估的专家填写）

1. 基本信息（本部分内容请务必填写完整，否则有可能会影响到您的考试或所应享有的权益和服务）

姓名/Name		性别/Sex	□ 女/ F □ 男/ M
身份证号 /ID No.			
电话/Tel		手机/Mobile	
电子信箱 /E_mail		邮编 /Zip	
通信地址 /Add			

2. 报考信息（本部分内容请务必填写完整，否则有可能会影响到您的考试或所应享有的权益和服务）

身份证号/No.	
考试日期/Data	

3. 供职企业情况（请提供本人直接服务企业的情况，如某某集团公司下属子公司）

3.1 名称/Name	
3.2 所属行业/Industry	
3.3 所有制/Ownership	
3.4 核心业务/Core business	
3.5 核心业务年收入（万元）/Revenue	
3.6 企业发展战略目标（可以由本人归纳）/Strategic objectives of the business	

4. 现任职情况/Current position［申请人所担任的职务须由任职单位出具任职证明或由其任职单位直接在本项加盖单位公章/人事章。］

4.1 职务名称/Name		4.3 直接上级职务/Boss	
4.2 所属部门/Sector		4.4 直接下属人数/Subordinates	
4.5 主要工作职责描述（列举5项，按重要程度从高至低排列）/Core functions			

5. 职业发展回顾/Review of professional career

5.1 从事财务管理相关工作起始时间/Starting time	年　月　日
5.2 历任职务名称/Positions till now A. C. E.	B. D. F
5.3 最近3年内职务升迁/变化情况说明/Job promotion or transfer during current three years	

5.4 最近3年内参加专业培训/继续教育的情况/Professional training and continuing education during current three years		
课时数	课程名称	培训机构名称

5.5 专业资格证书/Professional qualifications		
获得时间	证书名称	颁证机构名称

5.6 最近3年内在专业媒体上发表文章或在专业研讨活动中发表演讲的情况/Professional activities		
时间	文章或演讲标题	媒体或活动名称

5.7 最近3年来在专业工作中完成的重大或创新性项目/Major projects	
项目名称	项目背景、个人角色及项目成果简述

5.8 最近3年来在专业工作中获得的重要奖项（最多列举5项）/Awards		
奖项名称	获奖时间	颁奖机构

5.9 协会会员身份及社会兼职（最多填写5个）/Affiliations		
加入/开始时间	协会或兼职机构名称	职务

5. 10 上年度工作总结/ Annual report
5. 11 本年度或下年度工作计划/Annual planning

6. 财务管理职业活动经验/professional experiences

6.1 财务经理人员的工作时间安排/Distribution of working hours for financial management			
工作领域	你认为合理的中级财务经理工作时间投入比例	你认为合理的高级财务经理工作时间投入比例	你目前实际工作时间投入比例
企业经营/财务决策			
编制预算与计划			
营运资本管理			
资本支出管理			
资本筹集			
企业财务状况诊断			
资本运营			
财务公关			
下属员工管理			
其他（须具体说明）			

6.2 请描述你是如何设计、组织和管理财务管理部门或财务管理系统的/How to design, organize and manage financial function or system

6.3 请描述一次你参与企业财务或经营管理决策的过程/A decision - making process on financial or business

6.4 请描述一次你参与的企业融资/投资/资本运营活动/A project of financing/investment/merger & acquisition
6.5 请简述对你的职业生涯最有影响的事或人/The most effective event or person in your career

6.6 请简述最能体现你财务专业工作能力的一次工作经历/A Professional activity which can effectively show your competence in financial management

6.7 请简述你的工作角色及其所需具备的素质/Your professional roles in fact and the competency structure required for carrying out these roles

6.8 分析你所在企业的财务管理方面的一个重大问题并提出解决方案或思路（不少于800字）/Solutions on major issues in financial management of your organization

7. 职业发展计划/Career development plan

7.1 任现职以来的三点体会/Overview on current job
7.2 下一阶段职业发展目标和行动计划/Next objectives of professional development
7.3 对你目前所具备的专业知识、经验、能力的自我评价/Self - evaluation of your competencies
7.4 今后两年内你希望参加哪些专题的培训、教育以及学术交流活动/Expecting training and activities

8. 探讨与研究/Discussion and study

选择目前中国或国际财务管理界广泛关心的一个主题，阐述你的见解（不少于1000字）/Opinions on hot themes

9. 提供两位推荐人资料，并将推荐人亲笔签署的推荐信作为本资料表附件/References：

※重要说明

■ 你须有两名推荐人的推荐。

■ 须由每一位推荐人提供一封推荐信。

■ 推荐人应当是或曾是你的工作领导，其中至少一名应是你目前所在工作单位的高层领导。

■ 推荐信须按照本表附件所提供的样式撰写，并且提供对你的专业工作经验、专业知识及专业工作能力的描述性评价，以及推荐人本人的亲笔签名。

9.1 推荐人姓名/Name		职位/职称/Title or position	
工作单位/Organization		联系电话/Tel	
电子邮件地址/Email			
9.2 推荐人姓名/Name		职位/职称/Title or position	
工作单位/Organization		联系电话/Tel	
电子邮件地址/Email			

10. 个人声明/Personal statement

我保证所填写内容是真实的，所提供的观点是我本人思考的结果。我明白提供虚假的信息将会导致我申请资格的丧失。

I assure that the information and opinions provided by me on this form is true. I understand that any untrue information will lead to the withdrawal of my application.

签名/Signature 日期/Date

※ 备注/Others

附件：推荐信样式

推 荐 信

<table>
<tr><td>推荐人信息/Information on reference：
姓名/Name：　　　　　　　　　　　　　　　职位/职称/Title or position：
联系电话/Tel：　　　　　　　　　　　　　　电子邮件地址/Email：
工作单位/Organization：</td></tr>
<tr><td>被推荐人信息/information on referral：
姓名/Name：　　　　　　　　　　　　　　　职位/职称/Title or position：
工作单位/Organization：</td></tr>
<tr><td>推荐人与被推荐人之间的关系/What relationship：
推荐人与被推荐人相识的时间/When did you know each other：</td></tr>
<tr><td>推荐意见/Appraisal and recommendation：
1. 对被推荐人的财务管理专业知识和学习能力的描述及评价/On professional knowledge and learning

2. 对被推荐人的财务管理工作能力和工作经验的描述及评价/On experiences and skill

3. 对被推荐人的工作成就及贡献的描述及评价/On achievements and contribution

4. 对被推荐的职业素质以及发展潜力的总体评价/On competence and potential in general</td></tr>
<tr><td>推荐人签名/Signature：　　　　　　　　　　　　　签署时间/Date：
　　　　　　　　　　　　　　　　　　　　　　　　　年　　月　　日</td></tr>
</table>